Julia Corte

Richtig leben mit der Kraft des Mondes

JULIA CORTE

Richtig leben mit der Kraft des Mondes

DIE BESTEN TIPS FÜR DEN ALLTAG

tosa

Umschlag von HP-Graph unter Verwendung eines Dias von Herbert Reinthaller sowie eines Dias der Bildagentur Mauritius.

Satz: Die Textwerkstatt
Druck: Ueberreuter Print

Inhalt

Vorwort

Der Mondkalender ist aus unserem Leben kaum mehr wegzudenken. Zu viele Tätigkeiten in zu vielen Lebensbereichen gehen uns einfach leichter von der Hand, wenn wir sie im Einklang mit den Prinzipien der Natur erledigen.

Diese Prinzipien lassen sich nur leider sehr schlecht greifen, und beweisbar ist ihre Existenz schon gar nicht. Wir müssen es also spüren, wann der richtige Moment zum Erledigen einer bestimmten Aufgabe ist.

Zum Glück haben wir Menschen uns seit einigen Jahrtausenden eine recht gute und erstaunlich differenzierte Orientierungshilfe geschaffen: die zwölf Tierkreiszeichen. Sie gliedern unseren Jahreslauf, indem die Sonne in jedem von ihnen einen Monat lang steht, und sie gliedern auch unseren Monatslauf, indem der Mond in jedem von ihnen etwa zweieinhalb Tage lang steht.

Jedem Tierkreiszeichen lassen sich nun unendlich viele Lebewesen, Pflanzen wie Tiere, auf dem Wege der Analogie zuordnen. Doch nicht nur diese. Auch Flüssigkeiten, Textilien, Chemikalien, Nahrungsmittel, Steine und Metalle, Farben und Gerüche finden in den zwölf Tierkreiszeichen ihre Entsprechung.

Auf diesen Entsprechungen bauen alle Mondkalender auf, die wir kennen – manche bewußter, manche unbewußter.

Das erstaunliche ist: Wir können mit ihrer Hilfe sehr viele Bereiche unseres Lebens in den Rhythmus der Natur stellen, unter das Zeichen des Mondes. Wer in diesem Sinne „richtig lebt“, wird bemerken, daß vieles leichter geht, vieles weniger Nerven kostet, daß er/sie sich plötzlich mit vielen Vorstellungen durchsetzen kann, mit denen er/sie vorher nur angeeckt ist. Die Liste ließe sich mühelos beliebig verlängern.

Um all dies geht es in diesem Buch.

Wer sein tägliches Leben „mit der Kraft des Mondes" lebt, kann von schönen Erfolgen belohnt werden.

In diesem Sinne wünsche ich Ihnen viel Erfolg und eine gute Unterstützung durch den Mond in Ihrem Alltag!

Ihre Julia Corte

Die sogenannte Kraft des Mondes

Das Wirken des Mondes ist unumstritten und wird meist als eines der Beispiele dafür herangezogen, daß an der Astrologie etwas „dran“ sein müsse. Küstenbewohner wissen, daß Ebbe und Flut vom Mond abhängen. Der Mond, genauer: seine Massenanziehungskraft, ist ihre Ursache. Viele Frauen beobachten, daß der Rhythmus ihrer Monatsblutungen in einer Beziehung zum Mond steht. Ob sie den Erdtrabanten jedoch als Ursache dieses inneren Rhythmus bezeichnen würden, darf bereits bezweifelt werden. „Weil Vollmond ist, habe ich meine Periode“, stößt bei vielen auf Unbehagen. Aus gutem Grund. „Immer wenn Vollmond ist, habe ich auch meine Periode“, lautet die deutlich treffendere Formulierung, die in dieser Form auch von weitaus mehr Frauen unterschrieben würde.

Der Unterschied? Die erste Formulierung enthält eine kausale, die zweite eine analoge Beziehung.

„Weil ...“ formuliert eine zwingende Folge, eine direkte Abhängigkeit zwischen zwei Ereignissen. „Wenn ..., dann ...“ beschreibt hingegen eine Analogie, eine Beziehung mit einem dahinter stehenden, gemeinsamen Prinzip, das wir unter Umständen nur (noch) nicht kennen.

Die umfassendste Zusammenfassung jeglicher Analogiebeziehungen ist das berühmte „Wie oben, so unten – wie im Kleinen, so im Großen“, das Hermes Trismegistos zugeschrieben wird. Es bildet die Grundlage des astrologischen Denkens. Zusammenhänge, die man „oben" – am Himmel – erkennen kann, zeigen sich auch „unten" – auf der Erde, im täglichen Leben der Menschen.

Diese Vorstellung ist die Grundlage, auf der Astrologen Analogien ziehen, zum Beispiel zwischen „Konjunktion von Sonne und Saturn" zum Zeitpunkt der Geburt eines Menschen und „Konflikt zwischen Wollen und Müssen" im Wesen des Menschen. Doch noch einmal: So wie der „Vollmond" nicht die Ursache des weiblichen Zyklus ist, so ist auch die himmlische Konjunktion nicht die Ursache des Konflikts.

Das gleiche gilt für alle Eigenschaften, die mit bestimmten Tierkreiszeichen verbunden werden. Steht die Sonne im Widder, macht sie die Kinder, die in dieser Phase geboren werden, nicht zu Draufgängern. Ein stürmischer Charakter und die Sonne im Widder sind nichts weiter als zwei analoge Ausdrucksformen desselben dahinterstehenden Prinzips, das wir nicht benennen können. Derartige Analogien beruhen auf Erfahrung und Beobachtung vieler Jahrhunderte.

Mondphasen und Mondkraft

Der Mond ist es also nicht, der dafür sorgt, daß unser Rasen an einem Tag dicht und fest wird, wenn wir ihn mähen, an einem anderen Tag rasch und lang schießt und bald wieder gemäht werden muß. Der Mond zeigt lediglich ein dahinterstehendes Prinzip auf, welches dieses unterschiedliche Wachstum bewirkt. Um sich die verschiedenen Prinzipien merken zu können, hat es sich bewährt, sie an zwölf Tierkreiszeichen festzumachen.

Zur weiteren Differenzierung bietet sich das Erscheinungsbild des Mondes am Himmel an, also die Mondphasen zwischen Voll- und Neumond.

Der Mond spielt im Mondkalender die Rolle des Zeigers einer Uhr. Nicht mehr und nicht weniger. Seit 500 Jahren haben wir uns daran gewöhnt, auf die Uhr zu sehen. Doch die Uhr ist nicht die Zeit. Sie ist ein Abbild der verschiedenen Qualitäten der Zeit, und die Zeiger zeigen uns nur, ob gerade die Qualität „sechs Uhr morgens" oder „zwölf Uhr mittags" aktuell ist.

Stellen Sie sich die Tierkreiszeichen als die zwölf Zahlen auf einer Uhr vor. Sie sind Ausdruck der verschiedenen Qualitäten des Lebens. Und wie sich bei „zwölf Uhr mittags" von High Noon über sengende Hitze, Durst, Trockenheit, Hunger und staubige Wege eine ganze Fülle von Bildern einstellen, lösen auch die elf restlichen Tierkreiszeichen eine Reihe teils archetypischer Assoziationen aus. Mehr darüber weiter unten.

Noch einmal, weil es so wichtig ist und so oft mißverstanden wird: Steht „der Zeiger Mond" auf „der Uhrzeit Löwe", bewirkt er nicht, daß Löwe-Qualitäten auf den Rasen herabrieseln, sondern er zeigt an, daß im Lauf des Mondmonats jenes Prinzip aktuell ist, das durch die Analogiekette zum Thema „Löwe" beschrieben werden kann.

Vielleicht werden wir irgendwann soweit sein, das hinter astrologischen Analogien stehende kausal wirkende Prinzip zu erkennen. Die moderne Physik mahnt uns jedoch zur Bescheidenheit. Es gibt viele Dimensionen, die wir mit unseren gewöhnlichen Sinnen auch nicht ansatzweise erfassen können. Inzwischen sollten wir jedenfalls sehr vorsichtig sein mit unserer Ausdrucksweise.

Die Mondphasen

Dichter und Verliebte haben die einzelnen Mondphasen wort- und bilderreich besungen. Die verschieden starke Sichtbarkeit des Mondes im Laufe des synodischen Mondmonats von 29 Tagen, 12 Stunden, 44 Minuten und 2,8 Sekunden wurde zur Analogie für das Werden und Vergehen, zum Sinnbild des Lebenszyklus des

Menschen, der Fruchtbarkeit, der Wiedergeburt und von vielem mehr.

Die Monduhr ist eine ganz besondere Uhr – ihr Zeiger sieht ständig anders aus. Mal ist er hell und klar, mal nicht zu sehen. Und so, wie sich die Sichtbarkeit des Zeigers verändert, ist auch der Einfluß der Stunden, auf die er zeigt, jeweils anders spürbar. Der Hinweis, daß der Mond diese Spürbarkeit nicht bewirkt, sondern nur anzeigt, erfolgt hier nur der Vollständigkeit halber.

Für die Beziehung zwischen Mondphasen und Rhythmus des Lebens gibt es ein sehr schönes Bild: das Bild des Ein- und Ausatmens. Atmen Sie einmal tief ein, und halten Sie die Luft an. Möchten Sie in diesem Moment irgendwo gestochen oder geschnitten werden? Na also. Atmen Sie nun aus, und spüren Sie, wie das ist, wenn Sie ganz leer sind. Möchten Sie jetzt einen fremden Stoff in Ihren Körper bekommen?

Wenn Sie beides mit „nein" beantworten, haben Sie die Grundlage verstanden, auf der man bei Vollmond möglichst keine blutigen Operationen und bei Neumond möglichst keine Impfungen durchführen lassen sollte.

Stellen Sie sich jetzt vor, Sie holen um sechs Uhr morgens tief Luft – und nun stellen Sie sich dasselbe Luftholen um zwölf Uhr mittags vor. Morgens überwiegt die Qualität der Frische, der Feuchtigkeit, des erwachenden Tages. Zu Mittag sind es die Hitze, der Staub, die Freude aufs Mittagessen, die überwiegen. Das ist gemeint, wenn der Vollmond in den Fischen oder im Löwen steht.

Auch „zwölf Uhr mittags" fühlt sich anders an, wenn Sie dabei tief eingeatmet haben, als wenn Sie dabei fest ausatmen. Und so spüren wir bei Neumond die Uhrzeit „Löwe" anders als bei Vollmond. Die Veränderung des Zeigers Mond lehrt uns, innerhalb der Möglichkeiten der Stunden der Uhr genauer hinzusehen.

In diesem Buch werden Sie keine Angaben über Quartale finden. Mondregeln sollten so einfach wie möglich sein, damit man sie sich merken kann. Neumond und Vollmond sind zwar angegeben, auf eine Unterscheidung zwischen Vierteln und Quartalen wird jedoch verzichtet.

● Neumond

Bei Neumond stehen Mond und Sonne von der Erde aus gesehen in einer Linie, daher wird die uns zugewandte Seite des Mondes nicht beleuchtet. Dies ist die Zeit der Dunkelheit, der Pause vor dem nächsten Atemholen, des Loslassens, der Neuanfänge.

Im täglichen Leben sind die Tage um Neumond eine Zeit, in der ein Reifezyklus zu Ende geht. Altes wird abgeschlossen, und aus der Konzentration auf das Wesentliche heraus entsteht der neue Anfang. Besonders lebendig wird diese Vorstellung in der (überprüften!) Tatsache, daß man verletzten Pflanzen zu Neumond die beschädigten Triebe abschneiden soll – wenn nötig, auch recht radikal. Dadurch kann sie sich von den nicht mehr benötigten Teilen lösen und zu neuem Leben austreiben. Der Neumond erweist sich so auch als Phase der Reinigung.

☽ Zunehmender Mond

Die Mondsichel hat die Form des „z" in der alten Schreibschrift. Dies ist die Zeit des Einatmens, der neuen Energie, der Aufnahme, des Aufbaus. Mensch und Natur sind empfänglich, aber auch verletzlich. Es ist dies die Zeit zum Brotbacken, die Zeit der Vitaminkuren und der neuen Projekte.

Im Garten ist die Zeit des zunehmenden Mondes durch das Wachstum über der Erde geprägt. Die Erde gibt Energie ab, die Säfte in den Bäumen steigen, die Pflanzen atmen ein und nehmen Nahrung sehr gut auf. Pflanzen, die oberhalb der Erde wachsen, können jetzt gesät oder gepflanzt werden.

Der zunehmende Mond erweist sich so auch als Phase der Zunahme und des Wachstums.

○ Vollmond

Bei Vollmond stehen Mond und Sonne einander genau gegenüber, die uns zugewandte Seite des Mondes erhält volles Sonnenlicht. Es ist dies eine Zeit der Spannung, des tiefsten Einatmens, der Innendruck ist ungeheuer groß, und oft entlädt sich die Spannung in Aktivitäten, die wir „bei Lichte besehen" nicht verstehen. „Werwölfe" gehören in diese Phase, aber auch Schlafwandler.

In der Natur ist der Vollmond die Zeit, in der die Kraft in Pflanzen und Tieren am größten ist. Besamungen sollten jetzt stattfinden. Eine Düngung wird meist gut vertragen, eine Beschädigung einer Pflanze bei Vollmond kann jedoch zu ihrem völligen Absterben führen. Heilpflanzen haben jetzt die meiste Energie gespeichert, wenn man sie bei Vollmond erntet, ist ihre Wirkung am größten.

Der Vollmond erweist sich so auch als Phase der größten Fülle.

☾ Abnehmender Mond

Die „a"-seitig gerundete Mondsichel steht für Ausatmen, für das Abgeben von Energie, für das Freisetzen von Kräften und das Loslassen nicht zugehöriger Dinge. Es ist die Zeit der Operationen und des Wäschewaschens, der Schlankheits- und Entgiftungskuren, aber auch eine Phase der Festigung, in der Zahnfüllungen und Zaunpfähle sehr gut halten.

Im Garten ist der abnehmende Mond die Phase, in der das unterirdische Wachstum im Vordergrund steht. Wurzelgemüse und Kräuter, deren Heilkraft in den Wurzeln liegt, sollten jetzt gesät oder gepflanzt werden. Es ist die Zeit zum Beschneiden von Sträuchern und zum Umgraben. Die Pflanzen über der Erde atmen aus, geben Kraft ab, die Erde und die unterirdischen Teile der Pflanzen sind aufnahmebereit. Der Boden nimmt jetzt sehr gut Wasser und Nährstoffe auf, bei abnehmendem Mond sollte man daher düngen.

Der abnehmende Mond erweist sich für die Lebewesen auf der Erde auch als Phase des Loslassens.

Die Mondkraft

Der Mond durchwandert im Laufe eines Mondmonats alle Zeichen des Tierkreises. Dabei „quert" er zweimal das Band des Zodiakus: einmal im Aufsteigen vom Zeichen des Schützen bis zu den Zwillingen, dann wieder im Absteigen vom Zeichen der Zwillinge bis zum Schützen. Die Punkte, an denen er die Ekliptik schneidet, sind die Mondknoten, die im Horoskop eine gewisse Rolle spielen.

Die Bedeutung des steigenden bzw. fallenden Mondes können wir uns leicht mit Hilfe der Sonne veranschaulichen.

Die Zeit, während der die Sonne durch jene Tierkreiszeichen geht, in denen der Mond steigt, ist die Zeit zwischen Weihnachten und der Sommersonnenwende, die Zeit des Winters und des Frühlings. Es ist der Teil des Jahres, in dem das Leben heranwächst, vom ersten Keimen der Wintersaat unter der schützenden Schneedecke im Januar bis zum Beginn der Erntezeit (mit dem Einsetzen der Heuernte am Johannistag). In dieser Zeit werden die Tage länger, und alles Leben in der Natur spielt sich oberhalb der Erde ab.

Durch diejenigen Tierkreiszeichen, in denen der Mond fällt, geht die Sonne in den Monaten zwischen Sommersonnenwende und Weihnachten. Dies ist das fruchtende Jahr, die Zeit des Sommers und des Herbstes, in der die Frucht reift und die Ernte erfolgt. Nun werden die Tage wieder kürzer, und das Leben zieht sich allmählich unter die Erde zurück.

Diese Qualitäten der beiden Jahreshälften veranschaulichen sehr gut, was gemeint ist, wenn der Mond aufsteigend oder absteigend durch den Tierkreis wandert. Er tut dies in jedem Monat einmal.

Die Bewegungsrichtung des Mondes durch die Zeichen wurde ähnlich gedeutet wie die Bewegung der Zeiger der Uhr. Von sechs bis zwölf Uhr steigt der Zeiger hinauf, wird erhöht, alles oberhalb der Erde wächst und gedeiht. Nach zwölf Uhr steigt der Zeiger hinab, senkt sich, wird vertieft, fällt, die Kraft zieht sich in die Erde zurück.

◡ Der aufsteigende Mond

Der aufsteigende Mond, das ist der Mond in den Tierkreiszeichen Schütze, Steinbock, Wassermann, Fische, Widder und Stier. Er steht für Wachstum und Blüte aller Dinge oberhalb der Erde. Diese Tage sind günstig für das Pflücken von Obst und Gemüse, weil es dann die meiste Kraft hat; auch günstig zum Bewässern und zum Anrühren von Salben mit Heilkräutern.

Der aufsteigende Mond hat manche Qualitäten mit dem zunehmenden Mond gemeinsam und kann daher im abnehmenden Mond für Tätigkeiten verwendet werden, die nicht bis nach dem nächsten Neumond warten können, aber aufsteigende Qualitäten erfordern.

◠ Der absteigende Mond

Der absteigende oder fallende Mond geht durch die Tierkreiszeichen Zwillinge, Krebs, Löwe, Jungfrau, Waage und Skorpion. Er steht für Reife und Ernte aller Dinge oberhalb der Erde. Unterhalb der Erde ist dies die Zeit der Zunahme und des Wachstums. Daher ist der absteigende Mond auch eine Zeit des Säens und Pflanzens, vergleichbar dem Einbringen der Wintersaat und der Pflanzung neuer Sträucher im Herbst: Über den Winter können sie gut anwurzeln, ehe das Wachstum über der Erde wieder beginnt. Es ist die Zeit, in der sich die Kräfte in die Erde zusammenziehen.

Wie der abnehmende Mond ist diese Zeit des Loslassens für das Zurückschneiden von Hecken oder Obstbäumen besonders geeignet. Ist ihre Durchführung im abnehmenden Mond (etwa urlaubsbedingt) nicht möglich, können sie auch im absteigenden Mond erfolgen.

Die Bedeutung der auf- und absteigenden Kraft

Allzu großes Gewicht wird in den folgenden Tips nicht auf diese aufsteigende und absteigende Kraft des Mondes gelegt. Sie liegt gleichsam als dritte Ebene unter Mondphasen und Tierkreiszeichen und kommt immer dann zum Tragen, wenn sich die beiden übergeordneten Kriterien aus irgendeinem Grund nicht berücksichtigen lassen. Das gilt, wie die Beispiele – Ernte von Obst oder Zurückschneiden von Hecken – zeigen, besonders für Ereignisse oder Handlungen, die sich nicht zwei Wochen lang aufschieben lassen, sondern dann erfolgen müssen, wenn eine äußere Notwendigkeit gegeben ist.

Andere Beispiele sind etwa Hochzeiten (wenn Ihr Wunschtermin bereits besetzt ist), Taufen (wenn der zunehmende Mond im Widder gerade vorbei ist, Sie aber nicht ein halbes Jahr lang warten möchten ...) und ähnliches.

Der Mond in den Tierkreiszeichen

Bislang haben wir den Zeiger unserer Uhr in seiner Veränderung (Mondphasen) und auf seinem Weg rund um das Zifferblatt (Mondkraft) betrachtet. Jetzt kommen wir zu den Ziffern auf unserer Monduhr, zu den Tierkreiszeichen.

So wie die Stunde „zwölf Uhr mittags" für eine ganze Kette von Assoziationen steht, so ist auch jedes Tierkreiszeichen nur eine Kurzformel für eine ganze Kette analoger Begriffe.

Zum Teil sind die Analogien sehr alt. Welche Planeten jedem Tierkreiszeichen zugeordnet werden, entstammt bereits der babylonischen Astrologie. In der Regel wird jedes Tierkreiszeichen von einem Planeten beherrscht. Beim Skorpion, dem Wassermann und den Fischen sind es zwei; sie werden aus heutiger Sicht von Pluto, Uranus und Neptun regiert, drei Planeten, die den babylonischen Astrologen noch unbekannt waren. Sie ordneten ihnen daher auch drei der „alten" Himmelskörper zu und entwarfen ein ausgeklügeltes System, nach dem jeder Planet in einem der beiden Zeichen, das er beherrscht, positiv wirkt, im anderen negativ.

Aufgrund ihres Aussehens werden die Planeten auch mit bestimmten Wetterqualitäten in Verbindung gebracht. Jupiter, Sonne und Mars gelten als warm, und so wird den Zeichen Schütze, Löwe und Mars, in denen diese Planeten jeweils positiv wirken, ein warmes Klima zugeordnet.

Derartige Analogien gibt es für jede Ebene des menschlichen Lebens. Sie werden laufend erweitert und beruhen auf Erfahrung und Einsicht in Zusammenhänge. Man findet sie in fast allen Büchern über Astrologie. Eine besonders eindrucksvolle Zusammenstellung enthält „Das senkrechte Weltbild" von Rüdiger Dahlke und Nicolaus Klein (siehe Literaturhinweise am Schluß dieses Buches).

Die Tierkreiszeichen im Überblick

♈ Widder

21. März bis ca. 20. April

Element:	Feuer
Geschlecht:	männlich
Planet:	Mars
Klima:	heiß und trocken
Wesen:	Ich bin. Der Krieger
Körperteile:	Kopf, Gehirn, Augen, auch Zähne
Krankheiten:	Fieber, Kopfschmerzen
Farbe:	Zinnoberrot, metallisch funkelnde Farben
Edelstein:	Rubin, Feuerstein, Magnetstein, Pyrit, Jaspis
Gerüche:	Basilikum, Myrrhe, alter Wein, Heu, Harz
Geschmack:	scharf, brennend, Essig, Pfeffer, Senf
Pflanzen:	stachelige Disteln und Kakteen, Zypressen, Fichten, Stachelbeeren, Berberitzen, scharfe Paprika, Chilischoten, Pfeffer, Ingwer, Brennesseln, Brunnenkresse, Knoblauch, Sanddorn, Schlehdorn, Wermut, Eisenhut, Geranien, Arnika, Kaktusfeigen

♉ Stier

ca. 21. April bis 21. Mai

Element:	Erde
Geschlecht:	weiblich
Planet:	Venus
Klima:	kalt und trocken, beständig
Wesen:	Ich habe. Die Schöne
Körperteile:	Hals, Zähne, Kiefer, Mandeln, Ohren

Krankheiten:	Husten, Heiserkeit, Mandeln, Kropf
Farbe:	Kobaltblau, Grüntöne, Tiefrot
Edelstein:	Smaragd, Beryll, Türkis, Koralle, Achat
Gerüche:	Kakao, Vanille, Hyazinthe
Geschmack:	fett und süß, türkisches Kleingebäck
Pflanzen:	Wurzel- und Knollengemüse, Eichen, Ulmen, Apfelbäume, Flieder, Rote Rüben, Blumenkohl, Rosenkohl, Kalmus, Ginseng, Heidelbeeren, Hirtentäschel, Maiglöckchen, Rhabarber, Salbei, Thymian, Wegwarte, Butterblumen, Dahlien, Hortensien, Löwenmäulchen, Birnen, Erdbeeren, Pflaumen

♊ Zwillinge

ca. 22. Mai bis 21. Juni

Element:	Luft
Geschlecht:	männlich
Planet:	Merkur
Klima:	warm und feucht, unbeständig, windig
Wesen:	Ich denke. Der Intellektuelle
Körperteile:	Schultern, Arme, Hände, die oberen vier Rippen, Lungen, Nervenbahnen
Krankheiten:	Lungenerkrankungen, Sprechstörungen, neurologische Erkrankungen
Farbe:	stechende, helle Farben, Gelb, Violett, das Schillern alter Mosaike
Edelstein:	Chalzedon, Karneol, Tigerauge, Achat, Topas
Gerüche:	Moschus
Geschmack:	säuerlich
Pflanzen:	Sträucher, Pappeln, Ahorn, Holunder, Vogelbeeren, Forsythien, Karotten, Petersilie, Majoran, Dill, Bohnenkraut, Anis, Bibernelle,

Huflattich, Linde (besonders Lindenblüten), Lobelien, Lungenkraut, Pfefferminze, Spitzwegerich, Glockenblumen, Margeriten, Gräser, Johannisbeeren

♋ Krebs

ca. 22. Juni bis 23. Juli

Element:	Wasser
Geschlecht:	weiblich
Planet:	Mond
Klima:	kühl und feucht, wechselhaft
Wesen:	Ich fühle. Die Mutter. Das Kind
Körperteile:	unterer Lungen- und Brustbereich, Brustdrüse, Magen, Bauchspeicheldrüse
Krankheiten:	Lympherkrankungen, Erkrankungen der weiblichen Brust, der Eierstöcke und der Gebärmutter
Farbe:	Weiß, Beige, Silbergrau, Blaßgrün
Edelstein:	Perle, Mondstein, Opal, Jadeit, Kristall
Gerüche:	Pfefferminze
Geschmack:	wäßrig oder trist
Pflanzen:	Pilze, Linden, Birnbaum, Heckenrosen, Salatsorten, Gurken, Kürbisse, Zucchini, Spinat, Beifuß, Brombeere (besonders Blätter als Tee), Majoran, Eibisch, Frauenmantel, Schneeball, Taubnesseln, Weißkohl, Tulpen, Seerosen, Veilchen, Melonen

♌ Löwe

ca. 23. Juli bis 23. August

Element:	Feuer
Geschlecht:	männlich

Planet:	Sonne
Klima:	heiß und trocken, anhaltender Hochdruck
Wesen:	Ich will. Der Herrscher
Körperteile:	Herz, Zwerchfell, Rücken, Schlagadern, Augen
Krankheiten:	Herz-Kreislauf-Erkrankungen, Rückenbeschwerden
Farbe:	Goldgelb, Orange, Ultramarinblau, Goldbraun
Edelstein:	Diamant, Topas, Rubin, Karfunkel
Gerüche:	Ambra, Thymian, Rosmarin, Weihrauch, Chypre
Geschmack:	brennend, dabei angenehm süß
Pflanzen:	leuchtende, blühende Sonnenpflanzen, Lorbeer, Palmen, Orangenbäume, Goldregen, Oleander, Artischocken, Rosmarin, Basilikum, Borretsch, Fingerhut, Kaffeestrauch, Kamille, Königin der Nacht, Ölbäume, Quitten, Ringelblumen, Sonnenhut, Sonnenblume, Rosen, Feuerlilien, Kokosnüsse

♍ Jungfrau

ca. 23. August bis 23. September

Element:	Erde
Geschlecht:	weiblich
Planet:	Merkur
Klima:	kühl und trocken, eintönig
Wesen:	Ich prüfe. Der innere Beobachter
Körperteile:	Zwerchfell, Verdauungsorgane, Milz, Kreislauf, Nerven
Krankheiten:	Durchfall, Kolitis, Blinddarmentzündung, Bauchfellentzündung
Farbe:	zarte, flüchtige Zwischentöne, Violett

Edelstein:	Achat, Karneol, Malachit, Topas
Gerüche:	Majoran, Sträuße
Geschmack:	aromatisch
Pflanzen:	Grünpflanzen, Eberesche, Mirabellen, Zwetschkenbäume, Ginster, Bohnen, Erbsen, Getreide (das Sternbild wurde als Persephone mit der Getreideähre gedeutet!), Fenchel, Kümmel, Gewürznelken, Damianastrauch, Dill, Rainfarn, Schöllkraut, Strohblumen

♎ Waage

ca. 23. September bis 23. Oktober

Element:	Luft
Geschlecht:	männlich
Planet:	Venus
Klima:	mäßig warm und feucht
Wesen:	Ich schwanke. Der Partner. Der andere
Körperteile:	Nieren, Hormondrüsen, Harnleiter, Lendenwirbel
Krankheiten:	Blasen-, Nierenbeckenentzündungen, Syphilis
Farbe:	Himmelblau und Rosa
Edelstein:	Saphir, Aquamarin, Smaragd, Koralle, Perle
Gerüche:	Benzoeharz, Nardenöl
Geschmack:	angenehm
Pflanzen:	stark duftende, pastellfarbige Blütenpflanzen, Birken, Mandelbäumchen, Kirschen, Jasmin, Azaleen, Broccoli, Liebstöckel, Lavendel, Bärentraube, Goldrute, Mädesüß, Schafgarbe, Kamelien, Freesien, Lilien, Aprikosen, Pfirsiche

♏ Skorpion

ca. 23. Oktober bis 23. November

Element:	Wasser
Geschlecht:	weiblich
Planet:	Pluto/Mars
Klima:	kalt und feucht
Wesen:	Ich begehre. Der Dämon. Der Fanatiker
Körperteile:	Harnblase, Geschlechtsorgane, Enddarm, Nase
Krankheiten:	Tripper, Hämorrhoiden, Prostataleiden, Schnupfen, Nebenhöhlenerkrankungen
Farbe:	Knallrot
Edelstein:	Granat, Jaspis, Rubin, Porphyr, Magnetstein
Gerüche:	Heide, Sandelholz
Geschmack:	scharf und heftig
Pflanzen:	Moose, fleischfressende Pflanzen, viele giftige und betäubende Pflanzen, Eiben, Thujen, Feigen, Seidelbast, Herbstzeitlosen, Kalmus, Knoblauch, Isländisch-Moos, Nieswurz, Pestwurz, Orchideen, Moosbeeren, Rauschbeeren

♐ Schütze

ca. 23. November bis 20. Dezember

Element:	Feuer
Geschlecht:	männlich
Planet:	Jupiter
Klima:	trocken, warm, anhaltender Hochdruck
Wesen:	Ich sehe. Der Philosoph. Der Priester
Körperteile:	Oberschenkel, Venen, Gesäßmuskulatur, Beckenknochen, Leber
Krankheiten:	Gelbsucht, Fettleber, Lähmungen, Hüftleiden, Reithosenspeck

Farbe:	Sonnengelb, Purpur, Dunkelblau
Edelstein:	Lapislazuli, Amethyst, Hyazinth, Karfunkel
Gerüche:	Zitronat, Bergamotte
Geschmack:	exotische Gewürze
Pflanzen:	Bäume, auch blühende, Rhododendren, Auberginen, Mais, Muskat, Artischocken, Kastanien, Ginkgobaum, Königskerze, Löwenzahn, Ulmen, Walnuß, Zaubernuß, Pfingstrosen, Gladiolen, Lotus, Ananas, Bananen, Weintrauben

♑ Steinbock

ca. 21. Dezember bis 20. Januar

Element:	Erde
Geschlecht:	weiblich
Planet:	Saturn
Klima:	kalt und trocken, sehr stabiles, klares Wetter
Wesen:	Ich gebrauche. Der weise alte Mann. Das Gewissen
Körperteile:	Knie, Knochen, Gelenke, Haut
Krankheiten:	Verhärtungen, Steinbildungen, Rheuma, Brüche
Farbe:	Schwarz, Violett, Braun, Dunkelgrün
Edelstein:	Onyx, Turmalin, Saphir, Karneol, schwarze Perle
Gerüche:	Aloe, Chrysantheme
Geschmack:	bitter
Pflanzen:	Farne, Efeu, Tanne, Buche, Eiche, Kiefer, Ölbaum, Ilex, Schlehe, Sellerie, Schwarzwurzel, Schachtelhalm, Wacholder, Tollkirsche, Stechpalme, Teufelskralle, Edelweiß, Enzian, Silberdistel, trockene Zweige, Nüsse

♒ Wassermann

ca. 20. Januar bis 19. Februar

Element:	Luft
Geschlecht:	männlich
Planet:	Uranus/Saturn
Klima:	mäßig warm und feucht, stürmisch
Wesen:	Ich weiß. Der Narr. Das Genie
Körperteile:	Unterschenkel, Venen, Zentralnervensystem
Krankheiten:	Krampfzustände, Krampfadern, Epilepsie
Farbe:	Pistaziengrün, milchiges Blau, sanftes Lila
Edelstein:	Amethyst, Korund, Bernstein, Basalt
Gerüche:	Lavendel, Vetiveröl
Geschmack:	durchdringend und rar
Pflanzen:	Pflanzen mit Luftwurzeln, Fensterblatt, Lärchen, Kiefern, Holunder, Chicoree, Kapern, Hopfen, Engelwurz, Johanniskraut, Malve, Strelizien Storchenschnabel, Waldmeister, Misteln, Strohblumen, Kiwis, Nektarinen

♓ Fische

ca. 19. Februar bis 20. März

Element:	Wasser
Geschlecht:	weiblich
Planet:	Neptun/Jupiter
Klima:	feucht und kalt,
Wesen:	Ich glaube. Der Engel. Das höhere Selbst
Körperteile:	Füße, Zehen, Aura
Krankheiten:	Fußerkrankungen, Erkältungen, Vergiftungen, Süchte, Neurosen, psychische Erkrankungen
Farbe:	matte, diffuse Gelbtöne
Edelstein:	Chalzedon, Koralle

Gerüche:	falscher Jasmin
Geschmack:	kaum wahrnehmbar, wäßrig
Pflanzen:	Wasserpflanzen, und zarte, betörend duftende Pflanzen, Weide, Hibiskus, Reis, Spargel, Sojabohnen, Herbstzeitlose, Kakaostrauch, Passionsblumen, Cosmeen (Schmuckkörbchen), Mimosen, Mohn, Lilien, Wassermelonen

In jedem Tierkreiszeichen steht der Mond bei seinem Umlauf um die Erde etwa zweieinhalb Tage lang.

Der Mond in den Elementen

Seit dem Altertum faßten Astrologen und Heilkundige die Tierkreiszeichen nach Elementen zusammen und verbanden diese mit menschlichen Eigenschaften, Talenten oder Krankheiten.

Auch wir können bis heute in unserem modernen Alltag die Wirkung der Elemente beobachten. Jeweils drei Tierkreiszeichen sind einem Element zugeordnet, und viele Tätigkeiten funktionieren zu Zeiten aller drei Tierkreiszeichen gleich gut oder schlecht.

Ein Beispiel: Blumen mögen an Tagen, an denen der Mond in den Zwillingen, in der Waage oder im Wassermann steht, nicht gegossen werden. Wenn man sie dennoch gießt, bekommen sie sehr leicht Blattläuse. Dies sind die Luftzeichen. An Tagen, an denen der Mond im Krebs, im Skorpion oder in den Fischen, also in den Wasserzeichen steht, freuen sie sich hingegen sehr über Wasser.

Sucht man nach dem optimalen Zeitpunkt für eine Tätigkeit, sollte man sich die vier Elemente und ihre Qualitäten bewußtmachen. Das ist so, als würden wir die Stunden 1, 5 und 9 auf unserer Monduhr mit roten Ziffern versehen, die Stunden 4, 8 und 12 mit blauen Ziffern und so fort. Wir bräuchten dann nur einen

Blick auf die Farbe der Uhrzeit zu werfen, um zu wissen, „was die Stunde geschlagen hat".

Jedem Element werden bestimmte Eigenschaften zugeordnet, die allen drei Tierkreiszeichen gemeinsam sind. Ein Beispiel, das so gut wie jeden interessiert, ist das Wetter.

Blättern Sie einmal zurück zu den Analogieketten der einzelnen Tierkreiszeichen, und achten Sie darauf, welches Klima ihnen zugeordnet ist.

Die Wasserzeichen sind Krebs, Skorpion und Fische – bei allen dreien finden sich die Eigenschaften „kalt" und „feucht" in der Analogiekette. Das gleiche Experiment gelingt, wenn Sie es für die drei Feuerzeichen, die drei Erdzeichen und die drei Luftzeichen durchführen. „Heiß und trocken" und „anhaltender Hochdruck" finden sich bei den feurigen Vertretern des Tierkreises, „kalt – oder kühl – und trocken" und „beständig" oder „stabil" bei den Erdzeichen sowie „mäßig warm und feucht", „windig" und „unbeständig" bei den Vertretern der Luft.

Das Element Feuer

Feuerzeichen sind Widder, Löwe und Schütze. Das Element Feuer steht für die ausstrahlende universelle Kraft, für Stärke, Spannkraft, schöpferische Energie und Willensstärke.

Die Tage, an denen der Mond in einem Feuerzeichen steht, sind Fruchttage. An ihnen wird die Reifung von Früchten gefördert, und alle pflegenden Maßnahmen, die Sie einer fruchttragenden Pflanze angedeihen lassen, werden besonders gut „fruchten". Alle Beschädigungen wirken umgekehrt besonders stark.

Außerdem sind Tage, an denen der Mond in einem Feuerzeichen steht, Wärmetage. In der Tagesqualität herrscht angenehme Wärme vor. Das heißt nicht, daß an einem solchen Tag unbedingt die Sonne scheint. Aber an einem Wärmetag werden Sie bei einer Außentemperatur von 8° C den Pullover ausziehen, wenn Sie im

Freien spazieren gehen oder arbeiten, weil Sie den Tag als relativ warm und angenehm empfinden.

Das Element Erde

Erdzeichen sind Stier, Jungfrau und Steinbock. Das Element Erde steht für Faßbares, Greifbares, für praktische Vernunft und Bodenständigkeit, für Ausdauer, Beharrlichkeit und Geduld.

Tage, an denen der Mond in einem Erdzeichen steht, sind Wurzeltage. Wurzel- und Knollengemüse wie Karotten, Möhren, Sellerie, Kartoffeln sowie die Wurzeln aller anderen Pflanzen sind an diesen Tagen besonders empfänglich für die richtige Pflege.

Tage, an denen der Mond in einem Erdzeichen steht, sind in klimatischer Hinsicht Kältetage. Die Qualität der Kälte herrscht vor.

Das heißt nun nicht, daß an einem Kältetag die Temperaturen grundsätzlich im Keller sind. Aber es kann bedeuten, daß Sie bei einer Wanderung im Hochsommer an einem solchen Tag nicht schwitzen, weil Sie die tatsächliche Temperatur als nicht so warm empfinden, wie dies das Thermometer anzeigt. Bei einer Temperatur von 8° C könnten Sie das Gefühl haben, daß Ihnen die Kälte trotz des warmen Pullovers in alle Knochen kriecht.

Das Element Luft

Luftzeichen sind Zwillinge, Waage und Wassermann. Das Element Luft steht für Gedanken und Ideen, für Anpassungsvermögen, geistige Regsamkeit, für Vermittlung, Kommunikation und Ausgleich bei Konflikten sowie für Leichtigkeit und Düfte.

Die Tage, an denen der Mond in einem Luftzeichen steht, sind Blütentage. Blühende Blumen und Kräuter, aber auch Blumenkohl und Brokkoli sind an einem solchen Tag für pflegende Zuwendung besonders empfänglich.

Die Tage, an denen der Mond in einem Luftzeichen steht, sind in klimatischer Hinsicht Licht- oder Lufttage. Die Qualität der Luft, des Lichtes herrscht vor. Das heißt nun nicht, daß den ganzen Tag die Sonne scheint und ein leichter Wind weht, aber es heißt, daß das Licht heller empfunden wird, als es der bedeckte Himmel vermuten läßt, und daß Ihre Wäsche im Freien erstaunlich rasch trocknen wird. An solchen Tagen sollten Sie auch im Winter immer eine Sonnenbrille griffbereit haben.

Bei einer Temperatur von 8° C könnten Sie das Gefühl bekommen, daß Sie keinen warmen Pullover, aber sehr wohl eine Windjacke benötigen.

Das Element Wasser

Wasserzeichen sind Krebs, Skorpion und Fische. Das Element Wasser steht für Gefühle, Emotionen, für Ängste und hingebungsvolle Liebe, für Einfühlungsvermögen, für Phantasie und Selbstlosigkeit, für Romantik und Ahnungen.

An Tagen, an denen der Mond in einem Wasserzeichen steht, gedeihen die Blätter der Pflanzen besonders gut. Es sind die Blatt-Tage. Blattgemüse, Blattkräuter, alle Pflanzen, deren Grün wichtig ist, vertragen es besonders gut, an einem solchen Tag gepflegt zu werden.

Klimatisch gesehen sind Tage, an denen der Mond in einem Wasserzeichen steht, Wassertage. Die Qualität der Feuchtigkeit herrscht vor – was nicht heißen muß, daß es regnet. Aber es kann heißen, daß Ihre Wäsche nur langsam trocknet, wenn Sie sie ins Freie hängen.

Und bei einer Temperatur von 8° C werden Sie vermutlich das Gefühl haben, Ihnen kriecht die Feuchtigkeit durch Ihren warmen Pullover.

Der Mond in den Jahreszeiten

Wie kommen nun die Jahreszeiten ins Spiel? – Der Mond steht nicht das ganze Jahr lang bei Neumond im Steinbock und nimmt dann zu, bis er bei Vollmond in den Zwillingen steht. Nein, so einfach ist es nicht. Er steht vielmehr fünf Monate lang als zunehmender Mond, einmal als Vollmond, fünf Monate lang als abnehmender Mond und einmal als Neumond im Steinbock. Wie läßt sich das erklären?

Kehren wir an dieser Stelle noch einmal zu dem Bild unserer Monduhr zurück.

Die Ziffern, also die Tierkreiszeichen, sind inzwischen in den vier Farben der Elemente angemalt, die in immer gleicher Ordnung aufeinanderfolgen. Rot, Grün, Gelb und Blau für Feuer, Erde, Luft und Wasser, oder anders ausgedrückt, für Widder-Löwe-Schütze, Stier-Jungfrau-Steinbock, Zwillinge-Waage-Wassermann sowie Krebs-Skorpion-Fische.

Oben in der Mitte, wo bei einer gewöhnlichen Uhr die Zwölf sitzt, finden wir auf unserer Monduhr das Zeichen der Zwillinge, unten an der Stelle der Sechs sitzt der Schütze – die beiden Wendezeichen. Können Sie sich erinnern? Vom Schützen bis zu den Zwillingen bewegt sich der Mond aufwärts durch die Ekliptik, von den Zwillingen bis zum Schützen bewegt er sich abwärts. Diese Aufwärts- und Abwärtsbewegung des Zeigers ist dieselbe wie bei einer ganz gewöhnlichen Uhr.

Was die Monduhr zu einer besonderen Uhr macht, ist zum einen die Veränderung des Zeigers. Mal ist er unsichtbar, mal wird er ständig sichtbarer, mal ist er dick und prall, um dann wieder weniger sichtbar zu werden.

Diese Geschichte wäre im Grunde langweilig, wäre da nicht noch eine zweite Kleinigkeit:

Der Mond umkreist die Erde, und die wandert bekanntlich im Laufe eines Jahres einmal um die Sonne. Das sieht von der Erde aus gesehen so aus, als stünde die Sonne jeden Monat in einem anderen Tierkreiszeichen. Ab 21. Dezember im Steinbock, ab 20. Januar im Wassermann, ab 19. Februar in den Fischen und so weiter.

Auf das Bild unserer Uhr übertragen bedeutet dies, daß der Zeiger Mond sich nicht um eine fix montierte Achse dreht, sondern auf einer Scheibe montiert ist, die sich ihrerseits dreht, und zwar im Uhrzeigersinn.

Wer sich nicht vorstellen kann, was das für Folgen hat, der möge auf den nächsten Rummelplatz gehen: Es gibt Karussells, die nach diesem Prinzip aufgebaut sind. Manchen Menschen wird vom bloßen Zuschauen schlecht.

Nun kann man diese Drehbewegung zum Glück auch so formulieren, daß nicht gleich alles vor unseren Augen zu kreisen beginnt. Anstatt uns vorzustellen, daß sich die Scheibe im Zentrum der Uhr dreht, können wir auch sagen, das Ziffernblatt dreht sich um seine Achse. Und zwar entgegen dem Uhrzeigersinn, so daß der Zeiger, wenn er nach einer vollständigen Umwanderung des Ziffernblattes wieder oben bei der Zwölf ankommt, nicht mehr die Zwölf, sondern bereits die Eins vorfindet. Der Zeiger Mond steht also nicht immer auf derselben Uhrzeit, wenn er unsichtbar ist.

Die Mondphasen im Jahreskreis

Von alledem ist für uns als Menschen, die sich nach dem Mond ausrichten, nur wichtig: Der Mond steht nicht jeden Monat bei Neumond im Steinbock. Dort steht er nur im Januar. Bis zum nächsten Neumond nach 29 Tagen, 12 Stunden, 44 Minuten und 2,8 Sekunden durchwandert der Mond dreizehn Tierkreiszeichen, da ihn die Erde, um die er kreist, in einem Monat um ein Zeichen weiterträgt. Die Bewegung der Erde sorgt für zwei verschiedene Zyklen: Bis der Mond einmal alle zwölf Tierkreiszeichen durchwandert hat, dauert es etwa 28 Tage, ein vollständiger Mondzyklus von Neumond zu Neumond dauert etwa 29½ Tage.

Beim nächsten Neumond im Februar steht der Mond daher bereits im Wassermann. Während er wieder den Steinbock durchwandert, nimmt er noch ab. Beim dritten Neumond des Jahres, im März, finden wir den Mond in den Fischen, und so weiter.

Im Laufe eines Jahres durchwandert der Neumond also einmal den ganzen Tierkreis. In der ersten Hälfte besteht an etwa zweieinhalb Tagen pro Monat die Qualität „zunehmender Mond im Steinbock", in der zweiten Hälfte kommt es etwa genauso lange zur Konstellation „abnehmender Mond im Steinbock".

Und das ist es, was im täglichen Leben nach dem Mond zum Tragen kommt.

Das sei an einem praktischen Beispiel erläutert:

Zum Beispiel Enthaarung

Im Sommer möchten viele Frauen schöne, enthaarte Beine haben. Nun, das ist kein Problem. Lassen Sie das Steinbockprinzip für sich arbeiten.

Die Enthaarung der Beine fällt in den Zuständigkeitsbereich des Steinbocks, und da es für unsere Haut darum geht, etwas loszulassen, geschieht sie sinnvollerweise im abnehmenden Mond. Wann also soll ich meine Beine enthaaren?

Schauen wir einmal in den Mondkalender des Jahres 2000. Steinbocktage im abnehmenden Mond sind vom 2. bis 4. Februar, am 1. und 2. März, am 29. und 30. März, vom 24. bis 26. April, am 22. und 23. Mai und am 18. und 19. Juni. Im Juli kommen noch der 16. (Vollmond) und der 17. in Frage. In der zweiten Jahreshälfte nimmt der Mond zu, wenn er im Steinbock steht.

Das kann Ihnen aber gleichgültig sein, denn wenn Sie in der ersten Jahreshälfte eifrig gezupft haben, sind Sie bis spätestens Juli, also bis zu den Sommerferien, alle störenden Härchen los. – Haben Sie schon den Telefonhörer in der Hand, um mit Ihrer Kosmetikerin einen Termin zu vereinbaren?

Hinweis zur Benutzung dieses Buches:

In den Kapiteln ab Seite 37 finden Sie am Rand jeder Seite die Elemente und die ihnen zugeordneten Tierkreiszeichen mit ihren Symbolen. Im Kalenderteil am Schluß des Buches finden Sie unter dem Symbol das Datum, an dem der Mond im betreffenden Tierkreiszeichen steht.
So können Sie die Angabe „an einem Wassertag im abnehmenden Mond" leicht in ein Datum umsetzen und die geplante Tätigkeit in Ihren Tagesplaner übertragen.

Mondphasen im Jahreskreis

Um Ihnen das Suchen zu erleichtern, finden Sie hier eine Tabelle mit einer Übersicht, in welchen Monaten des Jahres der Mond in den einzelnen Tierkreiszeichen zu- oder abnimmt.

Tierkreis-zeichen	Neumond	Abnehmender Mond	Vollmond	Zunehmender Mond
Widder	April	Mai bis September	Oktober	November bis März
Stier	Mai	Juni bis Oktober	November	Dezember bis April
Zwillinge	Juni	Juli bis November	Dezember	Januar bis Mai
Krebs	Juli	August bis Dezember	Januar	Februar bis Juni
Löwe	August	September bis Januar	Februar	März bis Juli
Jungfrau	September	Oktober bis Februar	März	April bis August
Waage	Oktober	November bis März	April	Mai bis September
Skorpion	November	Dezember bis April	Mai	Juni bis Oktober
Schütze	Dezember	Januar bis Mai	Juni	Juli bis November
Steinbock	Januar	Februar bis Juni	Juli	August bis Dezember
Wassermann	Februar	März bis Juli	August	September bis Januar
Fische	März	April bis August	September	Oktober bis Februar

Anhand dieser Tabelle können Sie eine Angabe wie „im abnehmenden Mond im Steinbock" ganz leicht einer Jahreszeit zuordnen: Es handelt sich um die Zeit zwischen Februar und Juni. Wann genau ein Steinbock-Tag in dieser Phase ist, das geht aus den Mondkalendern für jedes Jahr hervor. Am Ende dieses Buches finden Sie die Kalender für die Jahre 1999, 2000, 2001 und 2002.

Unter jedem Datum ist dasjenige Tierkreiszeichen angegeben, in dem sich der Mond an diesem Tag hauptsächlich aufhält. Die danebenstehenden Angaben der Mondphasen erleichtern Ihnen zusätzlich die Orientierung im Jahreslauf mit dem Mond.

Und nun zu den einzelnen Lebensbereichen.

Familie, Freizeit und Beruf

In diesem Kapitel finden Sie Anregungen, wie Sie Ihr Leben mit anderen Menschen im Einklang mit der Monduhr gestalten können. Natürlich läßt sich manches nicht verschieben. Ein besonders gutes Beispiel sind die Klassenarbeiten von Kindern. Für sie wären Lufttage – insbesondere Zwillingetage – ideal. Doch sie lassen sich nun einmal nicht auf den nächsten Lufttag verlegen. Allerdings können Sie gezielt versuchen, Ihr Kind an Zwillingetagen vor Klassenarbeiten zum Lernen anzuhalten. Das gleiche gilt für Prüfungen und für Seminare.

Wenn Sie an einem Kommunikationsseminar teilnehmen, das an einem Wochenende stattfindet, an dem das Zwillingeprinzip dominiert, werden Sie davon optimal profitieren. Doch auch hier sind Sie nicht Herr der Zeiteinteilung und müssen mitunter auch mit anderen Tagesqualitäten fertig werden. Und wenn Sie sich diese bewußtmachen, wird Ihnen das sicher leicht gelingen.

Anderes läßt sich hinwieder gut planen und dann auch gezielt in den Tageskalender einbauen.

Lassen Sie sich anregen, einmal hinzuschauen. Möglicherweise wecken die folgenden Tips in Ihnen ein Gefühl für Zusammenhänge, die Ihnen bislang in dieser Form noch nicht bewußt waren.

Innerhalb der einzelnen Abschnitte – Familienleben, Freizeitgestaltung, Berufsleben und Finanzen – finden Sie die Stichworte alphabetisch geordnet.

Feuer:
♈ Widder
♌ Löwe
♐ Schütze

Erde:
♉ Stier
♍ Jungfrau
♑ Steinbock

Luft:
♊ Zwillinge
♎ Waage
♒ Wassermann

Wasser:
♋ Krebs
♏ Skorpion
♓ Fische

Familienleben

Eifersucht

Eifersucht ist besonders an Stiertagen ein großes Thema. Viele Menschen sind zu diesem Zeitpunkt besonders besitzergreifend, und oft werden dann auch heftige Emotionen frei. Gehen die Wogen allzu hoch, setzen Sie zur Versöhnung am besten auf den Skorpion. Steht der Mond in seinem Zeichen, sind die Fähigkeiten des Verzeihens und der Einsicht stärker ausgeprägt als sonst.

Eigensinn

Ein gesundes Maß an Eigensinn ist selbst in einer harmonischen Partnerschaft von großem Nutzen und darf nicht unterdrückt werden. Letztlich tragen Streitigkeiten und Auseinandersetzungen ja durchaus dazu bei, Wünsche und Bedürfnisse gegenseitig auszuloten. Erst dies schafft die Basis, den Partner ab und an auch einmal in seine Schranken weisen zu können.

Damit Sie Ihren Eigensinn allerdings nicht auf Kosten Ihres Partners ausleben und die Auseinandersetzungen in einem liebevollen Rahmen bleiben, sollten Sie sich Tage für Ihren eigensinnigen Kurs aussuchen, an denen der Mond im Krebs oder in der Jungfrau steht.

Ganz gefährlich sind dagegen Löwe- oder Steinbocktage. Im ersten Fall treffen Sie vermutlich auf ein Gegenüber, das Sie mit Ihrem Egotrip zutiefst kränken. Im zweiten Fall prallen Sie auf einen

Widerpart, der stocksteif stehen bleibt und an dem Sie sich den Kopf einrennen werden.

Heftig, aber fair fallen schließlich jene Auseinandersetzungen aus, die im Zeichen des Widders geführt werden. Zuschauer sollten in einem solchen Fall allerdings in Deckung gehen.

Familienalltag

Wollen Sie frischen Wind in Ihren Familienalltag bringen, so nutzen Sie am besten jene Tage, an denen der zunehmende Mond im Zeichen des Krebses steht.

Schwierige Gespräche gehen Sie dagegen besser an einem Waagetag an. Geht es darum, Ärger loszulassen und die Atmosphäre zu bereinigen, sollten Sie einen Waagetag im abnehmenden Mond bevorzugen.

Wollen Sie hingegen eher ein schwieriges Problem gemeinsam von allen Seiten beleuchten, bietet sich ein Waagetag im zunehmenden Mond an.

Entschlüsse über langfristige Handlungsalternativen stehen dagegen an einem Stiertag an, kurzfristige „Hauruck-Aktionen“ sind an Widdertagen gut aufgehoben.

Steht der Mond im Zeichen des Löwen, ist dies der ideale Zeitpunkt, um einen Spielenachmittag oder -abend zu veranstalten.

Feste

Ein altes Sprichwort sagt, man soll die Feste feiern, wie sie fallen. Steht der zunehmende Mond noch

Feuer:
Widder ♈
Löwe ♌
Schütze ♐

Erde:
Stier ♉
Jungfrau ♍
Steinbock ♑

Luft:
Zwillinge ♊
Waage ♎
Wassermann ♒

Wasser:
Krebs ♋
Skorpion ♏
Fische ♓

Feuer:
♈ Widder
♌ Löwe
♐ Schütze

Erde:
♉ Stier
♍ Jungfrau
♑ Steinbock

Luft:
♊ Zwillinge
♎ Waage
♒ Wassermann

Wasser:
♋ Krebs
♏ Skorpion
♓ Fische

dazu im Zeichen des Widders oder der abnehmende Mond im Löwen oder Wassermann, so ist Ihnen ein rauschendes Fest sicher.

Zudem sind Zwillinge- und Waagetage ziemlich sichere Daten für Ihr Fest.

Davon unabhängig, können Sie durch die Gestaltung des Tages oder Abends in Analogie zu den Mondprinzipien einiges zum Gelingen beitragen. An Widdertagen werden sich Ihre Gäste vor einer Dartscheibe vermutlich köstlich unterhalten, während an Stier- und Krebstagen die Kegelbahn der deutlich bessere Austragungsort für Ihre gesellige Begegnung ist. Löwetage sind prädestiniert für einen Besuch im Casino, an Skorpiontagen trifft es sich besonders gut in einem Hinterzimmer zur heimlichen Pokerrunde.

So wie die einzelnen Vertreter des Tierkreises also unzweifelhaft ihre geselligen Qualitäten haben, so klar steht aber auch fest, welchen Tagen Sie für eine Party ausweichen sollten: die vier letzten Vertreter im Tierkreis sind nicht wirklich gesellige Zeitgenossen.

Im Zeichen des Schützen könnten Sie viel eher Vergnügen auf einer Renn- oder Polobahn bekommen als auf dem begrenzenden Platz einer Keller- oder Gartenparty; an Steinbocktagen kann Ihnen passieren, daß sich durchaus gesellige Menschen mit Patience-Karten in einen stillen Winkel zurückziehen, Wassermanntage scheinen Videospiele mit magnetischer Wirkung auszustatten, und an Fischetagen versammeln sich plötzlich alle zum „Tischerücken".

Eine besondere Warnung gilt für all jene, die ihre

Gäste an Skorpiontagen – vor allem im zunehmenden Mond – einladen: derartige Abende verlaufen zunächst ganz gelungen. Oft schleicht sich mit der Zeit allerdings ein Hang zu „Psychospielen" ein. Klären Sie also lieber vorher ab, ob im Falle eines Falles alle Eingeladenen mit einer solchen Situation klarkommen könnten.

Freunde

Nutzen Sie für anfallende Aussprachen und Diskussionen im Freundeskreis den zunehmenden Mond in den Zwillingen oder – noch besser – in der Waage. Er steht einerseits für die nötige Kraft, andererseits aber auch für die Fähigkeit, sich differenziert, verständlich und überzeugend auszudrücken. Ausgewogen formulierte Standorte schließlich werden von den anderen auch gut aufgenommen.

Gastgeschenke

Kennen Sie das folgende Problem? Sie sind bei Freunden, Verwandten oder Bekannten eingeladen, haben aber nicht die geringste Spur einer Idee, was Sie mitbringen könnten? Blumen und die obligatorische Flasche Wein erscheinen Ihnen zu abgedroschen, für persönlichere Mitbringsel kennen Sie die Gastgeber unter Umständen nicht gut genug. Was also tun?

Versuchen Sie es doch auch in dieser Beziehung einmal mit dem Mond. An Widdertagen kommen Sie mit einem Trockenblumenstrauß oder einer Flasche Tequila gut an, Stiertage verlangen nach Prali-

Feuer:
Widder ♈
Löwe ♌
Schütze ♐

Erde:
Stier ♉
Jungfrau ♍
Steinbock ♑

Luft:
Zwillinge ♊
Waage ♎
Wassermann ♒

Wasser:
Krebs ♋
Skorpion ♏
Fische ♓

Feuer:
♈ Widder
♌ Löwe
♐ Schütze

Erde:
♉ Stier
♍ Jungfrau
♑ Steinbock

Luft:
♊ Zwillinge
♎ Waage
♒ Wassermann

Wasser:
♋ Krebs
♏ Skorpion
♓ Fische

nen oder einer Flasche Aquavit, Krebstage sind sogar für gewagteres Designer-„Spielzeug" wie geschaffen.

An Löwetagen könnte ein goldener Kaviarlöffel als angemessen gelten, Waagetage sind gut für Jasmin-Tee oder Meditationsmusik, und an Schützetagen finden sich Reiseführer in der Analogie. Und an Jungfrau-, Skorpion- und Steinbocktagen sollten Sie ohnehin keine Einladung annehmen.

Geborgenheit

Das Bedürfnis nach Geborgenheit ist ganz besonders gut geeignet, um zu demonstrieren, wie unterschiedlich ein und dasselbe Gefühl in den unterschiedlichen Tierkreiskonstellationen erlebt wird.

Wenn der Mond im Widder steht, kann Geborgenheit recht ungemütliche Züge annehmen, etwa wenn man mit dem Partner zu Abenteuern aufbricht oder Herausforderungen gemeinsam angeht.

In Krebszeiten steht hingegen mit dem Rückzug in die eigenen vier Wände und einer gehörigen Portion Romantik viel eher das herkömmliche Bild von Geborgenheit auf dem Programm.

Skorpiontage ermöglichen besonders intensive Hinwendung zum Partner, mit der Gefahr des Umschlagens in zu große Nähe, gepaart mit einer liebevoll-schonungslosen Analyse seiner Situation.

Wassermann-Konstellationen laden oft zum Bau am gemeinsamen Luftschloß ein.

Und steht der Mond im Löwen, so heißt Geborgenheit unter Umständen auch, vor einer bewundernden Menge ganz allein eine Bühne zu betreten.

Geburtstagsparty

Fast jeder, der für seinen Nachwuchs regelmäßig einen Kindergeburtstag ausrichtet, weiß, wie schwer es oft ist, die kleine Gesellschaft in Schwung zu bringen. Doch auch in diesem Fall können Sie die Prinzipien der Tierkreiszeichen, die der Mond zeigt, für sich arbeiten lassen.

An Widdertagen bietet sich ein wildes „Räuber-und-Gendarm“-Spiel an. An Stiertagen haben Sie mit „Würstel-Schnappen“ vermutlich große Erfolge, an Schützetagen mit der „Reise nach Jerusalem“. In der Analogiekette der Fische findet sich das Verkleiden. Verteilen Sie Seifenblasen als Preise für die phantasievollsten Kostüme, und Ihnen ist ein Extraerfolg sicher.

Grundsätzlich findet sich für jeden Tag ein geeignetes Prinzip, mit dem Sie zu diesem Termin ganz besonders erfolgreich spielen können. Mit einer Ausnahme: Tage, in denen der Mond im Zeichen des Steinbocks steht, sind für Kindergeburtstage wenig geeignet. Die Qualitäten des Steinbocks sind frühreif und altklug. Eine ausgelassene Stimmung ist an diesen Tagen eher ein Glücksfall als die Regel.

Gemeinsamkeit

Das Miteinander ist der Grundstock einer Beziehung. Um Gemeinsames und Getrenntes voneinander abzugrenzen, sollten Sie den Zwillinge- oder den Schützemond wählen, also die Wendezeichen.

Um nach Herzenslust der Zweisamkeit zu frönen, bietet sich der zunehmende Krebsmond an. Und

Feuer:
Widder ♈
Löwe ♌
Schütze ♐

Erde:
Stier ♉
Jungfrau ♍
Steinbock ♑

Luft:
Zwillinge ♊
Waage ♎
Wassermann ♒

Wasser:
Krebs ♋
Skorpion ♏
Fische ♓

Feuer:
♈ Widder
♌ Löwe
♐ Schütze

Erde:
♉ Stier
♍ Jungfrau
♑ Steinbock

Luft:
♊ Zwillinge
♎ Waage
♒ Wassermann

Wasser:
♋ Krebs
♏ Skorpion
♓ Fische

um tief in die Seele des anderen einzutauchen, empfiehlt sich der Skorpionmond, bevorzugt dann im abnehmenden Mond, wenn der andere Bindungsängste entwickelt. Eine gute Zeit für Zärtlichkeit ist übrigens auch an Tagen, an denen der Mond im Stier steht.

Gespräche

„Was ist wertvoller als Gold? – Das richtige Gespräch" – so lautet ein wichtiger Dialog in Goethes Märchen. Er zeigt, wie hoch der Dichter (er selbst wurde im Zeichen der vom Merkur beherrschten Jungfrau geboren und hatte den Merkur im zehnten Haus) den Austausch mit anderen einschätzte.

Die Qualität jener Tage, an denen der Mond in einem Luftzeichen steht, unterstützt die Bereitschaft zu guten Gesprächen ganz erheblich – nutzen Sie sie, um sich etwas von der Seele zu reden, sich nach einem Streit auszusöhnen, und öffnen Sie sich für neue Gedanken. Wobei die Zwillingetage vor allem im Zeichen intellektueller Gespräche stehen, Waagetage im Zeichen von vorsichtigem Aneinanderherantasten und Wassermanntage im Zeichen großer Ideen und packender Visionen.

Auch für Verhandlungen geschäftlicher Art sind Lufttage ideal. Sie werden bei Ihrem Partner auf ähnlich offene Ohren treffen wie an Stiertagen.

Hochzeit

Haben Sie sich entschlossen zu heiraten? Herzliche Gratulation.

Verbreitet ist die Empfehlung, einen Tag zu wählen, an dem der Mond in den Zwillingen steht. Denn wie schon die unzertrennlichen Zwillingsbrüder Castor und Pollux aus der griechischen Mythologie, so streben auch die Liebenden nach Vereinigung. Ideal wäre natürlich ein Tag, an dem der zunehmende Mond im Zwilling steht.

Doch berücksichtigen Sie vielleicht auch eine Weisheit, die schon von den alten Römern stammt. Denn wie heißt es so schön? „Im Mai sollst du nicht heiraten. Denn dann sind alle Esel verliebt."

Kinder

Unsere Kinder haben in der Regel noch einen sehr viel besseren Zugang zu ihren Instinkten als wir. Daher ist es auch nicht weiter verwunderlich, daß die Prinzipien des Mondes bei ihnen sehr viel unvermittelter durchschlagen als bei uns.

Machen Sie sich diese Erkenntnis zunutze, und schauen Sie zunächst in den Kalender, wenn Probleme mit Ihrem Nachwuchs auftauchen.

Auf den ersten Blick mag Ihr Heranwachsender beispielsweise ausgesprochen verstockt wirken, ohne daß Sie einen Zugang zu seiner Stimmung entdecken könnten. Überlegen Sie, wann Ihnen diese Stimmung erstmals auffiel. Handelt es sich beispielsweise um einen Jungfrautag, so ist gut möglich, daß Ihr Kind ein Problem mit der täglichen Ordnung haben könnte.

Wobei die Mondphasen einen weiteren wesentlichen Anhaltspunkt liefern. Steht die Jungfrau im abnehmenden Mond, ist es sehr wahrscheinlich, daß

Feuer:
Widder ♈
Löwe ♌
Schütze ♐

Erde:
Stier ♉
Jungfrau ♍
Steinbock ♑

Luft:
Zwillinge ♊
Waage ♎
Wassermann ♒

Wasser:
Krebs ♋
Skorpion ♏
Fische ♓

Feuer:
♈ Widder
♌ Löwe
♐ Schütze

Erde:
♉ Stier
♍ Jungfrau
♑ Steinbock

Luft:
♊ Zwillinge
♎ Waage
♒ Wassermann

Wasser:
♋ Krebs
♏ Skorpion
♓ Fische

Sohn oder Tochter vom Chaos des Familienalltages überfordert sind und sich etwas mehr Kontinuität und Ordnung wünschen würden. Steht der zunehmende Mond hingegen im gleichen Vertreter des Tierkreises, können Sie fast davon ausgehen, daß Ihrem Kind die familiäre Ordnung derzeit zu rigide ist.

Steht der abnehmende Mond im Widder, liegt die Vermutung nahe, daß Ihr Kind unausgelastet ist und sich nach körperlicher Anstrengung und Abenteuer sehnt. Bei zunehmendem Mond im Widder könnte genau das Gegenteil der Fall sein. Prüfen Sie, ob Ihr Kind mit seinen Schulaufgaben und zusätzlich Fußballverein, Ballett, Judo und Reiten nicht schlicht überfordert ist.

Und tauchen immer wieder Probleme zu Zeiten auf, in denen der Mond im Stier steht, sollten Sie schauen, ob sich Ihr Kind emotional ausreichend genährt fühlt (abnehmender Mond) oder ob es sich durch Ihre Liebe vielleicht sogar bereits erdrückt fühlt (zunehmender Mond).

Wie dem auch sei: Warten Sie auf den nächsten Waagetag, und suchen Sie gemeinsam nach einem Ausgleich.

Kinderwunsch

Die Frage, ob ein Kind ein Junge oder ein Mädchen wird, bewegt die Menschen bereits seit Jahrtausenden. Die moderne Medizin stellt mittlerweile bereits Verfahren zur Verfügung, um das Geschlecht des Nachwuchses im Sinne der eigenen Vorlieben zu beeinflussen.

Wer sich lieber auf den Mond verläßt, hat etwa alle fünf Tage die Aussicht, einen ersehnten Sohn oder aber eine ersehnte Tochter zu zeugen:

An den Tagen, an denen der Mond in einem männlichen Tierkreiszeichen steht, gezeugte Kinder werden Jungen, in weiblichen Zeichen gezeugte Kinder werden Mädchen. Männliche Zeichen sind die Feuer- und Luftzeichen, weibliche sind die Erd- und Wasserzeichen.

Feuer:
Widder ♈
Löwe ♌
Schütze ♐

Erde:
Stier ♉
Jungfrau ♍
Steinbock ♑

Luft:
Zwillinge ♊
Waage ♎
Wassermann ♒

Wasser:
Krebs ♋
Skorpion ♏
Fische ♓

Krisen

In Krisensituationen fehlt es oft an Verständnis. Der Schütze- und der Wassermannmond machen Sie für Einsichten sehr empfänglich.

Gefährlich ist hingegen der Fischemond. An diesen Tagen neigen die Beteiligten dazu, in die trüben Regionen ihrer Gefühle abzutauchen. Und auch der Krebsmond ist nicht sonderlich gut geeignet. Denn er scheint vor allem auf Menschen, die sich in ihren Schmollwinkel zurückgezogen haben.

Liebeserklärung

Möchten Sie jemandem, der Ihnen nahesteht, Ihre Liebe erklären? Nur zu. An Waagetagen können Sie besonders gut zum Ausdruck bringen, was Sie fühlen.

Auf anderen Ebenen sind aber auch Krebs-, Stier- und Widdertage im aufsteigenden wie im absteigenden Mond ideal für dieses Vorhaben.

Das sind sehr viele? Nur zu, schließlich muß eine Liebeserklärung ja kein einmaliges Ereignis bleiben.

Feuer:
♈ Widder
♌ Löwe
♐ Schütze

Erde:
♉ Stier
♍ Jungfrau
♑ Steinbock

Luft:
♊ Zwillinge
♎ Waage
♒ Wassermann

Wasser:
♋ Krebs
♏ Skorpion
♓ Fische

Haben Sie schon einmal darüber nachgedacht, einen regelmäßigen „Tag der Liebe" einzuführen? Befreien Sie sich von vorgegebenen Daten wie Hochzeitstag oder erster Begegnung, und küren Sie Ihren ureigenen Tag der Liebe. Nutzen Sie in diesem Fall vor allem den Löwemond.

Offenheit

Offenheit ist eines der wichtigsten Kriterien für eine intakte Beziehung. Der Vollmond und der Mond im Zeichen der Fische sind ideale Zeitpunkte, um sich mit diesem Thema zu beschäftigen.

Orientierung

Hin und wieder ist wohl so gut wie jeder von uns in einer Stimmung, in der er nach „Gott und der Welt" fragt. Sparen Sie sich eine derartige Suche nach den grundsätzlichen Orientierungspunkten in Ihrem Leben für einen Fischetag auf. Mit Unterstützung dieser Qualität wird es Ihnen vermutlich sehr viel leichter fallen, herauszubekommen, wer Sie sind, warum Sie auf dieser Welt sind und worin Ihre ganz persönlichen Aufgaben bestehen.

Ihrem Partner, Ihren Kindern, dem Arbeitgeber oder anderen Betroffenen sollten Sie die Ergebnisse Ihrer Überlegungen allerdings erst am nächsten Waagetag mitteilen.

Vielleicht nutzen Sie die unmittelbar davor liegenden Jungfrautage für eine kurze Bestandsaufnahme, was sich tatsächlich ändern müßte, damit Ihr Leben „auf Kurs" kommt.

Partnerschaft

Möchten Sie in Ihrer Partnerschaft das richtige Maß von Nähe und Abstand finden, so eignen sich jene Tage am besten, an denen der Mond im Zeichen der Zwillinge oder des Schützen steht, denn genau zu diesem Zeitpunkt wechselt der Mond zwischen auf- und absteigender Richtung.

Für Probleme, die sorgsam erwogen werden sollten, eignen sich Waagetage besonders.

Schwerwiegende Entscheidungen, für die Sie gemeinsam große Kraft mobilisieren sollten, treffen Sie dagegen besser an Widdertagen. Für langfristig wirksame Weichenstellungen warten Sie hingegen am besten auf einen Tag, an dem der Mond im Stier steht.

Und noch ein Tip: Geht es in schwierigen Zeiten um eine achtsame Bestandsaufnahme Ihrer Beziehung, so setzen Sie auf die Jungfrau. Die hilft Ihnen dabei, Bestehendes zu ordnen, und verhilft mit ihrer Bodenständigkeit auch zur Einsicht, daß Altes bewahrenswert ist.

Romantik

Das Bedürfnis nach romantischen Stunden ist an Wasser- und Erdtagen besonders ausgeprägt. Im Alltag ist oft zu wenig Platz für Romantik. Lassen Sie sich doch ganz einfach vom Mond inspirieren.

Um die romantisch geweckten Gefühle zu festigen, bieten sich die Erdzeichen an, und zwar ganz besonders stark zu Zeiten des zunehmenden und aufsteigenden Mondes.

Feuer:
Widder ♈
Löwe ♌
Schütze ♐

Erde:
Stier ♉
Jungfrau ♍
Steinbock ♑

Luft:
Zwillinge ♊
Waage ♎
Wassermann ♒

Wasser:
Krebs ♋
Skorpion ♏
Fische ♓

Feuer:
♈ Widder
♌ Löwe
♐ Schütze

Erde:
♉ Stier
♍ Jungfrau
♑ Steinbock

Luft:
♊ Zwillinge
♎ Waage
♒ Wassermann

Wasser:
♋ Krebs
♏ Skorpion
♓ Fische

Rückzug

Ist es Ihnen in Ihrer Beziehung zu eng geworden? Nutzen Sie den Neumond für einen Rückzug. Oder tauchen Sie an einem Skorpiontag im abnehmenden Mond einmal ganz bewußt ab in die Tiefen der eigenen Seele. Rückzugsgefechte sollten Sie an Krebstagen dagegen lieber vermeiden. Sie könnten auf andere wie eine „beleidigte Leberwurst" wirken.

Scheidung

Scheidungen gehören zu unserem modernen Alltag wie Liebeserklärungen und Eheschließungen.

Steht der Mond in den Zwillingen, der Waage oder den Fischen, ist der Zeitpunkt günstig, um solch schwerwiegende Entscheidungen zu treffen. Überprüfen Sie sie jedoch noch einmal an einem Jungfrautag, und ziehen Sie Ihre Entscheidung an einem Stiertag – am besten im abnehmenden Mond – durch. Letzterer unterstützt Sie durch Kraft und Beständigkeit auf der einen Seite und Herzenswärme auf der anderen.

Schule

Der erste Schultag ist für viele Eltern schwieriger als für die Kinder. Die Kinder werden selbständiger, die Eltern müssen sie loslassen. Für beide beginnt ein neuer Lebensabschnitt, und der Mond im Widder ist Ihnen in dieser Situation sehr behilflich.

Nicht jeder Schultag fällt den Kindern gleich leicht. An Fischetagen würden sie am liebsten nur vor sich hin träumen, an Zwillingetagen begreifen sie blitzschnell, was der Deutschlehrer meint – nur hat außer VolksschullehrerInnen niemand die Möglichkeit, hierauf Rücksicht zu nehmen.

Schulkinder

Die ersten sieben Jahre des Kindes stehen im Zeichen des Widders, die darauffolgenden sieben im Zeichen des Stiers, und vom 15. bis zum 21. Lebensjahr regieren die Zwillinge. Wählen Sie vor allem für schulische Entscheidungen, aber auch für Aussprachen jene Tage, an denen der Mond im betreffenden Zeichen steht.

Selbständigkeit

Ist Ihnen Ihre Selbständigkeit in Partnerschaft und Beruf heilig, so unterstützt Sie gegebenenfalls der Mond in Widder, Jungfrau oder Wassermann.

Im Widder gehen Sie neue Herausforderungen mit Schwung an, in der Jungfrau prüfen Sie eigenständig, was Sie angreifen, und im Wassermann sprudeln Sie ohnehin von eigenen Ideen.

Senioren

Haben Sie manchmal Schwierigkeiten, älteren Menschen folgen zu können, ihre Stimmungen zu verstehen? Versuchen Sie doch einmal, das Steinbockprinzip für sich arbeiten zu lassen.
Suchen Sie an Steinbocktagen das Gespräch, unternehmen Sie gemeinsam etwas mit den für Sie problematisch scheinenden Senioren, oder machen Sie

Feuer:
Widder ♈
Löwe ♌
Schütze ♐

Erde:
Stier ♉
Jungfrau ♍
Steinbock ♑

Luft:
Zwillinge ♊
Waage ♎
Wassermann ♒

Wasser:
Krebs ♋
Skorpion ♏
Fische ♓

Feuer:
♈ Widder
♌ Löwe
♐ Schütze

Erde:
♉ Stier
♍ Jungfrau
♑ Steinbock

Luft:
♊ Zwillinge
♎ Waage
♒ Wassermann

Wasser:
♋ Krebs
♏ Skorpion
♓ Fische

ein kleines Geschenk. Gut geeignet, um einmal genauer hinzuhören, sind übrigens auch Stiertage.

Haben Sie einen Pflegefall zu betreuen, so sollten Sie den Pflegeplan an Jungfrautagen neu überdenken.

Sexualität

Unsere Sexualität wird genau wie jeder andere Bereich unserer Gefühle und unserer Instinkte von den einzelnen Tierkreiszeichen sowie von der Mondphase beeinflußt.

Besonders geeignet für Kuschelstunden sind der Neu- und der Vollmond, vor allem wenn das Element Wasser regiert. An diesen Tagen erleben Sie Ihre Gefühle und Instinkte besonders stark.

Wilde Ekstase ist dagegen an Widdertagen angesagt, sinnliche Erotik an Stiertagen. Etwas ganz Besonderes hat es übrigens mit den Skorpiontagen auf sich. Sie sind der ideale Zeitpunkt, um sich auf die Spur der eigenen erotischen Phantasien zu setzen.

Taufe

Die Taufe als Feier der Aufnahme des Neugeborenen in die Gemeinschaft, sei es nun die religiöse oder die der Familie, steht am Beginn seines Lebens und wird daher vom Widder, der ja am Beginn des Jahreskreises steht, optimal unterstützt, natürlich besonders im zunehmenden Mond.

Wenn Sie allerdings besonderes Gewicht auf den spirituellen Gehalt dieses Ereignisses legen, können

Sie auch einen Fischetag, besonders im zunehmenden Mond, ins Auge fassen.

Trauer

Lassen Sie Ihren Tränen an Wassertagen freien Lauf. Steht der Mond im Skorpion, empfinden Sie die Trauer besonders stark. Er hilft Ihnen aber auch, das Erlebte zu verarbeiten.

Verführung

Steht der Mond in Ihrem persönlichen Tierkreiszeichen, so läßt Sie dieser Umstand besonders reizvoll, sexy und verführerisch wirken. Im abnehmenden Mond eignen sich diese Tage besonders, alte Beziehungen zu pflegen. Im zunehmenden Mond können Sie dagegen auch zu „neuen Ufern“ aufbrechen.

Zärtlichkeit

Streicheleinheiten haben immer Saison!

Feuer:
Widder ♈
Löwe ♌
Schütze ♐

Erde:
Stier ♉
Jungfrau ♍
Steinbock ♑

Luft:
Zwillinge ♊
Waage ♎
Wassermann ♒

Wasser:
Krebs ♋
Skorpion ♏
Fische ♓

Feuer:
♈ Widder
♌ Löwe
♐ Schütze

Erde:
♉ Stier
♍ Jungfrau
♑ Steinbock

Luft:
♊ Zwillinge
♎ Waage
♒ Wassermann

Wasser:
♋ Krebs
♏ Skorpion
♓ Fische

Freizeitgestaltung

Hobbys

Natürlich hat jeder Mensch seiner Prägung entsprechende Vorlieben, die sich auch in der Gestaltung seiner Freizeit äußern. Darüber hinaus steuert die Qualität des einzelnen Tages jedoch auch ein gerütteltes Maß zur Freizeitgestaltung bei.

Widdertage laden einfach dazu ein, wieder einmal ordentlich außer Atem zu kommen und sich nach Kräften zu verausgaben. Boxen, Squash oder Sprint sind Aktivitäten dieses Tages.

An Stiertagen gehen es die meisten dagegen schon sehr viel ruhiger an. Zwar steht noch immer Kräftemessen auf dem Programm, aber eher in Form von Kegeln, Eisstockschießen oder Fingerhakeln.

Krebstage sind dagegen dazu prädestiniert, es noch viel gemütlicher angehen zu lassen, etwa auf einem Segelboot. Oder Sie machen es wie die Fische und verzichten gänzlich aufs Schwitzen. Das heißt nicht, daß Sie untätig sind. Sie verzichten an Tagen dieser Qualität nur lieber auf Sport.

Spaziergänge

Beobachten Sie sich doch selbst einmal! Vermutlich wird es auch Sie just an Lufttagen ins Freie ziehen. Nutzen Sie die wohltuende Wirkung von Zwillinge-, Waage- und Wassermanntagen ruhig ausgiebig aus. Sie tun nicht nur Ihrem Körper etwas Gutes, sondern tragen auch erstaunlich viel dazu bei, die Folgen von Alltagsdruck, Streß und ungesunder Ernährung möglichst geringzuhalten.

Auch Feuertage sind gute Gelegenheiten, das Weite zu suchen, zumal Sie auch an objektiv kalten Tagen kaum frieren werden. Doch im Gegensatz zu den Lufttagen werden Sie sich an Tagen, an denen Widder, Löwe oder Schütze regieren, mit einem kleinen Ruck erst einmal aufraffen müssen.

Vorsicht vor größeren Wandertouren an Schützetagen im aufsteigenden Mond. Sie könnten ordentlichen Muskelkater bekommen.

Sport

Sport ist Mord, und Arbeit schändet? Nutzen Sie doch die Qualitäten des Mondes, um altvertraute schlechte Gewohnheiten loszulassen. Sie müssen es ja nicht gleich an einem Widdertag mit Fünfkampf angehen, sondern können es zunächst mit Schwimmen oder Wasserball an einem Fischetag probieren. Oder Sie spielen mit Ihren Kindern im Zeichen des Wassermannes Federball, gehen an einem Krebstag segeln oder an einem Zwillingetag wandern.

Urlaub

Ganz gevifte Anhänger des Mondes planen sogar Ihre (Kurz)Urlaube nach den Qualitäten des Himmelstrabanten. Dabei spielen vor allem die Tage vier bis sieben eine entscheidende Rolle. Die erste Akklimatisierung ist vollzogen, Körper, Geist und Seele beginnen sich auf ihre Umgebung einzustellen und neue Reize wahrzunehmen.

Feuer:
Widder ♈
Löwe ♌
Schütze ♐

Erde:
Stier ♉
Jungfrau ♍
Steinbock ♑

Luft:
Zwillinge ♊
Waage ♎
Wassermann ♒

Wasser:
Krebs ♋
Skorpion ♏
Fische ♓

Feuer:
♈ Widder
♌ Löwe
♐ Schütze

Erde:
♉ Stier
♍ Jungfrau
♑ Steinbock

Luft:
♊ Zwillinge
♎ Waage
♒ Wassermann

Wasser:
♋ Krebs
♏ Skorpion
♓ Fische

Fallen diese Tage in die Qualität des Stiers, haben Gourmetreisende eine besondere Freude. Zu Löwedaten sind dagegen eher die repräsentativen Quartiere gefragt, die Jungfrau ist prädestiniert für Bildungsreisen, und unter dem Aspekt des Skorpions geht es überhaupt nur um echte Herausforderungen wie beim Überleben im Amazonas oder einer Radtour auf den Kilimandscharo.

Das hat diese Zeit übrigens mit Wassermanntagen gemeinsam. An solchen Tagen versuchen selbst Ungeübte manchmal, mit dem Drahtesel zumindest auf den Montblanc zu kommen.

Ein ganz besonderer Tip für alle, die sich nur schlecht erholen können: Legen Sie Ihren Urlaub so, daß die kritische Zeit zwischen dem vierten und dem siebten Tag zumindest ein bis zwei Fischetage umfaßt, und buchen Sie dann zumindest drei Wochen. Sie werden sehen: Selbst Entspannungsverweigerer werden am Ende auf eine fast schon meditativ zu bezeichnende Zeit zurückblicken können.

Berufsleben und Finanzen

Bankgeschäfte

Der Stier-Mond ist der ideale Zeitpunkt, um langfristig Ordnung in die eigenen Finanzen zu bringen. Der zunehmende Mond im Stier eignet sich gut für Entscheidungen über ertragreiche Investitionen, der abnehmende Stiermond hingegen für Kreditaufnahmen.

Beförderung

Beförderungen sind zwar immer erfreulich, doch sind sie mit dem Wechsel eines Arbeitsplatzes und Mitarbeiterkreises verbunden. Am reibungslosesten werden Sie nach einer Beförderung von Ihren neuen Mitarbeitern akzeptiert, wenn Sie den Chefsessel an einem Steinbocktag oder zumindest bei Vollmond beziehen.

Falls Sie mit großen Widerständen seitens Ihrer Vorgesetzten oder Kollegen rechnen, empfiehlt es sich, auf den abnehmenden Mond zu setzen. Er hilft allen Beteiligten, fixe Ideen loszulassen und sich in Neues zu fügen.

Budget

Planen Sie Ihr Budget, wenn der Mond im Zeichen des Stiers oder der Jungfrau steht. Sie werden gut mit Ihrem Geld auskommen. Stiertage haben darüber hinaus allerdings noch den nicht zu überschätzenden Vorteil, daß auch der Genuß im Budget nicht zu kurz kommt.

Auch Steinbocktage sind für Geldangelegenheiten fruchtbar, allerdings wird das Budget dann eher knapp bemessen ausfallen und von großem Sicherheitsbedürfnis geprägt sein.

Einkauf

Grundsätzlich gilt: Wer bei zunehmendem Mond oder bei Vollmond einkaufen geht, wird vermutlich mit mehr heimkommen, als er tatsächlich benötigt.

Feuer:
Widder ♈
Löwe ♌
Schütze ♐

Erde:
Stier ♉
Jungfrau ♍
Steinbock ♑

Luft:
Zwillinge ♊
Waage ♎
Wassermann ♒

Wasser:
Krebs ♋
Skorpion ♏
Fische ♓

Feuer:
♈ Widder
♌ Löwe
♐ Schütze

Erde:
♉ Stier
♍ Jungfrau
♑ Steinbock

Luft:
♊ Zwillinge
♎ Waage
♒ Wassermann

Wasser:
♋ Krebs
♏ Skorpion
♓ Fische

Im abnehmenden Mond, besonders an Steinbocktagen, gelingt es uns viel besser, das eine oder andere Sonderangebot im Geschäft liegen zu lassen.

Vorratskäufe sollten übrigens an Jungfrau- oder Stiertagen getätigt werden. Obst und Gemüse, das im Keller eingelagert wird, sollte bei aufsteigendem Mond gekauft werden, am besten wenn der Mond im Schützen oder im Widder steht.

Kleiderkäufe gestalten sich an Löwetagen besonders befriedigend. Nur Vorsicht, latente Selbstverliebtheit an diesen Tagen könnte Sie dazu bringen, mehr Geld auszugeben, als Sie ursprünglich wollten.

Wenn das Einkaufen schließlich auch noch Spaß machen soll, dann meiden Sie Schützetage, und zwar vor allem jene im zunehmenden Mond. An diesen Tagen würden Sie ohnehin nur hektisch durch die Geschäfte laufen, sich für nichts so recht entscheiden können, schließlich wahllos zugreifen und frustriert nach Hause kommen.

Gehaltsverhandlungen

Gehaltsverhandlungen führen Sie am besten bei Vollmond. Ist Ihnen dies nicht möglich, so lassen Sie das Widder-, Stier- oder Skorpionprinzip für sich arbeiten.

Immobilien

Bei Immobiliengeschäften sollten Sie grundsätzlich zwischen reinen Investitionen und der Suche nach der eigenen künftigen Bleibe unterscheiden. Den Kauf von Vorsorgewohnungen fassen Sie am besten an einem Stiertag ins Auge. Diese Tage sind einfach wie geschaffen dafür, Projekte anzugehen, die einen langen Atem und mitunter etwas Kraft erfordern und den eigenen Finanzen dienen sollen. Überschlafen Sie Ihre Entscheidung über den nächsten Jungfrautag, und setzen Sie sie an einem Widdertag um. Vielleicht werden Sie zu Ihrem eigenen Erstaunen feststellen, daß Sie an diesem Tag ganz gegen Ihre Gewohnheit sogar handeln konnten.

Geht es dagegen um Kauf oder Miete einer Wohnung, in der Sie selbst in der nächsten Zeit zu wohnen gedenken, setzen Sie besser auf einen Krebstag. Ganz gegen landläufige Vorurteile wird es Ihnen an diesem Tag gelingen, im Auge zu behalten, ob Sie mit dieser Bleibe auch beruflich flexibel genug sind.

Überschlafen Sie Ihre Entscheidung über die nächste Nacht im Zeichen des Skorpions. Vielleicht wachen Sie am darauffolgenden Morgen auf und kennen die verborgenen Mängel des Objektes.

Umgesetzt wird übrigens auch diese Entscheidung am besten an einem Widdertag.

Meiden Sie dagegen Löwetage. Es könnte sein, daß Sie sich ein viel zu großes, unnötig luxuriöses Objekt zulegen.

Meiden Sie aber auch Fischetage. Die Wahrscheinlichkeit, daß die Wahl dieses Tages Sie verleitet, „in der Versenkung zu verschwinden" oder in einem Traumhaus zu verharren, ist allzu groß.

Jobwechsel

Wählen Sie für den Start eines neuen Arbeitsverhältnisses den zunehmenden Mond, wenn möglich

Feuer:
Widder ♈
Löwe ♌
Schütze ♐

Erde:
Stier ♉
Jungfrau ♍
Steinbock ♑

Luft:
Zwillinge ♊
Waage ♎
Wassermann ♒

Wasser:
Krebs ♋
Skorpion ♏
Fische ♓

Feuer:
♈ Widder
♌ Löwe
♐ Schütze

Erde:
♉ Stier
♍ Jungfrau
♑ Steinbock

Luft:
♊ Zwillinge
♎ Waage
♒ Wassermann

Wasser:
♋ Krebs
♏ Skorpion
♓ Fische

einen Tag, an dem der Mond im Widder steht, oder einen Neumondtag.

Großmutter schränkte die Regeln für den Jobwechsel jedoch noch um einen wichtigen weiteren Punkt ein: Wählen Sie keinen Montag, denn „Montagarbeit gedeiht nicht!“.

Wollen Sie hingegen ein Arbeitsverhältnis auflösen, so ist der Neumond, egal in welchem Zeichen er steht, ideal. Alle Beteiligten sind an diesem Tag in der Lage, leicht und wirksam loszulassen.

Karriere

Frauen widmen 150 Prozent ihrer Kraft ihrem Job, sagen amerikanische Management-Forscherinnen. Männer konzentrieren sich nur zu 80 Prozent auf das operative Geschäft und setzen den verbleibenden Rest ihrer Kraft- und Zeitreserven für strategische Aktionen zur Förderung ihrer Karriere ein.

So oberflächlich diese Aussage wirkt, so wahr ist sie jedoch quer durch alle Analogieebenen. Alle Schritte, die Sie gezielt für Ihre Karriere unternehmen, sollten Sie unter der Ägide der männlichen Vertreter des Tierkreises tun.

Im Zeiche der Zwillinge finden Sie leicht „Mitspieler“, was Ihnen allerdings von Kollegen auch als intrigant ausgelegt werden könnte. An Waagetagen verhandeln Sie besonders gut, an Wassermanntagen bekommen Ihre Visionen das nötige Leben. Widdertage sind für Gehalts- und Hierarchieverhandlungen wie geschaffen, bei denen es hart auf hart geht. Und an Schützetagen können Sie wie kaum sonst über Widerstände hinwegbrausen.

Mit Vorsicht zu genießen sind in der Gruppe der männlichen Zeichen nur die Löwetage: An ihnen könnte es gut sein, daß Sie sich vom eigenen Glanz ein bißchen zu sehr blenden lassen.

Geht es mit der Karriere übrigens wider Erwarten nicht so recht weiter, sollten Sie an einem Skorpiontag Bilanz ziehen. An diesen Tagen fällt Ihnen vermutlich leichter als sonst ein, wo die Crux begraben liegt. – Oder sollten Sie vielleicht nur die Jungfrautage etwas intensiver leben müssen und sich mit Akribie und Ehrgeiz in die Ihnen übertragenen Aufgaben stürzen?

Feuer:
Widder ♈
Löwe ♌
Schütze ♐

Erde:
Stier ♉
Jungfrau ♍
Steinbock ♑

Luft:
Zwillinge ♊
Waage ♎
Wassermann ♒

Wasser:
Krebs ♋
Skorpion ♏
Fische ♓

Kassensturz

Der Mond im Steinbock oder in der Jungfrau – vor allem der Vollmond – ist ein guter Zeitpunkt, um Bilanzen zu erstellen. Er sei vor allem jenen Zeitgenossen ans Herz gelegt, die zu leichtsinnigen Ausgaben neigen. Dinge, die Ihnen an Steinbock- und Jungfrautagen überflüssig erscheinen, sind tatsächlich nicht (über)lebensnotwendig. Der Waagemond eignet sich hervorragend, das Für und Wider einer Ausgabe sorgfältig abzuwägen.

Der Mond im Skorpion hingegen kann Sie bei der Suche nach den Ursachen eines finanziellen Problems unterstützen.

Sich selbst etwas Gutes zu tun und sich mit der einen oder anderen Ausgabe zu verwöhnen, gelingt übrigens an Löwetagen besonders gut. – Und an Stiertagen können Sie sicher sein, daß auch Ihr Partner im Zweifel die Spendierhosen anhat.

Feuer:
♈ Widder
♌ Löwe
♐ Schütze

Erde:
♉ Stier
♍ Jungfrau
♑ Steinbock

Luft:
♊ Zwillinge
♎ Waage
♒ Wassermann

Wasser:
♋ Krebs
♏ Skorpion
♓ Fische

Zusammenarbeit

Teamfähigkeit ist heutzutage immer wichtiger. Leicht fällt Ihnen das Zusammenarbeiten mit anderen an Zwillingetagen. Wenn der Mond im Schützen steht, werden Sie damit vielleicht Probleme haben.

Wenn es um die Abgrenzung von Verantwortlichkeiten oder neue Regeln für den Arbeitsablauf geht, wählen Sie möglichst einen Jungfrautag.

Schönheit und Körperpflege

Manche Menschen sehen einfach immer topfit, gepflegt und strahlend aus, und wenn man sie fragt, was sie für ihre Schönheit tun, erhält man die ehrliche, aber nicht besonders hilfreiche Antwort: eigentlich nichts.

Das Geheimnis liegt hier darin, daß sie das Richtige zum richtigen Zeitpunkt tun – oftmals ganz unbewußt und ohne es zu wissen. „Das habe ich im Bauch“, hört man bisweilen, wenn man so einen Menschen fragt, wann er seine Füße pflegt oder wie oft er seine Hände eincremt.

Gehören Sie zu diesen beneidenswerten Menschen, die es „im Bauch“ spüren, wann der richtige Zeitpunkt ist, etwas für seine Schönheit zu tun? Dann benötigen Sie die nachfolgenden Mondtips nicht wirklich. Wertvolle Hinweise enthalten jedoch auch für Sie wahrscheinlich die Tips und Rezepte für gesunde, natürliche Kosmetik und Körperpflege.

Feuer:
♈ Widder
♌ Löwe
♐ Schütze

Erde:
♉ Stier
♍ Jungfrau
♑ Steinbock

Luft:
♊ Zwillinge
♎ Waage
♒ Wassermann

Wasser:
♋ Krebs
♏ Skorpion
♓ Fische

Augen

Die Augen werden dem Zeichen des Widders zugeordnet. Daher eignen sich Widdertage besonders gut, sich mit den Augen zu beschäftigen. Das kann in Form von Augenpflege sein, aber auch in Form von optischen Genüssen, etwa bei einer Wanderung durch den Wald, beim Besuch einer Kunstausstellung oder beim Blättern in einem schönen Bildband.

Masken und Kuren wenden Sie am besten bei zunehmendem Mond in einem Feuerzeichen an.

Übermüdete Augen

Tränken Sie für jedes Auge einen Wattebausch mit Kamillentinktur oder Kamillentee. Legen Sie die Pads auf Ihre geschlossenen Augen, und lassen Sie sie rund 15 Minuten lang wirken. Die Augen entspannen sich und werden wieder frisch, schwarze Schat-ten und rote Ränder gehen zurück.

Ausgezeichnete Hilfe bietet auch ein Gesichtsdampfbad mit einem Eßlöffel Honig und ein paar Tropfen Zitronensaft. Zugleich verschönert und verjüngt es die Haut.

Augenmaske:

Eine Augenmaske aus Eigelb und Mandelöl hilft gegen erschlaffte Haut rund um die Augenpartie. Sie können auch zusätzlich eine Prise Borax und ein paar Tropfen Zitronensaft dazugeben. Lassen Sie die Maske zehn bis 15 Minuten einwirken. Danach mit warmem Wasser sanft abwaschen.

Geschwollene Augen

Schneiden Sie eine Avocado oder eine Gurke in dicke Scheiben, und legen Sie sich jeweils eine Scheibe unter jedes Auge. Legen Sie sich mit geschlossenen Augen hin, entspannen Sie sich, und warten Sie, bis die Augen abgeschwollen sind.

Augenfalten

Um Augenfalten vorzubeugen und zu mildern, cremen Sie jeden Abend vor dem Einschlafen die Augen mit einer Mischung aus Lanolin und ein paar Tropfen süßem Mandelöl ein. Über längere Zeit regelmäßig angewendet, wirkt dieses Rezept bestimmt.

Krähenfüße

Zur Pflege der Haut um die Augen empfiehlt es sich, täglich Avocadoöl zart in die Haut einzuklopfen. Entfernen Sie den Überschuß nach einigen Minuten.

Besonders gut spricht Ihre Haut auf diese Behandlung an Widder- und an Steinbocktagen im zunehmenden Mond an. Bei regelmäßiger Anwendung werden dadurch langfristig auch tiefe Krähenfüße besser.

Feuer:
Widder ♈
Löwe ♌
Schütze ♐

Erde:
Stier ♉
Jungfrau ♍
Steinbock ♑

Luft:
Zwillinge ♊
Waage ♎
Wassermann ♒

Wasser:
Krebs ♋
Skorpion ♏
Fische ♓

Tip:

Augencremes niemals einreiben, sondern immer nur mit den Ringfingern leicht einklopfen.

Feuer:
♈ Widder
♌ Löwe
♐ Schütze

Erde:
♉ Stier
♍ Jungfrau
♑ Steinbock

Luft:
♊ Zwillinge
♎ Waage
♒ Wassermann

Wasser:
♋ Krebs
♏ Skorpion
♓ Fische

Tränensäcke

Wenn Sie nach einer langen Nacht mit Tränensäcken unter den Augen aufwachen, können Sie schnell Abhilfe schaffen. Tränken Sie zwei Wattebäusche mit starkem schwarzem Tee, und legen Sie diese auf die Augen.

Bleiben Sie fünf Minuten liegen, und lassen Sie den Tee einwirken. Die Wirkstoffe des Tees beruhigen Ihre Augen, und die Tränensäcke und roten Augenränder verschwinden.

Wimpern

Wimpern werden länger und geschmeidiger, wenn man sie jeden Abend mit Rizinusöl bürstet. Wer dafür keine Zeit aufwenden mag, sollte sich dies zumindest für die Widdertage im zunehmenden Mond vornehmen.

Füße

Für die Pflege Ihrer Füße sind Fischetage besonders geeignet. Bereiten sie Ihnen bereits Probleme, sollten Sie die Behandlung jedenfalls auf Tage im abnehmenden Mond konzentrieren.

Blasen

Blasen gehören zu den Dingen, die Sie sofort behandeln müssen. Hier ist ein Mondtip nicht sinnvoll. Legen Sie ein alkoholgetränktes Tuch auf die

Blasen. Es lindert den Schmerz, und die Blasen trocknen ein.

Was auch gut hilft, ist ein Umschlag aus Walnußblättern. Kochen Sie eine Handvoll der Blätter 15 Minuten lang in einem halben Liter Wasser. Seihen Sie die Flüssigkeit ab, tränken Sie ein Stück Leinen damit, und legen Sie es auf die Blase.

Fußbäder

Wichtiger Hinweis: Baden Sie die Füße niemals zu heiß! Ihre Venen werden es Ihnen danken.

Bäder, die Ihrer Haut Nährstoffe zuführen, sind im zunehmenden Mond zu empfehlen. Geht es darum, etwas loszulassen, wie zum Beispiel Hornhaut, so ist der abnehmende Mond, besonders an Steinbocktagen, der ideale Termin für ein Fußbad.

Fußpilz

Gegen Fußpilz und den damit verbundenen Juckreiz hilft das Abreiben mit Kräuteressig. Besonders

Feuer:
Widder ♈
Löwe ♌
Schütze ♐

Erde:
Stier ♉
Jungfrau ♍
Steinbock ♑

Luft:
Zwillinge ♊
Waage ♎
Wassermann ♒

Wasser:
Krebs ♋
Skorpion ♏
Fische ♓

Fußbäder:

Zinnkraut-Aufguß: Zwei Eßlöffel Zinnkraut (bekannt auch als Ackerschachtelhalm) auf einen Liter kochendes Wasser.

Salbei-Aufguß: Zwei Eßlöffel Salbei in einem Liter Wasser kurz aufkochen, etwa fünf Minuten ziehen lassen.

Eichenrinde-Aufguß: Eine Handvoll kleingeschnittene Eichenrinde (eventuell die gleiche Menge Nußblätter dazugeben) in einem Liter Wasser zehn Minuten kochen lassen.

Feuer:
♈ Widder
♌ Löwe
♐ Schütze

Erde:
♉ Stier
♍ Jungfrau
♑ Steinbock

Luft:
♊ Zwillinge
♎ Waage
♒ Wassermann

Wasser:
♋ Krebs
♏ Skorpion
♓ Fische

bei abnehmendem Mond sollten Sie diese Behandlung nicht vergessen.

Ein weiteres, altbewährtes Mittel gegen Fußpilz, das ihn mit körpereigenen Abwehrstoffen bekämpft, ist der eigene Urin. Er wird äußerlich aufgetragen – am leichtesten geht das unter der Dusche.

Geschwollene Füße

Besonders an Wassermann- und Schützetagen sind Ihre Venen empfindlich. An diesen Tagen kommt es daher leichter als sonst zu geschwollenen Füßen. Vorbeugen können Sie, indem Sie gerade an diesen Tagen langes Stehen vermeiden, immer wieder die Füße hochlegen und vor allem jede erreichbare Treppe zu Fuß hinaufsteigen.

Gegen geschwollene Füße hilft ein Absud aus Holunder- und Lindenblüten. Da er einige Zeit auskühlen muß, wäre es ratsam, ihn schon am Morgen vorzubereiten. Leiden Sie häufiger unter geschwollenen Füßen, lohnt es sich, gleich mehr davon zuzubereiten. Besonders wirksam ist diese Behandlung bei abnehmendem Mond.

Kochen Sie für eine einmalige Anwendung etwa 50 Gramm Holunderblüten und 50 Gramm Lindenblüten zehn Minuten lang in einem Liter Wasser. Filtern Sie die Blüten ab, und lassen Sie die Brühe abkühlen. Aus dem Kühlschrank wirkt sie besonders gut.

Tränken Sie abends zwei Tücher mit der Lösung, und wickeln Sie sie um die Füße. Eine halbe Stunde einwirken lassen und dabei die Beine hochlagern. Danach tut eine Fußmassage besonders gut.

Muß es einmal schnell gehen, hilft ein Fußbad in kaltem Wasser, dem Sie zusätzlich noch Eiswürfel beigeben. Beim Abtrocknen sollten Sie die Füße sorgfältig durchkneten.

Hornhaut

Weichen Sie die Füße in warmem Borax-Wasser oder einem anderen Fußbad (siehe Tip: Fußbäder) ein, und reiben Sie die so aufgeweichte Hornhaut mit einem Hornhauthobel ab. Verwenden Sie keinen Bimsstein – der fördert das Wachstum von Hornhaut.

Danach legen Sie Zitronen- oder rohe Kartoffelscheiben auf die betroffenen Hautstellen und fixieren sie mit einer Mullbinde. Ziehen Sie noch eine Socke darüber, dann bleiben sie sicher am Platz. Wiederholen Sie diesen Vorgang so oft wie nötig.

Hornhaut beugen Sie auch vor, wenn Sie bei zunehmendem Mond wiederholt über Nacht einen dicken Umschlag mit fettender Hautcreme machen.

Hühneraugen

Hühneraugen verschwinden, wenn man bei abnehmendem Mond einige Nächte hindurch Zwiebel- oder Zitronenscheiben auf das Hühnerauge bindet. Mit Dörrpflaumen funktioniert dies übrigens auch.

Darüber hinaus hilft auch das Einreiben mit Schweineschmalz oder Schmierseife.

Dagegen sollten Sie Hühneraugen niemals ohne Vorbehandlung selbst ausschneiden. Viel besser ist es, Fußbäder mit Boraxzusatz zu nehmen, danach

Feuer:
Widder ♈
Löwe ♌
Schütze ♐

Erde:
Stier ♉
Jungfrau ♍
Steinbock ♑

Luft:
Zwillinge ♊
Waage ♎
Wassermann ♒

Wasser:
Krebs ♋
Skorpion ♏
Fische ♓

Feuer:
♈ Widder
♌ Löwe
♐ Schütze

Erde:
♉ Stier
♍ Jungfrau
♑ Steinbock

Luft:
♊ Zwillinge
♎ Waage
♒ Wassermann

Wasser:
♋ Krebs
♏ Skorpion
♓ Fische

eine Tinktur aufzutragen und spezielle Hühneraugenpflaster aufzulegen.

Oder legen Sie beispielsweise einige Nächte lang bei abnehmendem Mond – bevorzugt im Steinbock – eine Scheibe Knoblauch auf Ihr Hühnerauge. Er wird die verhärtete Hautschicht ebenfalls lösen.

Schweißfüße

Ein hartnäckiges und unangenehmes Übel, dem aber mit verschiedenen Kräutern abgeholfen werden kann, sind Schweißfüße.

Die oben beschriebenen Fußbäder helfen besonders gut. Baden Sie Ihre Füße darin, besonders an Fischetagen.

Eine wichtige Behandlung für alle strapazierten Füße, besonders aber für Schweißfüße, ist regelmäßiges Barfußlaufen. Füße und Unterschenkel sollten dabei jedoch nicht kalt werden. Langes Stehen auf kaltem Steinboden sollten Sie also meiden.

Das Tragen von Gesundheitssandalen, die die Durchblutung der Füße anregen, kann ebenso der übermäßigen Schweißbildung entgegenwirken. Tragen Sie in der kühleren Jahreszeit Wollsocken in den Sandalen, damit Sie keine kalten Füße bekommen, und laufen Sie im Sommer darin barfuß oder in Socken aus reiner Baumwolle.

Haare

Egal, welches Problem Ihnen Ihre Haare im einzelnen bereiten, Sie gehen es am besten im zunehmenden Mond an.

Wenn Sie allerdings das Gefühl haben, daß das für Sie nicht stimmt, dann achten Sie auf Ihre Menstruation und ersetzen sie bei den folgenden Angaben „zunehmender Mond“ jeweils durch „erste Hälfte des Zyklus bis zum Eisprung“. Es kann nämlich sein, daß Ihr persönlicher Rhythmus stärker ist als der des Mondes, und dann sollten Sie sich auch nach diesem richten.

Angegriffenes Haar

Bei angegriffenem Haar und empfindlicher Kopfhaut hilft eine Haarspülung mit einem Sud aus Rosmarinblättern, die Sie in kochendem Wasser eine Stunde ziehen lassen. Gießen Sie den Sud durch ein Sieb, und verwenden Sie ihn als Haarspülung, die Sie nicht mehr auswaschen. Besonders günstig sind hierfür Löwetage.

Dünnes Haar

Dünnes Haar reiben Sie am besten mit Erdnußöl ein und lassen es vier bis sechs Stunden einwirken. Danach das Öl gut auswaschen und spülen.

Führen Sie diese Behandlung einmal im Monat bei zunehmendem Mond im Löwen durch, und bereits nach einem halben Jahr werden Sie einen sichtbaren Erfolg bemerken.

Feuer:
Widder ♈
Löwe ♌
Schütze ♐

Erde:
Stier ♉
Jungfrau ♍
Steinbock ♑

Luft:
Zwillinge ♊
Waage ♎
Wassermann ♒

Wasser:
Krebs ♋
Skorpion ♏
Fische ♓

Feuer:
♈ Widder
♌ Löwe
♐ Schütze

Erde:
♉ Stier
♍ Jungfrau
♑ Steinbock

Luft:
♊ Zwillinge
♎ Waage
♒ Wassermann

Wasser:
♋ Krebs
♏ Skorpion
♓ Fische

Dauerwellen

Dauerwellen, die an Jungfrautagen gelegt werden, halten lange und wirken besonders adrett. Solche, die an Widdertagen entstehen, beeindrucken mit der Sprungkraft ihrer Wellen. Fische- oder Löwetage sind dagegen gänzlich ungeeignet: In den Fischen hält die Welle sehr schlecht, und im Zeichen des Löwen wird sie mit hoher Wahrscheinlichkeit zu kraus.

Färben

Die besten Tage zum Färben sind die Wassermanntage im zunehmenden Mond. Farben leuchten an diesen Tagen besonders kraftvoll, gute Voraussetzungen also, um es einmal mit Naturfarben zu versuchen. Rottöne müßten eigentlich auch an Feuertagen im zunehmenden Mond gut gelingen.

Feines Haar

Feines Haar behandeln Sie am besten zwei Stunden vor dem Waschen mit Olivenöl, oder waschen Sie es regelmäßig mit Kernseife.

Um feinem Haar zusätzlichen Halt zu geben, verwenden Sie Bier. Bier ist ein natürlicher Haarfestiger. Spülen Sie Ihr Haar nach dem Waschen mit Bier, das Sie nicht mehr ausschwemmen. Die im Bier enthaltene Stärke festigt Ihr Haar, und der Geruch verfliegt nach einer Weile von selbst. Am wirksamsten ist auch diese Behandlung bei zunehmendem Mond.

Naturfarben:

Wollen Sie Ihr Haar etwas aufhellen, empfiehlt sich ein Sud aus einigen Handvoll fein gemahlenen Rhabarberwurzeln, die mit dem Saft einer Zitrone und ein paar Tropfen Olivenöl vermischt werden. Fügen Sie nun langsam heißes Wasser hinzu, bis ein streichfähiger Brei entsteht. Diesen tragen Sie auf das gewaschene Haar auf und lassen ihn je nach gewünschtem Farbton einwirken.

Wollen Sie Ihre natürliche Haarfarbe nur auffrischen, verwenden Sie eine Spülung mit Kamille. Brühen Sie zwei bis drei Handvoll Kamillenblüten mit einem halben Liter heißem Wasser auf, und lassen Sie die Mischung eine halbe Stunde ziehen. Massieren Sie die Spülung gründlich in Ihr Haar ein.

Für einen rötlichen Braunton ist die Roßkastanie ein natürliches Färbemittel. Bereiten Sie folgende Spülung zu: 50–70 g Kastanienblätter in lauwarmem Wasser ziehen lassen. Je mehr Blätter Sie nehmen, um so intensiver wird die Färbung. Danach kochen Sie das Wasser mit den Blättern kurz auf und lassen es abkühlen. Dann auf das gewaschene Haar auftragen und nicht ausspülen. Verwenden Sie zum Trocknen der Haare ein dunkles oder altes Handtuch, da diese Tönung nicht nur Ihre Haare färbt.

Walnußschalen versprechen eine intensive und langanhaltende Färbung und eignen sich hervorragend, um erste graue Haare verläßlich abzudecken. Lassen Sie eine Handvoll grüner Walnußschalen etwa 15 bis 30 Minuten (je nach Farbwunsch) auf kleiner Flamme ziehen. Dann die Schalen abseihen und den Sud auf Körpertemperatur abkühlen lassen und das gewaschene Haar vorsichtig damit spülen (Vorsicht bei Hautkontakt) und nicht mehr auswaschen.

Feuer:
♈ Widder
♌ Löwe
♐ Schütze

Erde:
♉ Stier
♍ Jungfrau
♑ Steinbock

Luft:
♊ Zwillinge
♎ Waage
♒ Wassermann

Wasser:
♋ Krebs
♏ Skorpion
♓ Fische

Gespaltene Spitzen

Gespaltene Spitzen sind zum Teil eine Frage der Haarlänge. Wenn die Haare ständig auf den Schultern aufstehen oder auf dem Rücken aufliegen, sind die Spitzen belastet und neigen dazu, sich zu spalten. Ein Kurzhaarschnitt oder Frisur mit hochgesteckten Haaren sorgt für Abhilfe – ganz unabhängig vom Mond.

Als Vorbeugung gegen gespaltene Spitzen empfiehlt es sich, die Haare mit alkalifreier Seife zu waschen und mit Borax nachzuspülen. Den trockenen Haarboden massieren Sie im zunehmenden Mond mit Klettenwurzelöl ein.

Lanolin- und Ölpackungen, bei zunehmendem Mond in Seidenpapier um Ihre angegriffenen Spitzen gelegt, wirken darüber hinaus wahre Wunder.

Bei hoffnungslos verloren geglaubten Spitzen hilft eine Avocadopackung bei zunehmendem Mond, besonders an Feuer- und Lufttagen.

Dazu rühren Sie zwei Eßlöffel warmes Avocadoöl tropfenweise in ein Eigelb zu einer Mayonnaise ein. Diesen Brei massieren Sie in das ungewaschene Haar ein und lassen ihn – mit einem alten Handtuch umwickelt – mindestens eine halbe Stunde einwirken. Waschen Sie Ihr Haar nun mit einem milden Shampoo, und spülen Sie es warm aus.

Haarausfall

Bei Haarausfall versuchen Sie es doch einmal mit einer Packung aus einem Eigelb, einem Eßlöffel Rum und einem Eßlöffel Rizinusöl. Massieren Sie

diese Mischung etwa fünf Minuten lang mit den Fingerkuppen in die Kopfhaut ein. Wickeln Sie danach ein Handtuch um den Kopf, um die Wärme zu erhalten, und lassen Sie die Packung mindestens eine halbe Stunde einwirken. Spülen Sie danach mit viel klarem Wasser, und waschen Sie Ihr Haar mit einem sanften Shampoo. Geben Sie dem letzten Spülwasser Zitronensaft bei.
Brennesseln fördern das Wachstum der Haare. Entweder spülen Sie Ihr Haar nach jeder Wäsche mit Brennesseltee, oder Sie massieren eine fertige Tinktur (ein Teelöffel auf einen Liter Wasser) in die Kopfhaut ein. Wollen Sie sich das Geld für die Tinktur sparen, so können Sie diese ganz leicht selbst herstellen. Füllen Sie einen Eßlöffel getrocknete Brennesselblätter in eine dunkle Flasche, und gießen Sie mit 100 ml 70prozentigem Alkohol auf. Stellen Sie die Flasche für drei bis vier Wochen an einen kühlen, dunklen Ort zum Reifen. Verwenden Sie die Tinktur nur verdünnt!

Ein altes Hausmittel gegen Haarausfall ist auch die Lilienblatt-Haartinktur. Schneiden Sie 20 grüne Lilienblätter klein, und kochen Sie sie etwa 30 Minuten in zwei Tassen Olivenöl. Den so entstandenen Brei pressen Sie aus. Der auslaufende Saft dient als Haartinktur.

Schuppen

Die Birkenblätterkur ist bei Schuppen ein bewährtes Heilmittel. Spülen Sie Ihr Haar nach dem Waschen mit einem Birkenblättertee, und schwemmen Sie die Spülung nicht mehr aus. Eine weitere

Möglichkeit, die Wirkung der Birkenblätter zu nutzen, ist die Herstellung einer Tinktur (siehe Brennesseltinktur).

Auch eine Spülung mit Lindenblütentee hilft gegen Schuppen. Kochen Sie vier Eßlöffel Lindenblüten mit zwei Tassen Wasser auf, und lassen Sie ihn zehn bis 15 Minuten ziehen. Seihen Sie die Blätter ab, und spülen Sie Haare und Kopfhaut gründlich. Wenn Sie dies regelmäßig machen, verschwinden die Schuppen mit der Zeit so gut wie sicher.

Sprödes Haar

Gegen sprödes Haar hilft eine Kombination aus Olivenöl und Eigelb, die Sie regelmäßig bei zunehmendem Mond vor dem Waschen der Haare auftragen.

Reiben Sie Ihre Kopfhaut eine halbe Stunde vor dem Waschen mit Olivenöl ein, tragen Sie danach ein cremig gerührtes Eigelb mit einem Wattebausch auf die Haare auf, und lassen Sie auch das Eigelb eine halbe Stunde einwirken. Spülen Sie Ihr Haar anschließend mit warmem Wasser, und waschen Sie es mit einem Pflegeshampoo.

Darüber hinaus erwecken auch Avocadoöl, Rizinusöl oder Weizenkeimöl – mit zwei Eigelb gut verrührt und mit einem Wattebausch aufgetragen – Ihr Haar zu neuem Leben. Massieren Sie die Packung kurz in die Kopfhaut ein, und lassen Sie sie eine halbe Stunde einwirken. Wenn Sie sie mit Shampoo auswaschen und die letzte Spülung mit Bier durchführen, verleiht das dem Haar neue Festigkeit.

Feuer:
♈ Widder
♌ Löwe
♐ Schütze

Erde:
♉ Stier
♍ Jungfrau
♑ Steinbock

Luft:
♊ Zwillinge
♎ Waage
♒ Wassermann

Wasser:
♋ Krebs
♏ Skorpion
♓ Fische

Stumpfes Haar

Verquirlen Sie ein Ei, und verteilen Sie es gründlich auf Ihr gesamtes Haar. Lassen Sie die Packung eine halbe Stunde einwirken, und spülen Sie sie mit warmem Wasser und einem Schuß Essig aus.

Waschen und schneiden

Um die Haare zu schneiden, sind Tage ideal, an denen der Mond im Löwen oder in der Jungfrau steht.

Jungfrautage haben darüber hinaus den enormen Vorteil, daß auch Fönfrisuren und anderes Styling lange halten.

Der „Löwe-Schnitt“ von Februar bis August (das ist die Zeit, in der der zunehmende Mond im Löwen steht) beschert Ihnen dagegen eine ganz besonders dichte Haarpracht. – Diese Termine sind bei Frisören erfahrungsgemäß rasch ausgebucht. Also greifen Sie bald zum Telefonhörer, und machen Sie sich bald Ihre Löwetermine aus.

An Fische- und Krebstagen sollten Sie das Haareschneiden dagegen tunlichst unterlassen. Die Wahrscheinlichkeit ist recht groß, daß der Schnitt schnell auswächst und die Haare glanz- und formlos am Kopf kleben. Und auch mit einer Haarwäsche haben Sie an diesen Tagen keine rechte Freude, weil Schuppen die Folge sein könnten.

Dauergewellte Lockenköpfe können sich übrigens auch an einem Widdertag ihre Haare bändigen lassen. Die Locken behalten länger ihre Fülle und ihre Spannkraft.

Feuer:
Widder ♈
Löwe ♌
Schütze ♐

Erde:
Stier ♉
Jungfrau ♍
Steinbock ♑

Luft:
Zwillinge ♊
Waage ♎
Wassermann ♒

Wasser:
Krebs ♋
Skorpion ♏
Fische ♓

Feuer:
♈ Widder
♌ Löwe
♐ Schütze

Erde:
♉ Stier
♍ Jungfrau
♑ Steinbock

Luft:
♊ Zwillinge
♎ Waage
♒ Wassermann

Wasser:
♋ Krebs
♏ Skorpion
♓ Fische

Haut

Die Haut findet sich in der Analogiekette des Steinbocks. Kein Wunder, daß immer mehr Kosmetikerinnen an Steinbocktagen einen vollen Salon haben!

Wenn Sie Ihrer Haut eine Freude machen wollen, so gönnen Sie ihr nährende Masken und feuchtigkeitsspendende Lotions vor allem an Steinbocktagen im zunehmenden Mond.

Bei abnehmendem Mond im Steinbock stehen dagegen Reinigungsaktivitäten und Maßnahmen gegen Ausschläge und Hautallergien an. An diesen Tagen können Sie auch Warzen relativ gefahrlos zu Leibe rücken. Auch zur Enthaarung der Beine eignen sich Steinbocktage am besten.

Ellbogen

Ellbogen gehören strenggenommen, da sie Teil der Arme sind, in den Analogiebereich der Zwillinge. Wo es um die Pflege der Haut am Ellbogen geht, sind Steinbocktage im zunehmenden Mond die ideale Gelegenheit, den Ellbogen ausgesprochen Gutes zu tun.

Rauhe Ellbogen werden wieder weich, wenn man sie am Abend mit einer Paste aus Salz und Milch bestreicht. Kurz einwirken lassen und anschließend lauwarm abspülen. Man kann sie auch an Löwetagen im zunehmenden Mond mit der Schnittfläche einer halbierten Zitrone einreiben.

Diese Mittel helfen auch bei rauher Haut an den Knien (siehe auch unter Rauhe Haut).

Hautpflege:

Schönheit kommt von innen. Trinken Sie daher täglich in der Früh ein Glas Wasser mit dem Saft einer halben Zitrone. Sie werden sehen, Ihre Haut wird frischer und straffer.

Reinigen Sie Ihr Gesicht mit einer Mischung aus Wasser und Borax, und tragen Sie danach eine Feuchtigkeitscreme auf.

Eine weiche und auffallend schöne Haut erhalten Sie auch, wenn Sie dem warmen Waschwasser je einen Eßlöffel Glyzerin, Honig und Zitronensaft (pro Liter Wasser) zusetzen.

Hautunreinheiten wirken Sie am besten entgegen, indem Sie geschälte Roßkastanien reiben und dem Wasser zusetzen.

Massieren Sie Ihre Haut nach dem Waschen mit Olivenöl.

Gegen rote Äderchen helfen kühlende Packungen aus Salbei oder Kamillenextrakt. Trinken Sie außerdem täglich Zitronen- oder Möhrensaft.

Eine hervorragende Hautcreme können Sie aus 5 g Bienenwachs, 10 g wasserfreiem Wollwachs (Lanolin), 40 g Mandelöl und 40 g Rosenwasser selbst herstellen. Schmelzen Sie beide Wachssorten im Wasserbad bei 60° C. Nehmen Sie den Topf vom Herd. Das Rosenwasser wird ebenfalls auf 60° C erhitzt und der Masse zugefügt. Rühren Sie nun so lange, bis die Masse handwarm ist. Dann träufeln Sie das Mandelöl ein. Wenn die Creme erkaltet ist, wird sie in einen Topf umgefüllt. Legen Sie sich jedoch nur einen kleinen Vorrat an Creme an, da diese nur einige Tage haltbar ist.

Variieren können Sie, indem Sie Ananasöl als Vitaminspender hinzufügen oder ein paar Tropfen Propolis-Tinktur als Kraftspender für jeden Hauttyp.

Feuer:
♈ Widder
♌ Löwe
♐ Schütze

Erde:
♉ Stier
♍ Jungfrau
♑ Steinbock

Luft:
♊ Zwillinge
♎ Waage
♒ Wassermann

Wasser:
♋ Krebs
♏ Skorpion
♓ Fische

Empfindliche Haut

Empfindliche Haut behandeln Sie am besten bei zunehmendem Mond mit einer Quarkmaske.

Verrühren Sie drei Eßlöffel Quark mit einem Eßlöffel Bienenhonig zu einer cremigen Paste. Tragen Sie die Paste gleichmäßig auf Ihre Haut auf, legen Sie sich hin, und lassen Sie die Maske rund 20 Minuten einwirken. Danach tupfen Sie Ihr Gesicht mit einem in Milch getränkten Wattebausch wieder ab.

Auch eine Maske aus Schweineschmalz kann empfindliche Haut sehr gut beruhigen. Das Schmalz sollte ganz frisch ausgelassen und noch warm sein. Tragen Sie es auf die Haut auf, und lassen Sie es 20 Minuten lang einwirken. Danach mit lauwarmem Wasser abwaschen.

Ein Wonnespender für empfindliche Haut ist eine Honigcreme. Mischen Sie einen Teelöffel naturreinen Bienenhonig, den Sie zuvor im Wasserbad erwärmt haben, in die gleiche Menge Basiscreme.

Basiscreme:

Die ehemalige Miß World, Ulla Weigerstorfer, gibt zum Thema Basiscreme folgende Tips:

Als Basiscreme eignet sich Ihre Lieblings-Hautcreme. Das kann eine herkömmliche Babycreme sein.
Sie können sich aber auch vom Apotheker eine Wasser-in-Öl-Emulsion mit einer Öl-in-Wasser-Emulsion mischen lassen – bei normaler Haut im Verhältnis 50:50, bei trockener Haut wird der Öl-in-Wasser-Anteil erhöht, bei fetter Haut der Wasser-in-Öl-Anteil. Probieren Sie es aus!

Vorsicht: Selbstgemachte Cremes sind nicht besonders lange haltbar!

Falten

Falten sind meist ein Zeichen für zu wenig Feuchtigkeit. Ein regelrechter Feuchtigkeitsspender, der zugleich etwas für den Säurehaushalt der Haut tut, ist eine Apfelmaske, am besten an einem Feuertag bei zunehmendem Mond. Reiben Sie einen Apfel, und tragen Sie den Brei auf Gesicht und Hals auf. Die Haut wird den Saft regelrecht aufsaugen. Nach etwa 20 Minuten mit warmem Wasser wieder abspülen.

Hilfreich ist auch, wenn man das Gesicht an Löwetagen über eine Schüssel mit kochendem Wasser hält, dem Sie einige Kamillenblüten beigegeben haben. Die Haut wird danach straffer, und kleine Eiterherde und Entzündungen heilen gleich mit ab.

Eine Honigmaske hilft gegen Runzeln und Fältchen: Man mischt einen Teelöffel Bienenhonig mit Eischnee und ca. 50 Gramm Gerstenmehl. Dann trägt man diese Tinktur dick auf und läßt sie etwa 20 Minuten lang einwirken. Danach mit warmem Wasser abwaschen. Achten Sie einmal darauf, ob Ihnen diese Maske besonders gut tut, wenn Sie sie an einem Stiertag bei zunehmendem Mond anwenden.

Regelrecht ausgebügelt werden Falten schließlich durch eine Maske aus Zwiebelsaft, Lilienöl, Eigelb und Honig.

Auch Kräuter helfen Ihnen, den Falten den Kampf anzusagen. Schneiden Sie an einem Waagetag im zunehmenden Mond eine Handvoll frischer

Feuer:
Widder ♈
Löwe ♌
Schütze ♐

Erde:
Stier ♉
Jungfrau ♍
Steinbock ♑

Luft:
Zwillinge ♊
Waage ♎
Wassermann ♒

Wasser:
Krebs ♋
Skorpion ♏
Fische ♓

Feuer:
♈ Widder
♌ Löwe
♐ Schütze

Erde:
♉ Stier
♍ Jungfrau
♑ Steinbock

Luft:
♊ Zwillinge
♎ Waage
♒ Wassermann

Wasser:
♋ Krebs
♏ Skorpion
♓ Fische

Scharfgarbenblätter klein, und geben Sie fünf Tropfen Pfefferminzöl dazu. Kochen Sie diese Mischung mit genügend Wasser zu einem streichfähigen Brei, den Sie nach dem Abkühlen auf Ihr Gesicht auftragen. Nach rund 15 Minuten können Sie ihn mit etwas lauwarmem Wasser abwaschen.

Fette und unreine Haut

Das beste Mittel gegen unreine oder fette Haut ist noch immer die Hefe – und zwar sowohl eingenommen wie aufgetragen.

Für eine Hefemaske vermischen Sie einen Würfel Bierhefe mit drei Eßlöffeln Milch, Joghurt oder Buttermilch und lassen die Mischung so lange bei Zimmertemperatur aufgehen, bis ein streichfähiger Brei entstanden ist. Diesen Brei tragen Sie auf Gesicht und Dekolleté auf. Nach 20 Minuten mit einem in Milch getauchten Wattebausch abwaschen.

Auch Sauerkraut kann ein wirkungsvolles Mittel gegen fettige Haut sein, und es wirkt Wunder bei einem gestörten Säureschutzmantel der Haut. Legen

Spezialbehandlungen für unreine Haut:

Bei fettiger und unreiner Haut kann man sich folgende Pflegecreme zubereiten: Pürieren Sie eine halbe Gurke, und geben Sie zu dem so entstandenen Saft ein paar Tropfen Apfelessig. Verrühren Sie diesen Saft mit einem Teelöffel Basiscreme. Die so entstandene Mischung wirkt klärend, reinigend und strafft die Haut. Geben Sie naturreinen Joghurt zur Basiscreme, so wirkt diese auch hautklärend.

Sie einfach 100 g rohes Sauerkraut auf Gesicht und Hals. Es wirkt erfrischend und nimmt zugleich Entzündungen weg. Besonders gut ist für diese Maske ein Steinbocktag im zunehmenden Mond geeignet.

Harte Haut

Leiden Sie unter harter Haut, zum Beispiel an den Knien, so weichen Sie sie am besten in heißen, mit Pottasche versehen Bädern auf, und reiben sie nachher gut mit Hautöl ein.

Warzen

Warzen galten schon immer als besonders störend. Daher wundert es nicht, wenn man von zahlreichen mehr oder minder absurden und zum Teil regelrecht gesundheitsschädlichen Verfahren hört, mit denen man sie loswerden soll. Hier seien einige „harmlose", aber dennoch wirksame Mittel erwähnt:

Grundsätzlich gilt: Behandeln Sie Ihre Warzen nur zur Zeit des abnehmenden Mondes. Hat sich

Feuer:
Widder ♈
Löwe ♌
Schütze ♐

Erde:
Stier ♉
Jungfrau ♍
Steinbock ♑

Luft:
Zwillinge ♊
Waage ♎
Wassermann ♒

Wasser:
Krebs ♋
Skorpion ♏
Fische ♓

Auch die folgende Packung ist empfehlenswert: Eine geriebene Zwiebel wird mit Hafermehl und einem Teelöffel Honig vermischt. Dieser Brei wird nun auf die betroffenen Stellen aufgetragen. Lassen Sie diese Packung 20 Minuten einwirken, und waschen Sie sie dann gründlich ab.

Verwenden Sie diese Maske aber nur, wenn Sie keine Entzündungen oder offenen Wunden im Gesicht haben, da die Zwiebel auf offenen Hautstellen brennt.

Feuer:
♈ Widder
♌ Löwe
♐ Schütze

Erde:
♉ Stier
♍ Jungfrau
♑ Steinbock

Luft:
♊ Zwillinge
♎ Waage
♒ Wassermann

Wasser:
♋ Krebs
♏ Skorpion
♓ Fische

das Problem bis zum Neumond nicht erledigt, unterbrechen Sie die Behandlung besser, und setzen Sie sie erst nach dem nächsten Vollmond fort.

Reiben Sie die Warze mehrmals täglich mit Kreide oder dem Blütenstaub der Kürbispflanze ein.

Oder versuchen Sie es mit einem Knoblauchwickel. Dazu zerquetschen Sie eine Knoblauchzehe und streichen sie auf die Warze. Fixieren Sie sie mit einer Mullbinde, und wiederholen Sie das bei abnehmendem Mond zwei Wochen lang. Wenn Sie diese Kur konsequent durchhalten, sollte die Warze binnen zwei Wochen verschwinden.

Hände

Unsere Hände sind ständigen Strapazen ausgesetzt. Am meisten setzt ihnen das Arbeiten mit Wasser zu. Es laugt die Haut aus und schwemmt die notwendigen Hautfette aus. Daher ist es notwendig, dafür zu sorgen, daß der Säureschutzmantel und die Feuchtigkeit in den Händen erhalten wird.

Alles Gute, was Sie Ihren Händen tun, wirkt an Zwillingetagen, aber wie alle Hautpflege auch an Steinbocktagen besonders gut.

Feuchte Hände

Bei feuchten Händen hilft es, sie dreimal täglich mit Alaunlösung einzureiben. Danach sollten Sie sie mit Franzbranntwein abreiben.
Wenn Sie keine Alaunlösung zur Hand haben, ist ein Kristalldeo ein guter Ersatz: Feuchten Sie den

Deo-Stein an, und bestreichen Sie damit die Handinnenflächen.

Nikotin- und Altersflecke

Mischen Sie bei abnehmendem Mond, an einem Löwe- oder Zwillingetag, eine kleine Menge Puderzucker mit etwas Zitronensaft, und reiben Sie Ihre Finger damit ab. Diese Mischung entfernt hartnäckige Verfärbungen an den Händen und macht die Haut gleichzeitig wieder weich.

Auch eine regelmäßige Behandlung mit Bimsstein und Zitronensaft hilft.

Rauhe Hände

Gegen rauhe Hände hilft die folgende Behandlung: Reiben Sie bei zunehmendem Mond einen halben Teelöffel Zucker mit etwas Babyöl einige Minuten in den Händen. Ehe Sie anschließend etwas anderes anfassen, sollten Sie die klebrige Mischung allerdings unbedingt mit Seife abwaschen.

Auch Milchbäder wirken Wunder, vor allem wenn Sie bei zunehmendem Mond zwei- bis dreimal in der Woche auf dem Plan stehen. Dadurch verschwinden die Rötungen. Darüber hinaus sollten Sie sich die Hände öfter mit Boraxwasser waschen.

Alte Hausmittel sind auch Olivenöl, Buttermilch, Gurkensaft und Hirschtalg. Nach einiger Zeit hat sich die Haut erholt und wird wieder geschmeidig. Gewöhnen Sie sich doch einfach an, beim Kochen stets etwas Olivenöl auf Ihre Finger „kleckern“ zu lassen, und verreiben Sie es auf Ihre Hände.

Feuer:
Widder ♈
Löwe ♌
Schütze ♐

Erde:
Stier ♉
Jungfrau ♍
Steinbock ♑

Luft:
Zwillinge ♊
Waage ♎
Wassermann ♒

Wasser:
Krebs ♋
Skorpion ♏
Fische ♓

Feuer:
♈ Widder
♌ Löwe
♐ Schütze

Erde:
♉ Stier
♍ Jungfrau
♑ Steinbock

Luft:
♊ Zwillinge
♎ Waage
♒ Wassermann

Wasser:
♋ Krebs
♏ Skorpion
♓ Fische

Rissige Hände

Ist die Haut an den Händen bereits rissig oder sogar aufgesprungen, sollten diese, vor allem bei zunehmendem Mond, täglich einige Male mit einer Mischung aus Glyzerin und Zitronensaft eingerieben werden. Gut einziehen lassen ist wichtig.

Unter Marktfrauen, die ja auch im Winter bei großer Kälte im Freien vieles mit bloßen Händen verrichten, ist der Tip mit dem Zitronensaft verbreitet: Viele von ihnen reiben mit der ausgedrückten Zitronenscheibe vom heißen Tee über ihre Finger.

Spröde Hände

Wenn Sie zu spröden Händen neigen, sollten Sie folgende Maske für die Hände vorbeugend an Lufttagen im zunehmenden Mond auftragen, besonders an Zwillingetagen:

Pürieren Sie eine Avocado, und vermischen Sie das Püree mit Milch zu einer dicke Paste. Lassen Sie sie nach dem Auftragen zehn bis 15 Minuten einwirken. Dann waschen Sie die Maske wieder ab und cremen Ihre Hände wie immer mit Ihrer gewohnten

Handcreme:

Eine Handcreme können Sie ganz leicht selber herstellen. Rühren Sie zuerst eine Basiscreme, wie im Kapitel Haut beschrieben, an. Mischen Sie sie zu gleichen Teilen mit zerlassener Butter, und verfeinern Sie die Creme mit ein paar Tropfen Zitronensaft.

Handcreme ein. Bei akuten Beschwerden wenden Sie diese Maske auch an allen anderen Tagen an.

Baden Sie spröde Hände in lauwarmem Olivenöl. Ideal sind hierfür wieder Lufttage im zunehmenden Mond. Massieren Sie dabei das Öl gut in die Haut ein.

Lippen

Die Lippen sind dem Zeichen des Stiers zugeordnet. Überlassen Sie sich der Qualität des Stiers, werden einzelne Pflegemaßnahmen gleich doppelt gut greifen.

Die Pflege der Lippen ist in den Sommermonaten ebenso wichtig wie im Winter. Im Sommer schützt man sie durch einen Lippenbalsam mit Sonnenschutzfaktor, im Winter mit Fettcreme.

Aufgesprungene Lippen

Wenn das Malheur schon passiert ist, vergessen Sie den Mond, und streichen Sie Ihre aufgesprungenen Lippen mit Schlagsahne oder mit ungesalzener Butter ein. Zur Vorbeugung eignen sich besonders Stier-, aber auch Lufttage im zunehmenden Mond.

Fieberblasen

Wenn Fieberblasen erst einmal erblüht sind, trocknen sie rasch ab, ohne daß die Haut dabei springt, wenn Sie mehrmals täglich etwas Mehl darauf tupfen.

Feuer:
Widder ♈
Löwe ♌
Schütze ♐

Erde:
Stier ♉
Jungfrau ♍
Steinbock ♑

Luft:
Zwillinge ♊
Waage ♎
Wassermann ♒

Wasser:
Krebs ♋
Skorpion ♏
Fische ♓

Feuer:
♈ Widder
♌ Löwe
♐ Schütze

Erde:
♉ Stier
♍ Jungfrau
♑ Steinbock

Luft:
♊ Zwillinge
♎ Waage
♒ Wassermann

Wasser:
♋ Krebs
♏ Skorpion
♓ Fische

Rauhe Lippen

Auch gegen rauhe Lippen gibt es ein altes Hausmittel. Massieren Sie so oft wie möglich Kakaobutter in die Lippenhaut ein. Vorbeugend sind Stier- und Schützetage, aber auch alle Lufttage im zunehmenden Mond hierfür ideal. Lufttagen ist ja das Öl als Nahrungsqualität zugeordnet. Es wird an diesen Tagen also besonders gut aufgenommen.

Rote Lippen

„Rote Lippen soll man küssen ...", heißt ein alter Schlager, und junge Mädchen in der Nachkriegszeit kannten jede Menge Tricks, wie sie auch ohne Lippenstift zu den begehrten roten Lippen kamen.

Auf der Basis des Peelings funktioniert die folgende Methode: Massieren Sie an einem Stiertag im abnehmenden Mond die Lippen mit einer Zahnbürste und Salz. Danach sollten Sie sie aber unbedingt mit einer Hautcreme oder mit Glyzerin eincremen.

Spröde Lippen

Bestreichen Sie Ihre spröden Lippen über Nacht dick mit Honig, und lassen Sie ihn gut einziehen und einwirken. Besonders Stier- und Zwillingetage im zunehmenden Mond sind hierfür ideal.

Massagen

Bei akuten Verspannungen einer bestimmten Körperpartie ist eine Massage – wie ein medizinischer Eingriff – unabhängig vom Mond durchzuführen.

Leiden Sie dagegen unter chronischen Problemen, so sprechen die betroffenen Regionen besonders gut auf Massagen an, die zum richtigen Mondzeitpunkt stattfinden. Konkret bedeutet dies: Fußmassagen an Fischetagen, Schultermassagen an Zwillingetagen, Rückenmassagen an Löwe- und Waagetagen.

Entspannende Massagen wirken besonders gut im abnehmenden Mond, für aufbauende Massagen, bei denen Öle und pflegende Substanzen einmassiert werden sollen, ist der zunehmende Mond ideal.

Für Massagen, die Sie sich oder Ihrem Partner ohne jede medizinische Indikation gönnen – einfach nur Streicheleinheiten für Haut und Seele – sind schließlich alle Tage besonders geeignet, an denen das Element Wasser oder das Erdzeichen Stier regiert. Auch an Steinbocktagen werden Sie sie besonders genießen. Und wie war das doch gleich? Zärtlichkeiten haben immer Saison.

Feuer:
Widder ♈
Löwe ♌
Schütze ♐

Erde:
Stier ♉
Jungfrau ♍
Steinbock ♑

Luft:
Zwillinge ♊
Waage ♎
Wassermann ♒

Wasser:
Krebs ♋
Skorpion ♏
Fische ♓

Feuer:
♈ Widder
♌ Löwe
♐ Schütze

Erde:
♉ Stier
♍ Jungfrau
♑ Steinbock

Luft:
♊ Zwillinge
♎ Waage
♒ Wassermann

Wasser:
♋ Krebs
♏ Skorpion
♓ Fische

Nase

Die Nase ist – wie das ganze Gesicht – vordergründig ein Widderthema. Bei abnehmendem Widder-Mond sollten Sie besonders gut auf Ihre Nase achtgeben, sie ist zu dieser Zeit sehr empfindlich. Spezielle Pflege wirkt bei zunehmendem Mond im Widder besonders gut.

Eine glänzende Nase pudern Sie vor dem Schlafengehen mit Mandelkleie. Am Morgen wird sie dann mit warmem Essigwasser abgetupft.

Alle anderen Pflegemaßnahmen sind die gleichen wie oben unter den Stichworten Haut und Gesicht.

Nagelpflege

Der klassische Termin zum Nägelschneiden und -feilen sind Steinbock- und Waagetage. Besonders die an Steinbocktagen geschnittenen Nägel werden schön fest. – Natürlich können Sie nicht nur alle vier Wochen an Ihren Nägeln arbeiten. Ein wenig häufiger sollten Sie sie schon pflegen.

Tips zur Nagelpflege:

Verwenden Sie am besten nur Papierfeilen, und feilen Sie nur in eine Richtung und nicht zu tief.

Schieben Sie Nagelhaut immer nur mit einem Stäbchen aus Holz, Gummi oder Kunststoff zurück.

Sind Ihre Nägel angegriffen, tropfen Sie weißes Jod ins Nagelbett.

Auch Waagetage lösen das Problem nicht wirklich.

Versuchen Sie es doch einmal mit der Variante, die Johanna Paungger von ihrem Großvater zu berichten wußte: Er schnitt seine Nägel jeden Freitag nachmittag.

Brüchige Fingernägel

Damit Fingernägel gar nicht erst brüchig werden, sollten sie bei zunehmendem Mond in einem Luftzeichen entfettet und für einige Minuten in warmem, mit Zitronensaft angereichertem Olivenöl gebadet werden.

Eingewachsene Nägel

Umbinden Sie den eingewachsenen Nagel vor dem Schlafengehen mit einem ölgetränkten Stück Stoff. Am nächsten Morgen ist der Nagel dann so weich, daß er mühelos geschnitten werden kann.

Ideal hierfür sind Lufttage im zunehmenden Mond, wenn Sie es so lange aushalten.

Feuer:
Widder ♈
Löwe ♌
Schütze ♐

Erde:
Stier ♉
Jungfrau ♍
Steinbock ♑

Luft:
Zwillinge ♊
Waage ♎
Wassermann ♒

Wasser:
Krebs ♋
Skorpion ♏
Fische ♓

Wenn Sie die Nägel vor dem Lackieren mit Zitronensaft einreiben, hält der Nagellack länger.

Unser spezieller Tip:
Trocknen Sie Ihren Nagellack nie mit dem Fön! Halten Sie Ihre Hände lieber kurz ins Tiefkühlfach.

Wenn Sie Ihre Nägel am Abend noch mit Vaseline einreiben, werden sie am nächsten Tag schön glänzen.

Feuer:
♈ Widder
♌ Löwe
♐ Schütze

Erde:
♉ Stier
♍ Jungfrau
♑ Steinbock

Luft:
♊ Zwillinge
♎ Waage
♒ Wassermann

Wasser:
♋ Krebs
♏ Skorpion
♓ Fische

Nagelhaut

Haben Sie vor, schwimmen zu gehen, schützen Sie Ihre Nagelhaut mit einer Fettcreme – besonders an Lufttagen.

Neigt Ihre Nagelhaut dazu, rissig zu werden? Pflegen Sie sie regelmäßig an Steinbock- oder Lufttagen im zunehmenden Mond mit Lavendel- oder Olivenöl, das Sie im Wasserbad erwärmen. Baden Sie Ihre Finger zehn Minuten lang darin.

Strapazierte Fingernägel

Besonders strapazierte Fingernägel sollten Sie abends in Eichenrindentee baden und danach mit lanolinhaltiger Salbe einfetten. Außerdem kann man die Nägel auch noch mit einer aufgeschnittenen Zwiebel oder Zitrone einreiben, um sie zu härten.

Zähne

Der Bereich Zähne und Kiefer gehört in die Analogiekette des Stiers. Sorgfältige Zahnpflege sollte zwar an jedem Tag selbstverständlich sein, besonders an Stiertagen sollte man aber darauf achten, sie nicht etwa wegen Übermüdung ausfallen zu lassen.

Ein Besuch beim Zahnarzt, bei dem Sie Zahnstein entfernen oder eine Zahnregulierung anpassen lassen wollen, ist an einem Stiertag ideal.

Kieferoperationen sollten Sie jedoch besser auf einen anderen Tag verlegen, idealerweise in eine

Phase, in der der Mond abnimmt, und möglichst nicht zu dicht am Vollmond.

Neue Zahnfüllungen sollten Sie sich – wenn möglich – nicht an einem Stiertag machen lassen, von Notfällen natürlich abgesehen.

Paradontose

Zahnfleischschwund wirken Sie entgegen, indem Sie den Mund nach jedem Zähneputzen mit lauwarmem Salbeitee spülen.

Zahnfleischbluten

Zerreiben Sie 30 g getrocknete Pfefferminzblätter zu einem feinen Pulver, und vermengen Sie es mit der feingeriebenen Schale eines Zitronenviertels. Die Schale lassen Sie einen Tag lang antrocknen. Am besten bewahren Sie dieses Mittel in einer dicht schließenden Dose auf. Dieses Pulver wirkt antiseptisch und zieht das Zahnfleisch zusammen. Regelmäßig an Zwillingetagen im zunehmenden Mond angewandt, schützt es vor Zahnfleischbluten.

Feuer:
Widder ♈
Löwe ♌
Schütze ♐

Erde:
Stier ♉
Jungfrau ♍
Steinbock ♑

Luft:
Zwillinge ♊
Waage ♎
Wassermann ♒

Wasser:
Krebs ♋
Skorpion ♏
Fische ♓

Zahnpflege:

Gelbe Zähne bekommen ihre weiße Farbe wieder, wenn Sie sie einmal pro Woche mit Salz putzen. Auch Knoblauch oder Kalmus, mit dem Sie Ihre Zähne abreiben, erzielt denselben Effekt.

Und noch ein Tip: Wenn Sie frische Pflaumen essen, werden Ihre Zähne wieder weiß, und Ihrem Körper tut es auch gut.

Ernährung und Gesundheit

Sicher haben Sie bereits beobachtet, daß Sie Speisen, die Ihnen an manchen Tagen vorzüglich schmecken, an anderen gar nicht so gut vertragen. Achten Sie in solchen Fällen einmal auf den Mondkalender. Der Grund?

Den einzelnen Tierkreiszeichen werden seit langer Zeit auch Nahrungsqualitäten zugeordnet. Das bedeutet, daß bestimmte Gruppen von Nahrungsmitteln an manchen Tagen „Saison" haben, an anderen nicht.

Den Feuertagen sind das Eiweiß und die Früchte zugeordnet. An Erdtagen sind es Wurzeln und Salz. Den Lufttagen sind Blüten und Fette zugeordnet, und den Wassertagen entsprechen Blätter und Kohlehydrate.

Was das für Ihre tägliche Ernährung heißt, ist leicht erklärt. An einem Tag, an dem das Steinbockprinzip vorherrscht, sind Sie für Salz besonders empfänglich. Sie verspüren vielleicht einen besonderen Drang nach Schinken oder gesalzenen Erdnüssen, oder Ihnen kommen die gekochten Kartoffeln völlig ungesalzen vor, obgleich Sie die gleiche Menge Salz wie immer genommen haben.

Natürlich könnten Sie nun einfach mehr Salz verwenden, besonders bei zunehmendem Mond. Doch ist das nicht möglich, wenn Sie sich salzarm ernähren sollten. Dann verspüren Sie möglicherweise an Lufttagen einen besonders starken Drang nach Salz, dem zu widerstehen Ihnen an diesen Tagen besonders schwerfällt.

Feuer:
♈ Widder
♌ Löwe
♐ Schütze

Erde:
♉ Stier
♍ Jungfrau
♑ Steinbock

Luft:
♊ Zwillinge
♎ Waage
♒ Wassermann

Wasser:
♋ Krebs
♏ Skorpion
♓ Fische

Ähnlich kann es mit zahlreichen Lebensmitteln gehen. Die folgende Übersicht ließe sich beliebig erweitern.

Nahrung und Nahrungsmittel

Ausgebackenes

Nicht immer vertragen wir in Fett ausgebackene Nahrung gleich gut. Bei zunehmendem Mond in einem Luftzeichen haben wir damit in der Regel die geringsten Probleme – allerdings nimmt unsere Hüfte die darin enthaltenen Kalorien dann auch besonders gut auf. Bei abnehmendem Mond in einem Luftzeichen reagiert unser Körper eher empfindlich auf zuviel Fett.
Vorsicht ist auch immer an Widdertagen angesagt: Die Gallenblase ist an diesen Tagen empfindlich.

Brot, Brötchen, Semmeln

Wenn wir unseren Körper fragen, würde er sich – völlig im Einklang mit dem Mond – am liebsten nach Trennkostregeln ernähren. Während an Feuertagen vor allem der Obstkorb und gelegentlich die Grillpfanne zum Einsatz kommen, ist an Wassertagen der Brotkorb und die Gemüsepfanne aktuell. Wenn Sie feststellen, daß ein Brotlaib an einem Tag ungeheuren Zuspruch findet, schauen Sie doch in den Mondkalender – vermutlich ist gerade ein Wassertag im zunehmenden Mond. Trockenes Brot findet auch an Steinbocktagen seine Abnehmer.

Fleisch

Natürlich sind wir eigentlich keine Fleischfresser, und natürlich essen wir eigentlich viel zuviel davon. Auch hier kann uns der Mond zeigen, wann es an der Zeit dafür ist.

Grundsätzlich sind die Feuertage jene Tage, an denen Fleisch gut vertragen wird. Bei zunehmendem Mond ist auch keine Gefahr einer Eiweißvergiftung gegeben. Nehmen Sie also an einem Widdertag im zunehmenden Mond ruhig eine Einladung ins Steakhouse an. Bei abnehmendem Mond sieht die Sache dagegen anders aus, hier ist bei Eiweiß an Feuertagen eher Vorsicht angesagt.

Wenn das Fleisch nicht gegrillt, sondern gekocht, geräuchert oder geselcht auf den Tisch kommt, paßt es zur Qualität des Steinbocks und des Stiers. In diesen Erdzeichen ist bodenständigere Küche angesagt.

An Fischetagen hingegen werden Sie an scharf gebratenen Steaks keine Freude haben, diese Tage sind ideal für fleischlose, vegetarische Diäten. Wenn Sie also eine solche Diät beginnen müssen, legen Sie ihren Anfang nach Möglichkeit auf einen Fischetag im abnehmenden Mond, dann fällt Ihnen der Verzicht auf tierisches Eiweiß nicht so schwer.

Gewürze

Berufsköche wissen das: An manchen Tagen muß anders gewürzt werden. Besonders scharf darf es an Widder- und Skorpiontagen sein. Wenn der Mond im Stier steht, sind scharfe Gewürze weniger gefragt, dafür darf es deftig und bodenständig hergehen.

Feuer:
Widder ♈
Löwe ♌
Schütze ♐

Erde:
Stier ♉
Jungfrau ♍
Steinbock ♑

Luft:
Zwillinge ♊
Waage ♎
Wassermann ♒

Wasser:
Krebs ♋
Skorpion ♏
Fische ♓

Feuer:
♈ Widder
♌ Löwe
♐ Schütze

Erde:
♉ Stier
♍ Jungfrau
♑ Steinbock

Luft:
♊ Zwillinge
♎ Waage
♒ Wassermann

Wasser:
♋ Krebs
♏ Skorpion
♓ Fische

An Zwillinge- und Waagetagen kommt der heimische Kräutergarten mit Petersilie, Dill, Liebstöckel und Melisse zum Tragen. Ausgesuchter und eher zurückhaltend sollte an Krebstagen gewürzt werden, Beifuß ist das Gewürz der Stunde.

Löwetage vertragen warme, südliche Gewürze wie Basilikum, Rosmarin und Lorbeer (bei Spaghetti mitkochen lassen!), aber auch das Hildegard-Gewürz Galgant. An Jungfrautagen haben alteingesessene Aromen wie Majoran, Fenchel und Kümmel Saison, doch auch ein Hauch von Weihnachtsgebäck mit Nelke und Koriander entspricht dem Tagesprinzip. Schützetage mögen es warm, aber exotisch: Ingwer und Muskat sind angesagt.

Steinbocktage laden nicht sehr zum Kochen ein, ihnen entspricht das Salz und ein bitterer Geschmack, der den meisten Gerichten nicht wirklich guttut. An Wassermanntagen ist es auch nicht besser: Außer Königsberger Klopsen in Kapernsauce, Waldmeisterbowle und Chicoréesalat oder gedünstetem Chicorée findet sich eigentlich kaum etwas, was dem Tagesprinzip entspricht.

Fischetage laden ein zum Besuch eines Dim-Sun-Restaurants, in dem chinesische Speisen im Dampf gegart werden und vor allem – so lästerliche Zungen – nach Wasserdampf schmecken.

Joghurt

Für unsere Darmflora ist Joghurt unverzichtbar, besonders, wenn wir eine Krankheit nur mit Hilfe von Antibiotika bekämpfen konnten. Doch auch wenn wir den Joghurt nicht auf ärztliche Empfehlung zu uns nehmen, tut er uns gut.

An Krebs- und Jungfrautagen sollten Sie Joghurt essen, wenn Sie Ihrer Verdauung etwas Gutes tun wollen. An Zwillingetagen könnten Sie ebenfalls Appetit darauf verspüren – geben Sie ihm ruhig nach, er entspricht dem Tagesprinzip.

Kalte Platten

Planen Sie eine Einladung, bei der Sie Ihre Gäste mit nett dekorierten, belegten Broten bewirten wollen? Legen Sie die Einladung möglichst auf einen Jungfrautag. Nicht nur geht Ihnen an einem solchen Tag die Arbeit der Vorbereitung besonders leicht von der Hand, und Ihre Platten werden wirklich hübsch und appetitlich – Ihre Gäste werden ihnen auch begeistert zusprechen. Für Salatplatten sind dagegen Krebstage der ideale Zeitpunkt.

Kartoffeln

Der Kartoffelsalat, der beim Kindergeburtstag einmal übrigbleibt, einmal hingegen nicht reicht, hat vermutlich auch etwas mit dem Mond zu tun: Wenn das Geburtstagsfest an einem Stiertag ausgerichtet wird, tun Sie gut daran, eine etwas größere Schüssel herzurichten.

Klöße (Knödel)

Gleich ob rohe Klöße oder Kartoffelklöße, ob Servietten- oder Speckklöße, Klöße haben an

Feuer:
Widder ♈
Löwe ♌
Schütze ♐

Erde:
Stier ♉
Jungfrau ♍
Steinbock ♑

Luft:
Zwillinge ♊
Waage ♎
Wassermann ♒

Wasser:
Krebs ♋
Skorpion ♏
Fische ♓

Feuer:
♈ Widder
♌ Löwe
♐ Schütze

Erde:
♉ Stier
♍ Jungfrau
♑ Steinbock

Luft:
♊ Zwillinge
♎ Waage
♒ Wassermann

Wasser:
♋ Krebs
♏ Skorpion
♓ Fische

Stiertagen Saison. Da sie nun nicht gerade zu denjenigen Speisen gehören, die Ihnen Ernährungsberater ans Herz legen werden, sollten Sie sie bevorzugt bei zunehmendem Mond im Stier zu sich nehmen.

Nimmt der Mond dagegen ab, empfindet unser Körper auch die Klöße eher als belastend.

Nudelgerichte

Geht es Ihnen auch so, daß Ihre Familie einem Gericht an manchen Tagen begeistert zuspricht, es an anderen Tagen aber beinahe lustlos zu sich nimmt? Achten Sie in solchen Fällen einmal auf die aktuelle Tagesenergie.

Einfache Spaghettigerichte ohne viel Aufwand wie die klassischen Spaghetti mit Knoblauch und Öl werden an Zwillingetagen besonders gern gegessen. Wenn Sie allerdings im Öl eine Pfefferonischote mitbraten, sollten Sie dieses Gericht lieber an einem Widdertag servieren. Auch mit Penne all'arrabbiata und anderen scharf gewürzten Gerichten können Sie an Widder- oder Skorpiontagen durchaus punkten.

An Krebstagen können Sie damit hingegen Schiffbruch erleiden. Da sind eher aufwendige Gerichte wie Lasagne gefragt, und auch Tortellini alla panna erfreuen sich an Krebstagen größerer Beliebtheit. Wenn Sie an einem Löwetag dagegen Pesto alla Genovese, die berühmte Basilikumsauce, zubereiten, sollten Sie etwas mehr davon vorbereiten: sie wird an diesem Tag rasanten Zuspruch erleben.

Obsttag

Obst fällt in den Zuständigkeitsbereich der drei Feuerzeichen. An diesen Tagen sind Obsttage nicht nur gesund, sie entsprechen auch sehr häufig dem, worauf Sie ohnehin gerade Lust hätten. Geben Sie dem ruhig nach – ganz gleich ob der Mond zu- oder abnimmt.

Beachten Sie auch an einem solchen Obsttag jedoch eine Kleinigkeit: Nach etwa fünf Uhr nachmittags sollten Sie kein Obst mehr essen. Es wird an diesem Tag nicht mehr vollständig verdaut und würde über Nacht im Magen gären – und die dabei entstehenden Gärungsprodukte spüren Sie am nächsten Morgen als Kopfschmerzen.

Feuer:
Widder ♈
Löwe ♌
Schütze ♐

Erde:
Stier ♉
Jungfrau ♍
Steinbock ♑

Luft:
Zwillinge ♊
Waage ♎
Wassermann ♒

Wasser:
Krebs ♋
Skorpion ♏
Fische ♓

Pommes frites

Wenn Sie plötzlich unbändigen Appetit auf Pommes verspüren, schauen Sie doch einmal in den Mondkalender. Es könnte sich um einen Lufttag handeln. Wenn der Mond gerade zunimmt, frönen Sie dieser Lust nur ungehemmt, Fett wird an diesen Tagen gut vertragen – es schlägt aber auch gut an, und Sie werden es möglicherweise auf der Waage wiederfinden. Sollte der Mond aber abnehmen, so verzichten Sie besser auf die goldenen Stäbchen und jedenfalls auch auf die Mayonnaise dazu.

Salz

Von der Affinität zu Salz an solchen Tagen, an denen der Mond in einem Erdzeichen steht, war bereits in der Einleitung zu diesem Kapitel die Rede.

Feuer:
♈ Widder
♌ Löwe
♐ Schütze

Erde:
♉ Stier
♍ Jungfrau
♑ Steinbock

Luft:
♊ Zwillinge
♎ Waage
♒ Wassermann

Wasser:
♋ Krebs
♏ Skorpion
♓ Fische

Mit Salz sollten Sie jedoch auch an Wassertagen vorsichtig sein: Zu viel Salz an Wassertagen kann zur Folge haben, daß Ihre Beine anschwellen.

Süßigkeiten

Naschkatzen haben natürlich immer Saison, besonders nach Ansicht geplagter Mütter. Doch achten Sie einmal darauf, ob Ihre Kinder wirklich an jedem Tag gleichmäßig nach Süßem verlangen. Kinder haben in dieser Hinsicht einen viel unverfälschteren Geschmack und viel natürlichere Bedürfnisse als Erwachsene, wie man als Mutter eines Kindes, das mitunter auch bei angebotenen Süßigkeiten dankend ablehnt, erstaunt feststellen kann.

Wenn der Drang nach Süßem an Waage- oder Wassermanntagen besonders ausgeprägt ist, geben Sie ihm ungestört nach. Vorsichtig sollten Sie mit Süßigkeiten an Wassertagen sein, da setzen sie bei zunehmendem Mond besonders gut an, und bei abnehmendem Mond in den Wasserzeichen werden sie nicht besonders gut vertragen.

Gesundheit

Abnehmen

Wenn Sie wirklich nicht mit Ihrer Figur zufrieden sind, machen Sie es mit dem Mond. Folgen Sie seinem leuchtenden Vorbild, und nehmen Sie seine immer schlanker werdende Silhouette zum Ansporn, selbst in Ihre Wunschfigur hineinzuwachsen.

Bei Neumond ist es an der Zeit, ein paar schlechte Angewohnheiten abzulegen. Auch den Anspruch, Gewicht zu verlieren, sollten Sie bei dieser Gelegenheit für zwei Wochen loslassen. Erst nach dem nächsten Vollmond geht es wieder relativ leicht.

Doch achten Sie gerade hierbei besonders auf die Stimme Ihres Bauches. Es kann durchaus sein, daß Sie besser daran tun, Ihrem eigenen Zyklus zu folgen. Dann ist die Zeit des leichten Abnehmens die Zeit nach dem Eisprung (auch wenn es kurz vor der Periode sehr schwer fallen mag, eiserne Disziplin zu üben), während Sie in den folgenden zwei Wochen nicht so leicht an Gewicht verlieren.

Blasenerkältung

Achten Sie an Waage- und Skorpiontagen besonders auf Ihre Blasen- und Nierenregion. Im Sommer heißt das: Nach dem Schwimmen raus aus dem nassen Badeanzug und ordentlich abtrocknen, im Frühjahr und Herbst heißt das: Unbedingt etwas unterlegen, wenn Sie sich im Freien hinsetzen, und in jedem Fall heißt das, daß Nieren-Blasen-Tee zur Vorbeugung angesagt ist.

Diät

Unter Diät wird hier keine Abmagerungskur verstanden. Diese nützen nämlich ohnehin nichts – wenn Sie Ihre masochistische Ader dennoch hervorkehren wollen, beginnen Sie an einem Skorpiontag

Feuer:
Widder ♈
Löwe ♌
Schütze ♐

Erde:
Stier ♉
Jungfrau ♍
Steinbock ♑

Luft:
Zwillinge ♊
Waage ♎
Wassermann ♒

Wasser:
Krebs ♋
Skorpion ♏
Fische ♓

Feuer:
♈ Widder
♌ Löwe
♐ Schütze

Erde:
♉ Stier
♍ Jungfrau
♑ Steinbock

Luft:
♊ Zwillinge
♎ Waage
♒ Wassermann

Wasser:
♋ Krebs
♏ Skorpion
♓ Fische

damit. Dessen Qualität läßt Sie eine radikale Nahrungsumstellung leichter durchhalten.

Eine Diät, die begonnen wird, um ein bestimmtes Organ zu entlasten, fängt man idealerweise an einem Tag an, an dem der Mond in dem Zeichen steht, das diesem Organ zugeordnet ist, vorzugsweise bei abnehmendem Mond. Auch vorbeugend können Sie an bestimmten Tagen zum Beispiel mit Tees den einzelnen Organen Gutes tun.

So sind Widdertage ideal für Gallenblasentees, an Waagetagen sind Ihre Nieren empfindlich und für Nierentee besonders empfänglich, Pfefferminztee wird an Krebstagen vom Magen besonders dankbar aufgenommen, und alle Arten von Bronchien- und Hustentees haben an Zwillingetagen Hochsaison.

Durchfall

Der folgende Tip hat mit dem Mond nicht viel zu tun, ist aber ein gutes Hausmittel: Gegen Durchfall hilft Zimt – wird Ihnen jetzt klar, warum Apfelkuchen meist damit gewürzt wird? Umgekehrt beschleunigt nämlich warmes Apfelmus die Verdauung ...

Halsweh

Bei Halsweh haben Sie kaum große Chancen, zu warten, bis der richtige Zeitpunkt da ist, etwas dagegen zu tun. Was Sie aber tun können, ist, an Stiertagen, gleich ob im zu- oder im abnehmenden Mond, besonders auf Ihren Hals zu achten. Trinken Sie vorbeugend Salbei- oder Thymiantee.

Auch bei akutem Halsweh ist Salbei- (wer den Geschmack nicht mag, sollte zumindest damit gurgeln) oder Thymiantee das Mittel der ersten Wahl.

Husten

Besonders an Zwillingetagen sind unsere Bronchien empfindlich. Wer an einem solchen Tag viel im Freien war, besonders in der feuchten Übergangszeit, und dabei viel sprechen mußte, der tut gut daran, abends vor dem Schlafengehen vorbeugend eine Tasse Huflattichtee mit Honig oder ein bis zwei Tassen Lindenblütentee mit Honig zu trinken. Danach sollten Sie sich allerdings warm zudecken, besonders der Lindenblütentee wirkt schweißtreibend.

Krampfadern

Wer Krampfadern vorbeugen möchte, sollte besonders an Schütze- und Wassermanntagen oft die Beine hochlegen, viele Treppen zu Fuß bewältigen und in der Badewanne kneippen oder die Beine zumindest kalt abduschen.

Auch wenn sie bereits vorhanden sind, ist diese Behandlung angebracht, um Komplikationen zu verhindern. Im abnehmenden Mond kann auch eine Ringelblumenkur helfen, die Haut um die erweiterten Adern herum zu pflegen und zu stärken. Tragen Sie sie abends, während Sie die Beine hochlegen, messerdick auf, und lassen Sie sie einziehen. Vor allem Schütze- und Wassermanntage sind hierfür ideal.

Feuer:
♈ Widder
♌ Löwe
♐ Schütze

Erde:
♉ Stier
♍ Jungfrau
♑ Steinbock

Luft:
♊ Zwillinge
♎ Waage
♒ Wassermann

Wasser:
♋ Krebs
♏ Skorpion
♓ Fische

Operationen

Bei Vollmond, so eine alte Krankenschwestern-Weisheit, bluten alle Wunden viel stärker als sonst. Wenn Sie also eine Operation vorhaben, deren Termin Sie frei ansetzen können, so versuchen Sie, im Krankenhaus einen Termin bei abnehmendem Mond zu bekommen, besonders wenn es darum geht, daß Sie mit der Operation etwas loslassen wollen (Mandeln, Blinddarm ...).

Eines sollten Sie dabei aber noch beachten: So gut es einem Körperteil tut, an dem Tag, an dem der Mond im entsprechenden Tierkreiszeichen steht, gepflegt, gestreichelt, mit Tee versorgt oder massiert zu werden, so sensibel reagiert er an diesem Tag auf einen Einschnitt. Lassen Sie sich also die Augen und die Gallenblase nicht an Widdertagen operieren, die Ohren, Zähne und Mandeln nicht an Stiertagen, die Lungen und Arme nicht an Zwillingetagen, den Magen und die Gebärmutter nicht an Krebstagen, das Herz nicht an Löwetagen, den Dünndarm und die Bauchspeicheldrüse nicht an Jungfrautagen, die Nieren und Harnleiter nicht an Waagetagen, die Harnblase, Prostata und Genitalien nicht an Skorpiontagen und die Leber und Krampfadern nicht an Schützetagen.

Auch an Wassermanntagen sind die Krampfadern tabu, vor allem bei zunehmendem Mond. Böse Zungen behaupten, wenn man sich die Krampfadern bei zunehmendem Mond im Wassermann ziehen läßt, könne man im Krankenhaus schon dabei zusehen, wie sie wieder nachwachsen. Für Knochen- und Sehnenoperationen sind Steinbocktage zu vermeiden, und die Füße sollte man an Fischetagen nicht operieren.

Schnupfen

Auch wenn die Nase primär in die Analogiekette des Widders gehört wie das gesamte Gesicht, gibt es da noch die Volksweisheit „Die Nase des Mannes ist wie sein Johannes", und die hilft bei der Einordnung des Schnupfens in die Analogiekette des Skorpions.
Wer einen Schnupfen hat, der hat die Nase voll. Das ist einmal zu akzeptieren. Während der Schnupfen seine neun Tage dauert – mit und ohne Behandlung – können Sie sich fragen, wovon Sie die Nase voll haben. Im übrigen sorgen Sie an den neun Tagen für genügend Flüssigkeitszufuhr, und schonen Sie sich.

Verdauungsstörungen

Ihr Verdauungsapparat ist an Jungfrautagen besonders empfindlich, zugleich aber auch empfänglich für Wohltaten, die Sie ihm antun. Machen Sie es sich doch zur Gewohnheit, an Jungfrautagen Kümmelbrot auf den Tisch zu bringen oder Fencheltee zu trinken. So kann nicht viel passieren.

Verschleimung der Brust

Getreu dem Prinzip, Gleiches mit Gleichem zu kurieren, wirken Sie ersten Anzeichen von Verschleimung der Brust mit Eibischtee entgegen. Ideal hierzu sind Tage, an denen der zunehmende Mond im Krebs steht.

Der Mond im Haushalt

Wohl in kaum einem anderen Bereich wirken sich die Prinzipien der verschiedenen Tierkreiszeichen so stark aus wie im Haushalt. Ob es ums Wäschewaschen, die Entfernung von Flecken, ums Einkochen oder Bügeln geht – der Mond kann uns hier zeigen, „was die Stunde geschlagen hat". Und gerade im Haushalt sind wir immer wieder in der Lage, eine Aufgabe eine Weile liegen zu lassen, wenn es sinnvoll ist.

Doch auch hier gilt: Wenn Sie das Gefühl haben, daß gerade dieser Tag ideal für eine bestimmte Arbeit ist, hören Sie immer auch auf Ihren Bauch. Mondregeln sind – anders als der Titel dieses Buches nahezulegen scheint – keine starren Normen. Die Freude, mit der man an eine Arbeit geht, trägt zu ihrem Erfolg sicher ebenso bei wie die vom Mond an diesem Tag angezeigte Energie.

Hausputz

Daß man zum Hausputz nach Möglichkeit einen Zeitpunkt im abnehmenden Mond wählen sollte, ist inzwischen wieder bekannt. Der Schmutz löst sich besonders leicht, Sie benötigen weniger Reinigungsmittel, Ihre Kraft, Ihr Geldbeutel und die Umwelt werden es Ihnen danken.

Wollen Sie die Mondprinzipien zusätzlich für sich arbeiten lassen, dann putzen Sie gezielt bei abnehmendem Mond an Wassertagen, besonders dann, wenn der Mond in den Fischen steht.

Feuer:
♈ Widder
♌ Löwe
♐ Schütze

Erde:
♉ Stier
♍ Jungfrau
♑ Steinbock

Luft:
♊ Zwillinge
♎ Waage
♒ Wassermann

Wasser:
♋ Krebs
♏ Skorpion
♓ Fische

Fenster

Fenster bilden von dieser Regel eine Ausnahme. Diese sollten Sie an einem Luft- oder Wärmetag reinigen. An diesen Tagen ersetzen Wasser und Spiritus nämlich die scharfen Putzmittel vollwertig.

Zum Fensterputzen verwenden Sie am besten ein feuchtes Rehleder und reiben mit einem Leinentuch nach. Damit das Fensterleder geschmeidig bleibt, waschen Sie es nach Gebrauch in Salzwasser aus.

Stark verschmutzte Fensterrahmen und -bänke lassen sich mit verdünntem Spiritus reinigen. Allerdings löst er die obere Lackschicht ganz leicht ab und muß daher auf die gesamte Fläche aufgetragen werden. Anschließend wirkt der Anstrich aber wie neu.

Scheiben

Sie können sehr leicht einen eigenen Fensterreiniger herstellen, indem Sie auf einen Liter Wasser einen Schuß Essig, einen Schuß Spülmittel und einen Schuß Spiritus geben. Diese Mischung füllen Sie in eine Sprühflasche und verwendet sie wie ein gekauftes Mittel.

Auch ein Eimer warmes Wasser mit einer halben Tasse Salmiakgeist und zwei Eßlöffeln Stärke eignet sich hervorragend zum Reinigen von Fenstern.

Fensterrahmen und Fensterbänke:

Um den Lack von Holzfenstern und Fensterbänken vor scharfen Reinigungsmitteln zu schützen, reiben Sie sie nach jeder gründlichen Reinigung mit Bohnerwachs ein.

Ein paar Tropfen Glyzerin im Putzwasser verhindert, daß die Scheiben zu schnell wieder Staub und Schmutz annehmen und Regentropfen Spuren hinterlassen.

Besonderen Glanz bekommen die Fenster übrigens, wenn man etwas Salz ins Wasser gibt.

Strahlend sauber werden Fenster auch, wenn Sie gleich nach dem Putzen die trockene Scheibe mit einem sauberen Tafelschwamm abreiben oder zum Nachpolieren eine alte Nylon- oder Perlon-Feinstrumpfhose verwenden.

Fenster sollten Sie auf keinen Fall bei strahlendem Sonnenschein oder an Wärmetagen putzen, da sie dann zu schnell trocknen und deswegen Schlieren und Streifen auf den Fensterscheiben bleiben.

Auch im Winter sollten Sie Ihre Fenster nicht putzen, da das Glas durch die Kälte besonders spröde ist. Wird eine Reinigung unumgänglich, etwa, weil der Staub des Streusplitts eine dumpfe Schicht auf den Scheiben hinterlassen hat, so hilft es, wenn Sie dem warmen Wasser etwas reinen Alkohol hinzufügen. Er verhindert, daß das Waschwasser an den Scheiben gefriert.

Fenster kann man aber auch trocken reinigen. Man reibt sie einfach mit Zeitungspapier ab.

Türen

Weiße Türen darf man nicht mit Seifenwasser waschen, da es mit der Zeit die Lackierung stumpf macht. Am besten imprägnieren Sie sie mit farblosem Bohnerwachs. Er überzieht den Lack mit einer

Feuer:
♈ Widder
♌ Löwe
♐ Schütze

Erde:
♉ Stier
♍ Jungfrau
♑ Steinbock

Luft:
♊ Zwillinge
♎ Waage
♒ Wassermann

Wasser:
♋ Krebs
♏ Skorpion
♓ Fische

feinen Schutzschicht, von der sich Flecken leicht entfernen lassen.

Fingerabdrücke und hartnäckige Flecke kann man mit Zahnpasta auf einem weichen Tuch abreiben. Diese Behandlung schadet auch der Farbe nicht.

Fußböden

Machen Sie sich auch hier die Prinzipien des abnehmenden Mondes zunutze, wenn Sie Ihre Böden so richtig schrubben wollen. Kehren können Sie hingegen auch bei zunehmendem Mond, gegen feucht aufwischen spricht auch an Lufttagen nichts.

Das umweltfreundlichste Mittel zum Reinigen von Fußböden ist Schmierseife. Auch hartnäckiger Schmutz wird damit leicht entfernt. Ist der Fußboden stumpf geworden, glänzt er wieder schön, wenn man dem Wischwasser eine halbe Tasse Weichspüler beigibt.

Von Zeit zu Zeit sollten Sie die alten Glanzschichten entfernen. Das machen Sie am besten, indem Sie dem Wischwasser einen Schuß Salmiakgeist zufügen.

Schwarze Schlieren von Gummisohlen entfernen Sie mit einem in Spiritus getränkten Lappen. Sie können auch einen weichen Radiergummi zu Hilfe nehmen und „Ihr Glanzstück" damit abreiben.

Sollten sich durch Blumentöpfe Schimmelflecke gebildet haben, rubbeln Sie zuerst den Schimmel mit einem trockenen Lappen weg, und reiben Sie dann mit Terpentin nach.

Holzböden

Unsere Großmütter putzten ihre Holzböden meist mit kaltem schwarzem Tee oder mit grüner Seife.

Helle Flecke auf einem dunklen Boden lassen sich entfernen, wenn Sie braune Schuhcreme unter das Bohnerwachs mischen und dann die Stellen damit behandeln.

Kratzer entfernen Sie, indem Sie Stahlwolle in Bohnerwachs tauchen und den Kratzer damit bearbeiten. Oft erfüllt sogar gewöhnliches Speiseöl denselben Zweck.

Linoleum

Linoleum läßt sich ausgesprochen gut mit dem Kochwasser von Kartoffeln reinigen. Zudem bringen Sie Ihren Boden wieder zum Glänzen, wenn Sie ihn regelmäßig mit einer Mischung aus Milch und Wasser (zu gleichen Teilen) aufwischen.

Teppiche

Müssen Sie Ihre Teppiche in der Wohnung klopfen, legen Sie ein mit Essigwasser befeuchtetes Tuch darauf. Es hält den Staub fest. Zugleich frischt der Essig die Farben wieder auf. Klopfen Sie Ihre Bodentextilien außerdem nur auf der Unterseite. Dann können Sie den Staub von der rechten Seite abbürsten. Auslegware wird am besten mit Salmiakwasser abgerieben. Achten Sie jedoch darauf, daß der Teppich nicht zu naß wird, da die Farben sonst möglicherweise verblassen.

Allerdings können Sie Ihren Teppich auch trocken

Feuer:
Widder ♈
Löwe ♌
Schütze ♐

Erde:
Stier ♉
Jungfrau ♍
Steinbock ♑

Luft:
Zwillinge ♊
Waage ♎
Wassermann ♒

Wasser:
Krebs ♋
Skorpion ♏
Fische ♓

Feuer:
♈ Widder
♌ Löwe
♐ Schütze

Erde:
♉ Stier
♍ Jungfrau
♑ Steinbock

Luft:
♊ Zwillinge
♎ Waage
♒ Wassermann

Wasser:
♋ Krebs
♏ Skorpion
♓ Fische

reinigen, indem Sie doppeltkohlensaures Natron großzügig auf den Teppich streuen. Es neutralisiert Flecken und bindet Gerüche. 20 bis 30 Minuten einwirken lassen und dann einfach absaugen.

Seien Sie dagegen zurückhaltend beim Shampoonieren, Sie nehmen dem Boden seine Imprägnierung.

Metallischer Glanz

Der ideale Zeitpunkt zum Reinigen von Metallgefäßen oder Ziergegenständen ist natürlich der abnehmende Mond.

Ein wunderbares Putzmittel für Metalle ist Zigarrenasche. Als Putzmittel dient ein feuchter Weinkorken: Tupfen Sie damit in die Asche, und reinigen Sie mit diesem Scheuerpulver das Metall.

Aluminium

Unansehnlich und stumpf gewordene Aluminiumtöpfe können Sie wieder auffrischen, wenn Sie darin Apfelschalen oder Rhabarberschalen kochen und dann den Topf ausreiben.

Fachmännisch reinigen Sie Aluminiumtöpfe allerdings mit Magnesium und Aluwolle. Metallbürsten und Scheuersand tun ihnen jedenfalls nicht wirklich gut.

Der richtige Zeitpunkt hierfür ist der abnehmende Mond im Wassermann oder in den Fischen – probieren Sie es aus! Sie werden überrascht sein.

Edelstahl

Edelstahl putzen Sie am besten an einem Widdertag bei abnehmendem Mond.

Edelstahl wird mit ausgepreßten Zitronenschalen blitzblank – einfach kräftig einreiben. Sind die Töpfe stark fettig, kann man sie vor dem Abwasch mit Zitronensaft vorbehandeln.

Wenn Fisch darin gebraten wurde und nach dem Abwaschen noch immer Fischgeruch daran haftet, sollten Sie sie nochmals mit einer Zitronenhälfte ausreiben und spülen – der Geruch ist dann bestimmt weg.

Sollte sich das Metall verfärben (z. B. durch dauerhafte, starke Hitze), kochen Sie einfach Zitronensaft oder Rhabarber in Wasser darin auf – die Flecken sind danach weg. Versuchen Sie allerdings zuvor, die Flecken mit einer Handvoll Mehl wegzureiben.

Sind Speisen angebrannt, fangen Sie nicht gleich an zu kratzen, sondern lassen Sie die Zeit – und Borax – für sich arbeiten. Füllen Sie den Topf mit kaltem Wasser, und lassen Sie ihn eine Stunde stehen. Dann geben Sie Boraxpulver dazu und lassen das Wasser kurz aufkochen. Die Reste werden sich leicht lösen, ohne den Topf zu beschädigen.

Säureflecke auf Stahl beseitigen Sie schließlich, indem Sie mit der Schnittfläche einer halben Kartoffel darüberreiben.

Email

Emaileimer reinigen Sie am besten mit Terpentin.

Feuer:
Widder ♈
Löwe ♌
Schütze ♐

Erde:
Stier ♉
Jungfrau ♍
Steinbock ♑

Luft:
Zwillinge ♊
Waage ♎
Wassermann ♒

Wasser:
Krebs ♋
Skorpion ♏
Fische ♓

Feuer:
♈ Widder
♌ Löwe
♐ Schütze

Erde:
♉ Stier
♍ Jungfrau
♑ Steinbock

Luft:
♊ Zwillinge
♎ Waage
♒ Wassermann

Wasser:
♋ Krebs
♏ Skorpion
♓ Fische

Kupfer

Der richtige Zeitpunkt zum Reinigen von Kupfergefäßen oder -geräten ist bei abnehmendem Mond im Stier.

Wenn Kupfer stark angelaufen ist, können Sie der Schmutzschicht entweder mit zerstoßenen Rhabarberblättern zu Leibe rücken oder sie mit einer Zitronenhälfte, die Sie zuvor in Salz getaucht haben, abreiben.

Kupferkessel lassen sich auch mit Sauerkrautbrühe gut reinigen. Auch Essigteig ist ein hervorragendes Mittel, um Kupfer- und Messingteile zu reinigen. Hergestellt wird er aus Essig, Mehl und Salz. Bestreichen Sie das Metall damit, und lassen Sie ihn einwirken. Danach müssen Sie den Kessel gut abwaschen und dann mit einem Tuch oder Fensterleder so lange abreiben, bis er glänzt. Danach mit einer halben Zwiebel blank reiben.

Wenn Kupfer oxydiert, entsteht giftiger Grünspan. Den können Sie, ebenfalls an einem Waagetag im abnehmenden Mond, mit einem erhitzten Essig- oder Zitronensaft-Salzgemisch (1:1) abreiben. Bei dieser Arbeit sollten Sie allerdings unbedingt Gummihandschuhe benutzen. In ganz hartnäckigen Fällen legen Sie den Gegenstand für einige Stunden in diese Lösung ein. Anschließend unbedingt mit heißem Sodawasser nachspülen.

Messing

Der große Putztag für Messinggegenstände ist ein Jungfrautag bei abnehmendem Mond.

Messing wird wie Kupfer mit einer Zitronenhälfte, die vorher in Salz getaucht wurde, geputzt. Kräftig einreiben, nachspülen und trockenpolieren.

Wasserhähne, Türklinken und Stangen aus Messing behalten ihren Glanz länger, wenn man sie nach dem Putzen mit einer dünnen Schicht aus Bohnerwachs bestreicht.

Außerdem können Sie Messing auch mit einem Brei aus Salz und Essig oder Salz und Speiseöl blankputzen. Nicht vergessen: Immer warm abspülen und dann polieren.

Zinn

Der richtige Zeitpunkt, um endlich allen Zinntellern und Zinnkrügen, die sich bei Ihnen im Laufe der Jahre angesammelt haben, zu neuem Glanz zu verhelfen, ist der abnehmende Mond im Schützen.

Zinn putzen Sie am schonendsten mit Schlämmkreide, die mit Terpentinöl befeuchtet wurde. Schlämmkreide ist zum Beispiel die Basis von vielen Flüssigscheuermilchen.

Zinngegenstände glänzen auch dann wieder wie neu, wenn Sie sie anschließend mit erwärmtem Bier abreiben.

Das Zinnkraut, besser bekannt als Ackerschachtelhalm, trägt seinen Namen nicht zu Unrecht. Es eignet sich bestens, um Zinn zu reinigen. Reiben Sie die Gegenstände damit kräftig ab, das Ergebnis wird Sie begeistern. Im Winter tun es aber auch Kohlblätter.

Und schließlich ist auch eine Paste aus Holzasche und Wasser ein guter Reiniger für Zinn.

Feuer:
Widder ♈
Löwe ♌
Schütze ♐

Erde:
Stier ♉
Jungfrau ♍
Steinbock ♑

Luft:
Zwillinge ♊
Waage ♎
Wassermann ♒

Wasser:
Krebs ♋
Skorpion ♏
Fische ♓

Feuer:
♈ Widder
♌ Löwe
♐ Schütze

Erde:
♉ Stier
♍ Jungfrau
♑ Steinbock

Luft:
♊ Zwillinge
♎ Waage
♒ Wassermann

Wasser:
♋ Krebs
♏ Skorpion
♓ Fische

Die Küche

Einkochen

Beim Einkochen kommt es auf viele Dinge an, und nicht zuletzt auf den Mond.

Ernten Sie die Früchte, die Sie einkochen möchten, nach Möglichkeit an einem Fruchttag, an dem der Mond im Widder oder Schützen steht, möglichst dicht am Vollmond, und kochen Sie sie an einem Tag mit aufsteigender Qualität ein, also während der Mond die Zeichen vom Schützen bis zu den Zwillingen durchläuft. An Löwetagen, die ebenfalls zu den Fruchttagen gehören, sollten Sie nur solches Obst ernten, das sofort gegessen wird.

Sie werden sehen, wenn Sie diese Tage ausnutzen, behält Ihr Obst sein Aroma, Sie benötigen weniger Gelierzucker als sonst, und Sie laufen keine Gefahr, daß Ihre Marmelade anfängt zu schimmeln.

Marmelade

Ist die Marmelade beim Einkochen nicht fest ge-

Rund um das Einkochen:

Äpfel, Birnen und Pfirsiche bleiben beim Einkochen schön weiß, wenn man einen Schuß Zitrone oder eine halbe Messerspitze voll Ascorbinsäure (Vitamin C) hinzugibt. Außerdem spart man dadurch eine Menge Zucker.

Beim Einkochen von Obst gehen bei der langen Kochzeit der geschlossenen Gläser viele Vitamine verloren. Probieren Sie

es daher mit folgendem Trick: Füllen Sie das Einmachglas sehr voll mit Obst, und legen Sie einen angefeuchteten Gummiring auf den Rand. Nun geben Sie zwei Löffel hochprozentigen Alkohol in den Deckel, zünden ihn an und setzen den Deckel rasch auf das Glas. Der restliche Sauerstoff im Glas verbrennt, es entsteht ein leichter Unterdruck, der Inhalt wird luftdicht konserviert.

Vorsicht: wenn Sie den Alkohol auf die Früchte geben und anzünden, riskieren Sie, daß der Deckel beim Aufsetzen springt.

Beim Einkochen kann man Zucker sparen, wenn man süßes und saures Obst mischt.

Entspricht dies nicht Ihrem Geschmack, dann fügen Sie dem Obst etwas doppelkohlensaures Natrium hinzu.

Hat man keinen Gelierzucker zur Hand, nimmt man normalen Zucker und reibt einen oder mehrere sehr grüne Äpfel dazu.

Die Stiele enthalten eine Säure, die den Geschmack bei Obst herber macht. Daher muß man sie vor dem Einkochen unbedingt entfernen.

Obst kocht nicht über, wenn man ein wenig Butter dazugibt.

Erdbeeren behalten beim Einkochen ihre schöne Farbe, wenn man etwas Kirschsaft dazugibt oder in jedes Glas ein paar entsteinte schwarze Kirschen mit einlegt. Geben Sie beim Einkochen von Preiselbeeren Äpfel oder Birnen dazu. Sie mildern die Herbe und verbessern den Geschmack.

Feuer:
♈ Widder
♌ Löwe
♐ Schütze

Erde:
♉ Stier
♍ Jungfrau
♑ Steinbock

Luft:
♊ Zwillinge
♎ Waage
♒ Wassermann

Wasser:
♋ Krebs
♏ Skorpion
♓ Fische

worden, kocht man sie am besten an einem Widder- oder Schützetag noch einmal auf und fügt außer etwas mehr Zucker noch Zitronensäure oder einen fein geriebenen grünen Apfel dazu. Er enthält Pektin, und das läßt gelieren.

Auch mit Gelatine oder Tortenguß kann man es versuchen, allerdings ist die Marmelade dann nicht so lange haltbar.

Kirschwasser, Himbeergeist oder andere Obstbrände, der Marmelade hinzugefügt, verfeinern nicht nur den Geschmack, sondern sie verhindern auch das Schimmeln der Marmelade. Allerdings verzögern sie den Gelierprozeß. Man benötigt dann wieder mehr Gelierzucker oder Zitronensäure.

Kocht man Preiselbeeren bei roten Früchten mit, verhindern sie das Schimmeln. Das ist besonders dann wichtig, wenn Sie Früchte aus irgendeinem Grund außerhalb der empfohlenen Zeiten einkochen müssen. Ideal wäre es, Sie könnten das mit Preiselbeeren „imprägnierte" Obst an einem Skorpiontag einkochen.

Noch ein Tip, der auch ganz ohne den Mond sehr lecker ist: Pflaumenmarmelade schmeckt ganz besonders gut, wenn man kurz vor Ende der Kochzeit feingehacktes Zitronat oder Orangeat hinzufügt. Eine mitgekochte Zimtstange macht eine köstliche Weihnachtsspezialität daraus.

Die Vorratshaltung

Noch vor der eigentlichen Ernte beginnt die Vorbereitung der Kellerregale oder Kisten, in denen Sie das Obst lagern wollen.

Reinigen Sie sie bei abnehmendem Mond in einem Luft- oder einem Feuerzeichen. Die Energie des Luftzeichens sorgt dafür, daß sie trocken bleiben. Wenn die Reinigung in einem Feuerzeichen erfolgt, sind sie vor Schimmelbildung geschützt.

Legen Sie die Regale nach dem Reinigen mit Farnkraut aus. Es schützt das Obst vor Fäulnis.

Äpfel und Birnen vertragen es auch sehr gut, auf ihrem eigenen Laub zu liegen. Probieren Sie einfach aus, was für Ihren Keller und seine Bedingungen die bessere Lösung ist.

Ernten von Lagerobst

Bei vielen Obstsorten ist zwischen Baumreife und Genußreife zu unterscheiden. Baumreif sind Äpfel und Birnen dann, wenn der Stiel sich beim Anheben leicht vom Holz löst, die Genußreife ist etwa eine Woche früher, und zu diesem Zeitpunkt sollten sie auch geerntet werden.

Feuer:
Widder ♈
Löwe ♌
Schütze ♐

Erde:
Stier ♉
Jungfrau ♍
Steinbock ♑

Luft:
Zwillinge ♊
Waage ♎
Wassermann ♒

Wasser:
Krebs ♋
Skorpion ♏
Fische ♓

Pflücken von Lagerobst:

Ernten Sie Obst grundsätzlich mit dem Stiel. Das gilt für Äpfel und Birnen ebenso wie für Kirschen und Erdbeeren. Durch die offene Stelle, die der abgerissene Stiel hinterläßt, können leicht Keime in die Frucht eindringen, und dann ist von Haltbarkeit bald keine Rede mehr.

Feuer:
♈ Widder
♌ Löwe
♐ Schütze

Erde:
♉ Stier
♍ Jungfrau
♑ Steinbock

Luft:
♊ Zwillinge
♎ Waage
♒ Wassermann

Wasser:
♋ Krebs
♏ Skorpion
♓ Fische

Bei Pfirsichen und Aprikosen verhält es sich anders: Sie sind früher baumreif, ihre Genußreife entwickelt sich meist erst später.

Über den richtigen Zeitpunkt für die Obsternte gehen die Meinungen ebenso auseinander wie beim Gießen. Einig sind sich die Gärtner nur in einem: Die Mittagszeit ist es nicht.

Obst, das abends geerntet wird, ist nahrhafter und stärkereicher als jenes, das am Morgen eingebracht wird.

Vor zehn Uhr morgens geerntetes Obst ist aber am aromatischsten. Setzen Sie also Ihre Präferenzen.

Der Mond kann auch beim Pflücken helfen, für das Lagerobst günstige Startbedingungen zu schaffen. Wenn Sie Obst kurz vor Vollmond pflücken, ist es ideal zum sofortigen Verbrauch. Es ist vollsaftig, und sein Aroma ist bestens entwickelt.

Wenn Sie es gleich nach Vollmond pflücken, hat es zwar bereits begonnen, etwas Kraft an den Baum

Äpfel im Vorratskeller:

Besonders Äpfel üben mächtigen Einfluß auf ihre Kellernachbarn aus. Sie sondern nämlich ein Reifegas aus, das diese ansteckt. Daher sollte man frühe und späte Apfelsorten niemals nebeneinander lagern – sonst ist von „früh" oder „spät" bald nichts mehr zu spüren. Auch die Haltbarkeit des benachbart gelagerten Gemüses wird auf diese Weise durch Äpfel ganz erheblich verkürzt.

Die einzelnen Früchte dürfen sich nicht berühren. Kontrollieren Sie regelmäßig Ihre Vorräte auf faulende Früchte, und entfernen Sie diese, ehe sie ihre Nachbarn anstecken können.

zurückzugeben. Im Juli, August, September und Oktober ist es aber dennoch vollaromatisch, saftig, lagerfähig und ideal zum Einkochen, Trocknen oder Einlegen. Woran liegt das?

Wenn Sie in den Mondkalender schauen, werden Sie bemerken, daß in den Erntemonaten Juli, August, September und Oktober die Tage vor und nach dem Vollmond stets Tage im aufsteigenden Mond sind. Was bedeutet das für unser Obst?

Bis Vollmond sind wirklich sämtliche Kräfte über der Erde, da aufsteigender und zunehmender Mond zusammenfallen. Nach Vollmond sorgt die aufsteigende Kraft dafür, daß noch starke oberirdische Impulse vorherrschen, und mildert die Wirkung des abnehmenden Mondes etwas ab.

Gute Nachbarschaft im Vorratsraum

Für Obst und Gemüse gilt auch auf dem Vorratsregal dasselbe wie im Beet: Manche Früchte vertragen sich nicht miteinander.

Äpfel

Ernten und lagern Sie Ihre Äpfel an einem Feuertag, und zwar nach Möglichkeit im aufsteigenden Mond kurz nach Vollmond.

Legen Sie Äpfel im Keller auf Holzregale mit Rand, mit den Stielen nach oben, wenn Sie sie lange lagern wollen. Die Früchte dürfen dabei einander nicht berühren. Die Regale sollten Sie zuvor an einem Lufttag im abnehmenden Mond gereinigt haben.

Feuer:
Widder ♈
Löwe ♌
Schütze ♐

Erde:
Stier ♉
Jungfrau ♍
Steinbock ♑

Luft:
Zwillinge ♊
Waage ♎
Wassermann ♒

Wasser:
Krebs ♋
Skorpion ♏
Fische ♓

Feuer:
♈ Widder
♌ Löwe
♐ Schütze

Erde:
♉ Stier
♍ Jungfrau
♑ Steinbock

Luft:
♊ Zwillinge
♎ Waage
♒ Wassermann

Wasser:
♋ Krebs
♏ Skorpion
♓ Fische

Fast alle Äpfel eignen sich hervorragend zur Frischlagerung, außer die nicht lagerbaren Herbstsorten. Jedoch hat jeder Apfel charakteristische Lagerzeiten, die ohne Verlust von Geschmack nicht überschritten werden dürfen. Erkundigen Sie sich beim Gärtner, von dem Sie den Apfelbaum oder die Äpfel bekommen.

Brot

Auch hier gilt: Wer sich an den Mond-Prinzipien orientiert, dessen Brot hält länger. Zum Backen wählen Sie am besten einen Erdetag, da es sich dann besser lagern läßt.

Für eine längere Lagerung eignen sich Sorten mit hohem Roggenanteil. Sorten mit einem höheren Anteil an Weizen kauft man besser öfter und in kleinen Portionen frisch beim Bäcker ein.

Brot und Brötchen lassen sich mühelos einfrieren und sind nach dem Auftauen bei Zimmertemperatur wieder wie frisch.

Brot bewahrt man am besten in ein Leinentuch gewickelt in einer eigens dafür freigemachten Brotlade im Küchenschrank auf.

Butter

Größere Mengen Butter kaufen Sie am besten an einem Zwillinge-, Waage- oder Wassermanntag.

Bewahren Sie sie in gekochtem Salzwasser liegend auf, so daß sie vom Wasser bedeckt ist. Dabei bleibt sie lange Zeit frisch. Doch: Wozu brauchen Sie eigentlich größere Mengen Butter?

Eier

Eier sind für gewöhnlich drei bis vier Wochen im Kühlschrank haltbar, bei Zimmertemperatur nur eine Woche. Man sollte sie auf jeden Fall mit dem dicken Ende nach oben lagern. Kaufen Sie sie an Tagen, an denen das Element Luft regiert, und Sie haben länger Freude an ihnen.

Früher gab es keine Kühlschränke, und so suchte man nach anderen Mitteln und Wegen, Eier länger haltbar zu machen. Die folgenden Angaben sollten aber mit Vorsicht genossen werden. Nehmen Sie diese Tips auch als Kuriosum.

Für den Hausgebrauch hält man Eier am besten frisch, wenn man sie sorgfältig mit Kollodium bestreicht, das zu einem Häutchen trocknet und die Poren verschließt. Dadurch kann keine Luft mit Keimen in das Ei gelangen.

Eier halten sich eingelegt in Wasserglas monatelang frisch.

An heißen Tagen legen Sie die Eier in Salz.

Eine andere Möglichkeit besteht darin, Eier in einem Netz vier bis fünf Sekunden über kochendes Wasser zu hängen. Dadurch wird das Häutchen unter der Schale fest und dichtet besser ab.

Rühren Sie in eine Schale Wasser eine Messerspitze mangansaures Kali (Kaliumpermanganat), bis es tiefrot wird. Die gereinigten frischen Eier legen Sie dann für etwa eine Stunde in diese Lösung, danach abtrocknen und in reines Papier hüllen. So sollen die Eier über ein halbes Jahr frisch bleiben. Hierfür allerdings kommt es auch darauf an, wann sie gelegt wurden: Nur Eier aus dem Frauendreißi-

Feuer:
Widder ♈
Löwe ♌
Schütze ♐

Erde:
Stier ♉
Jungfrau ♍
Steinbock ♑

Luft:
Zwillinge ♊
Waage ♎
Wassermann ♒

Wasser:
Krebs ♋
Skorpion ♏
Fische ♓

Feuer:
♈ Widder
♌ Löwe
♐ Schütze

Erde:
♉ Stier
♍ Jungfrau
♑ Steinbock

Luft:
♊ Zwillinge
♎ Waage
♒ Wassermann

Wasser:
♋ Krebs
♏ Skorpion
♓ Fische

ger, also aus der Zeit zwischen Mariä Himmelfahrt und Mariä Geburt, halten bis Weihnachten.

Fleisch

Fleischvorräte legen Sie sich am günstigsten an Widder-, Löwe- und Steinbocktagen zu, selbst wenn Sie es sofort einfrieren.

Wollen Sie es hingegen weder sofort verarbeiten noch einfrieren, sollten Sie geschnittenes Fleisch in eine Ölmarinade einlegen. Das Öl verschließt die Poren, und das Fleisch bleibt dadurch saftig und zart.

Man kann vorgekühltes Fleisch auch in lauwarmes, flüssiges Butterschmalz tauchen und danach wieder kühlstellen. Das so erhärtete Butterschmalz bildet eine luftdichte Schicht um das Fleisch und verhindert so ein frühzeitiges Verderben. Dieses Verfahren eignet sich vor allem für Lufttage.

Fleisch bleibt übrigens auch länger frisch, wenn man es über einer Schale mit Essig lagert, ohne daß es jedoch mit dem Essig in Berührung kommt. Reibt man es mit Essig ein, wird es zarter.

Gemüse

Der richtige Zeitpunkt für Kauf, Lagerung und Weiterverarbeitung von Gemüse ist davon abhängig, ob es sich um Blatt- oder Knollengemüse handelt.

Als Faustregel gilt: Blattgemüse wie Spinat oder Salat an Wassertagen kaufen, Knollen und Wurzeln wie Kartoffeln und Möhren an Erdtagen, Blüten wie

Artischocken, Blumenkohl und Brokkoli an Lufttagen und Obst, aber auch Tomaten und Bohnen an Feuertagen. Günstig hierfür ist der zunehmende Mond möglichst dicht am Vollmond, denn Sie wollen ja, daß das Gemüse seinen vollen Saft hat und behält. Bei abnehmendem Mond eingelagertes Gemüse würde rasch trocknen.

Wenn man junges Gemüse in einer Terrakottaschüssel mit einem feuchtem Tuch abdeckt, dann bleibt es länger frisch.

Für längere Zeit lagert man Gemüse folgendermaßen:

Wurzelgemüse halten sich am besten in Sand oder Erde.

Weißkohl (Kraut) und andere Kohlarten sollte man mit der Wurzel im Garten in Gruben einschlagen oder im Keller auf Lattengestellen locker auflegen oder an Schnüren aufhängen.

Zwiebeln und Knoblauchzehen werden am eigenen Kraut zu Zöpfen geflochten oder in Leinenbeuteln an einem trockenen, luftigen Ort aufgehängt.

Achtung: Gemüse verträgt keinen Frost.

Gewürze

Damit Gewürze lange ihr intensives Aroma behalten, kauft man sie am besten an Feuertagen im zunehmenden Mond. An Lufttagen verfliegt das Aroma zu schnell, an Wassertagen entwickelt es sich erst gar nicht. Erdtage sind neutral.

Grundsätzlich sollten Sie Gewürze im Ganzen erstehen und sie selbst bei Bedarf unmittelbar vor der

Feuer:
Widder ♈
Löwe ♌
Schütze ♐

Erde:
Stier ♉
Jungfrau ♍
Steinbock ♑

Luft:
Zwillinge ♊
Waage ♎
Wassermann ♒

Wasser:
Krebs ♋
Skorpion ♏
Fische ♓

Feuer:
♈ Widder
♌ Löwe
♐ Schütze

Erde:
♉ Stier
♍ Jungfrau
♑ Steinbock

Luft:
♊ Zwillinge
♎ Waage
♒ Wassermann

Wasser:
♋ Krebs
♏ Skorpion
♓ Fische

Verwendung mahlen. Ätherische Öle verflüchtigen sich um so rascher, je feiner die Gewürze gemahlen sind.

Kardamom und Koriander verflüchtigen sich am schnellsten, deswegen kaufen Sie am besten nur kleine Mengen. Falls Sie angebrochene Säckchen haben, falten Sie diese bis zum Pulver herunter und verschließen sie mit einer Wäscheklammer. Gläser schließen Sie möglichst luftdicht ab.

Bei feuchter Luft können gemahlene Gewürze verklumpen und schimmeln. Daher sollten Gewürze immer trocken und unter Luftabschluß aufbewahrt werden.

Gurken

Gurken faulen bestimmt nicht, wenn man sie auf Glasscheiben legt. Das Schimmeln von Essiggurken kann man verhindern, wenn man 20 Gramm schwarzen Pfeffer in ein Leinensäckchen gibt und zu den Gurken ins Glas hängt. Gewürzgurken nicht mit der Hand aus dem Gefäß nehmen, da sie sonst schneller verderben.

Kaffee

Kaufen Sie Kaffee bevorzugt an Skorpiontagen, und reduzieren Sie Ihren Konsum an Löwetagen – zumindest wenn Sie Herzprobleme haben.

Verschließen Sie die Packungen immer sehr sorgfältig, und stecken Sie sie in eine gut schließende Dose. Stellen Sie diese dann in den Kühlschrank. Dort bleibt der Kaffee dreimal so lange frisch.

Kartoffeln

Kartoffeln kellern Sie am besten an einem Stiertag im zunehmenden Mond ein, kleinere Mengen können Sie an allen Erdtagen einkaufen.

Unsere Großmütter verwahrten ihre Kartoffeln in einer Kartoffelhorde. Dabei handelt es sich um ein Lattengestell mit einer Öffnung am unteren Teil, wodurch die Kartoffeln sofort nachrutschten, wenn ein Teil entnommen wurde. Auf diese Weise wurden immer die gefährdetsten unteren Schichten verbraucht, und man sparte sich die Kontrolle jener Kartoffeln, die schon am längsten eingelagert waren. Heute sind Horden aus der Mode gekommen.

Lagern Sie daher die Kartoffeln in Kisten mit vielen Luftlöchern, die Sie auf Ziegelsteine stellen. Vergessen Sie nicht, die Kartoffeln zu kontrollieren und angefaulte wegzugeben, da sonst die unverdorbenen angesteckt werden könnten.

Auf gar keinen Fall sollten Kartoffeln in der Nähe von anderem Gemüse, von Farben oder sonstigen stark riechenden Gegenständen gelagert werden, da sie sehr schnell andere Gerüche annehmen.

Kellerasseln, die gerne an Kartoffeln gehen, lockt man mit einem frischen, ausgehöhlten Kohlrabi. Die Asseln verkriechen sich darin und können so leicht entfernt werden.

Käse

Der Käsekauf sollte an Jungfrautagen auf dem Programm stehen. Für die Einlagerung von größeren Mengen, die Sie aufbewahren wollen, sind

Feuer:
Widder ♈
Löwe ♌
Schütze ♐

Erde:
Stier ♉
Jungfrau ♍
Steinbock ♑

Luft:
Zwillinge ♊
Waage ♎
Wassermann ♒

Wasser:
Krebs ♋
Skorpion ♏
Fische ♓

Feuer:
♈ Widder
♌ Löwe
♐ Schütze

Erde:
♉ Stier
♍ Jungfrau
♑ Steinbock

Luft:
♊ Zwillinge
♎ Waage
♒ Wassermann

Wasser:
♋ Krebs
♏ Skorpion
♓ Fische

Jungfrautage im zunehmenden Mond ideal. Das sind die Sommermonate April bis August – und dieser Mondtip stammt nicht von geschäftstüchtigen Tourismusmanagern, die Sie animieren wollen, vom Besuch auf der Alm räderweise Käse mitzunehmen.

Käse zum Reiben lagern Sie am besten in einem Gefäß mit Salz. So bleibt er trocken und läßt sich stets gut verarbeiten.

Um Schnittkäse frisch zu halten, sollte man ein Stück Würfelzucker unter der Käseglocke dazulegen. Der Würfelzucker nimmt die Feuchtigkeit auf und verhindert, daß der Käse schwitzt. Zerfällt das Zuckerstück, kann es leicht ersetzt werden.

Kirschen

Die Kirschsaison ist kurz, auch wenn man den richtigen Zeitpunkt für Ernte und Lagerung beachtet. Sie pflücken das Frühsommerobst am besten an Feuertagen im zunehmenden oder steigenden Mond. Auch an Waagetagen munden Kirschen vorzüglich, sind dann aber nicht besonders gut haltbar.

Verlängern können Sie den Fruchtgenuß, indem Sie die Früchte mitsamt dem Stiel mit Handschuhen pflücken und dann in einen Steintopf geben, den Sie mit einer Schweineblase zubinden. So bleiben die Kirschen bis Weihnachten genießbar.

Knoblauch

Tage, die der Analogie des Skorpions folgen, sind ideal, um Knoblauch zu ernten, zu kaufen oder zu verzehren. Wenn Ihnen ausgerechnet an einem

Jungfrautag größere Mengen Knoblauch zulaufen, ist das aber auch kein größeres Malheur. Auch an Erdtagen läßt er sich gut einlagern. Wichtig ist, daß es ein Termin kurz vor oder nach Vollmond sein sollte.

Flechten Sie einen Zopf mit Zwiebeln und Knoblauch, und hängen Sie diesen an einen kühlen und luftigen Platz.

Knoblauchzehen legt man an einem Lufttag geschält in Öl ein, damit sie nicht austrocknen. Wenn der Knoblauch aufgebraucht ist, hat man ein aromatisches Öl für den Salat oder zum Anbraten von Fleisch.

Kräuter

Zum Trocknen von Kräutern sind Lufttage im abnehmenden Mond ideal, möglichst dicht nach Vollmond.

Wenn Sie das aus irgendeinem Grund nicht schaffen (Urlaub, strömender Regen, Besuch), dann gibt es für jedes Kraut einen individuellen Ersatztermin. An einem Tag geschnitten, an dem der Mond in jenem Tierkreiszeichen steht, dem das entsprechende Kraut zugeordnet ist, behält es seine volle Kraft. Was heißt das?

Petersilie, Majoran, Dill und Bohnenkraut, aber auch Anis und Bibernelle gehören in die Analogiekette der Zwillinge. Sie besitzen an einem Zwillingetag ihre größte Kraft. Hier können Sie nicht viel machen: Zwillingetage sind Lufttage. Ähnlich ist die Situation bei Liebstöckel und Lavendel. Auch diese lassen Ihnen nicht viel Auswahl: Sie wollen an

Feuer:
Widder ♈
Löwe ♌
Schütze ♐

Erde:
Stier ♉
Jungfrau ♍
Steinbock ♑

Luft:
Zwillinge ♊
Waage ♎
Wassermann ♒

Wasser:
Krebs ♋
Skorpion ♏
Fische ♓

Feuer:
♈ Widder
♌ Löwe
♐ Schütze

Erde:
♉ Stier
♍ Jungfrau
♑ Steinbock

Luft:
♊ Zwillinge
♎ Waage
♒ Wassermann

Wasser:
♋ Krebs
♏ Skorpion
♓ Fische

einem Waagetag geschnitten werden, und auch der ist ohnehin ein Lufttag.

Anders dagegen ist es bei den folgenden Kräutern:

Beifuß, Majoran, Eibisch und Frauenmantel sollten Sie dagegen, wenn kein Lufttag bald nach Vollmond verfügbar ist, wenigstens an einem Krebstag ernten, ebenfalls im abnehmenden Mond bald nach Vollmond.

Für Rosmarin, Basilikum, Borretsch und Ringelblumen sind Löwetage im abnehmenden Mond bald nach Vollmond gute Ausweichtermine.

Fenchel, Kümmel und Rainfarn schneiden Sie an einem Jungfrautag, wenn sich der Idealtermin nicht ausgeht. Bei den exotischen Kräutern und Gewürzen haben Sie es allerdings nicht in der Hand, wann sie geerntet werden.

Kuchen

Backen Sie Ihre Mehlspeisen an Waage-, Schütze- oder Wassermanntagen. Die aufsteigende Kraft im Schützen und im Wassermann und die luftige Energie des Wassermanns und der Waage sollten bedeuten, daß Ihr Kuchen locker und luftig wird.

Kuchen, Lebkuchen und Gebäck bleiben länger frisch, wenn man sie in einer Blechdose lagert und einen Apfel dazulegt, der Feuchtigkeit spendet.

Kürbis

Die Kürbisernte sollte an einem Feuertag erfolgen. Erwischen Sie einen Widdertag im zunehmenden oder aufsteigenden Mond und lassen Sie darüber hinaus ein Stück des Stiels am Kürbis, sind die Chancen sehr groß, daß er lange hält.

Möhren

Frische Möhren sollten Sie an einem Wurzeltag, also im Zeichen von Stier, Jungfrau oder Steinbock, ernten, möglichst kurz vor Vollmond. Lagern Sie sie in einem Faß. Nicht zu knapp auflegen und jede Schicht gut mit Torf, Erde oder Sand abdecken.

Nüsse

Nüsse sind Früchte und sollten als solche an Widder-, Löwe- und Schützetagen gesammelt werden.

Räumen Sie sie allerdings erst nach einiger Zeit in die Vorratskammer oder den Keller; und zwar bevorzugt, wenn der Mond in den Zwillingen, der Waage oder dem Wassermann steht. Auf trockenem Sand halten sie besonders gut.

Obst

Über Obst haben wir uns zu Beginn dieses Kapitels ausführlicher geäußert. Um Ihnen jetzt jedoch das Blättern zu ersparen, hier noch einmal das Wichtigste in Kürze:

Obst sollte an Tagen gekauft, geerntet und verarbeitet werden, an denen das Element Feuer regiert. Vermeiden Sie vor allem Jungfrau- und Krebstage, um es einzuwecken oder zu Marmelade zu verarbei-

Feuer:
Widder ♈
Löwe ♌
Schütze ♐

Erde:
Stier ♉
Jungfrau ♍
Steinbock ♑

Luft:
Zwillinge ♊
Waage ♎
Wassermann ♒

Wasser:
Krebs ♋
Skorpion ♏
Fische ♓

Feuer:
♈ Widder
♌ Löwe
♐ Schütze

Erde:
♉ Stier
♍ Jungfrau
♑ Steinbock

Luft:
♊ Zwillinge
♎ Waage
♒ Wassermann

Wasser:
♋ Krebs
♏ Skorpion
♓ Fische

ten. Das Ergebnis würde Sie doch nur mit fadem oder wäßrigem Geschmack enttäuschen.

Bewahren Sie Obst übrigens niemals in einem Raum mit Kartoffeln oder Gemüse auf.

Farnkraut ist ein in Vergessenheit geratenes, aber altbewährtes Mittel gegen Fäulnis. Wenn damit die Kellerregale ausgelegt werden, hält sich das Obst viel länger. Die Farnkrautunterlage muß aber jedes Jahr erneuert werden.

Öl

Speiseöl muß nicht gekühlt aufbewahrt werden. Nur kaltgepreßte Öle verderben leichter und sollten deshalb im Kühlschrank gelagert werden.

Ein Geheimtip: Geben Sie von Zeit zu Zeit etwas Salz ins Öl. Dann wird es unter Garantie nicht ranzig.

Weintrauben

Trauben sind Obst, und als solches sollten sie an Feuertagen gekauft oder geernet werden. Man kann die Trauben längere Zeit aufbewahren, wenn man sie in einem kühlen, trockenen Raum frei aufhängt. Vorher muß man die faulen Beeren abzupfen und die Schnittfläche des Stiels mit Lack, zum Beispiel Nagellack, luftdicht abschließen.

Wurst

Die Wurst steht in der Analogie ganz besonders dem Prinzip des Steinbocks nahe – oder in ihren scharfen

Varianten dem Skorpion und Widder. Kaufen Sie an diesen Tagen Wurst. Aufschnitte sollten vor allem den Widdertagen vorbehalten sein.

Angeschnittene Wurst bleibt übrigens länger frisch, wenn man die angeschnittenen Flächen mit Schweinefett bestreicht.

Harte Würste, die man an einem trockenen Ort frei hängend aufbewahrt, sollte man an Zwillinge-, Waage- oder Wassermanntagen mit Speiseöl bestreichen. So behalten sie ihren delikaten Geschmack und trocknen nicht so schnell aus.

Zitronen

Zitronen sollten Sie an einem Löwetag kaufen und einlagern. Ganze Zitronen bleiben frisch, wenn man sie in Papier wickelt oder in trockenen Sand legt, ohne daß sie einander berühren.

Geriebene Zitronenschale läßt sich aufbewahren, wenn man sie mit Zucker mischt und in einem Glas gut verschließt.

Stellen Sie angeschnittene Zitronen auf einen Unterteller, und stülpen Sie ein Glas darüber, dann halten sie sich länger frisch.

Zwiebeln

Zwiebeln sollten als Knollen an Wurzeltagen gekauft oder geerntet und an Lufttagen eingelagert werden. Wenn Sie sie nicht zu Zöpfen geflochten aufhängen können, legen Sie ein Kistchen mit trockenen Kastanien- oder Nußblättern aus, und bewahren Sie sie darin auf.

Feuer:
Widder ♈
Löwe ♌
Schütze ♐

Erde:
Stier ♉
Jungfrau ♍
Steinbock ♑

Luft:
Zwillinge ♊
Waage ♎
Wassermann ♒

Wasser:
Krebs ♋
Skorpion ♏
Fische ♓

Feuer:
♈ Widder
♌ Löwe
♐ Schütze

Erde:
♉ Stier
♍ Jungfrau
♑ Steinbock

Luft:
♊ Zwillinge
♎ Waage
♒ Wassermann

Wasser:
♋ Krebs
♏ Skorpion
♓ Fische

Großwaschtag

Daß man zum Wäschewaschen nach Möglichkeit einen Zeitpunkt im abnehmenden Mond wählen sollte, ist inzwischen wieder vielen Menschen bekannt. Die Wäsche wird mit der halben Menge an Waschpulver sauber, was Ihnen nicht nur der eigene Geldbeutel dankt, sondern auch die Umwelt.

Wollen Sie die Mond-Prinzipien zusätzlich für sich arbeiten lassen, dann waschen Sie gezielt an Wassertagen, besonders wenn der Mond in den Fischen steht. Vor allem bei Handwäsche lohnt der Versuch.

Bleichmittel

Ein unschädliches Bleichmittel sind Eierschalen, die in einem Mullsäckchen mitgewaschen werden.

Es gibt noch eine andere Methode, Stoffe chemiefrei zu bleichen. Sie sollte allerdings nur bei ro-

Tips für die große Wäsche:

Wenn Sie sehr empfindliche oder stark fusselnde Teile in der Waschmaschine waschen wollen, stecken Sie sie zum Waschen in einen Kopfkissenbezug.

Als Ersatz für Weichspüler in der Handwäsche eignet sich ein Eßlöffel einer Haarspülung.

Um festzustellen, ob ein Stoff abfärbt, feuchten Sie vor dem Waschen ein Stückchen des Stoffes an, und reiben Sie damit auf einem Stück Papier. Waschechte Stoffe werden keinerlei Farbspuren auf dem Papier hinterlassen.

busten Stoffen wie Leinen eingesetzt werden. Man hängt die Wäsche an kalten Wintertagen hinaus, bis sie steifgefroren ist. Danach nimmt man sie ab und taut sie im Haus langsam auf, bis sie trocken ist.

Buntwäsche

Bunte Handwäsche darf man nur kurz und niemals heiß einweichen. Danach wird sie kurz so heiß wie möglich in einer Waschlauge durchgewaschen, um dann richtig ausgespült zu werden – warm, lauwarm, kalt – so lange, bis keine Farbe mehr im Spülwasser ist.

Essig

Eine wirksame Methode, die Waschmaschine von innen von Seifenrückständen zu reinigen und zugleich vor Verkalken zu schützen, ist die folgende: Füllen Sie die Maschine bei abnehmendem Mond mit warmem Wasser, und gießen Sie etwa vier Liter Essig hinein. Lassen Sie ein volles Waschprogramm

Feuer:
Widder ♈
Löwe ♌
Schütze ♐

Erde:
Stier ♉
Jungfrau ♍
Steinbock ♑

Luft:
Zwillinge ♊
Waage ♎
Wassermann ♒

Wasser:
Krebs ♋
Skorpion ♏
Fische ♓

Rund um den Essig:

Wenn Sie eine Tasse Essig in den letzten Spülgang geben, erhalten Sie duftende Wäsche, und die Farben werden gleich mit aufgefrischt.

Bei Handwäsche kürzt Essig das Verfahren erheblich ab. Sie brauchen nur zweimal zu spülen, da er die Seife neutralisiert.

Neue bunte Kleidung „blutet“ beim ersten Waschen nicht aus, wenn man dem Wasser einen Schuß Essig hinzufügt.

Feuer:
♈ Widder
♌ Löwe
♐ Schütze

Erde:
♉ Stier
♍ Jungfrau
♑ Steinbock

Luft:
♊ Zwillinge
♎ Waage
♒ Wassermann

Wasser:
♋ Krebs
♏ Skorpion
♓ Fische

durchlaufen. Der Essig entfernt alle Kalkansätze und löst die Seifenreste auf. Bei den Spülgängen wird der Essig wieder hinausgeschwemmt.

Handschuhe

Wollhandschuhe reinigt man am besten auf die Hand gezogen in lauwarmem Wasser mit etwas Gallseife. Mit lauwarmem klarem Wasser spülen. Werden sie zu heiß gewaschen, können sie verfilzen.

Wenn Sie das Prinzip der Monduhr für sich arbeiten lassen wollen, waschen Sie sie bei abnehmendem Mond im Stier.

Die Spitzen der Handschuhe halten länger, wenn man ein kleines Klümpchen Watte hineinsteckt.

Sollten die Fingerspitzen doch einmal zu stopfen sein, geht es leichter, wenn man einen Fingerhut unterlegt.

Handtücher

Hart gewordene Handtücher werden wieder flauschig, wenn man sie in heißes Essigwasser legt. Probieren Sie dies einmal an einem Steinbocktag bei abnehmendem Mond aus. Sie werden überrascht sein.

Jeans

Jeanswaschtag ist an Widder- oder Krebstagen, natürlich im abnehmenden Mond.

Jeans sollte man immer auf der linken Seite waschen. Das heißt, man schließt den Reißverschluß und dreht das Kleidungsstück dann um.

Will man, daß die Jeans ihre Farbe behalten, legt man sie vor dem ersten Waschen bei zunehmendem Mond in einem Erdzeichen in eine Salzwasserlösung aus einem Eßlöffel Salz je Liter Wasser. Anschließend wäscht man die Jeans zunächst einmal im Kaltwaschgang.

Ausgebleichte Jeans kann man ein wenig auffrischen, indem man sie mit neuen Jeans gemeinsam wäscht. Will man dunkle Jeans dagegen schnell heller haben, gibt man Backpulver ins Waschmittel.

Kragen

Einen schmutzigen Anzugkragen bürstet man bei abnehmendem Mond an einem Lufttag mit verdünntem Salmiakgeist ab und spült mit klarem Wasser nach.

Gelbe Ränder an Hemden und Blusen entfernt man, indem man die Stellen befeuchtet und mit Kreide einreibt. Stark verschmutzte Hemdkrägen reibt man an einem Lufttag bei abnehmendem Mond mit Haarshampoo ein, weil es das Körperfett löst. Ungefähr eine Stunde lang einwirken lassen und dann wie gewohnt waschen. Wenn Sie es über Nacht einwirken lassen, können Sie am nächsten Tag mit der Unterstützung des Wassertages rechnen.

Bei normaler Verschmutzung nimmt man Kernseife. Zehn Minuten einwirken lassen und dann mit einer Nagelbürste abschrubben. Anschließend wie immer waschen.

Vergilbungen lassen sich mit Haarspray entfernen: einsprühen, eintrocknen lassen und ausbür-

Feuer:
♈ Widder
♌ Löwe
♐ Schütze

Erde:
♉ Stier
♍ Jungfrau
♑ Steinbock

Luft:
♊ Zwillinge
♎ Waage
♒ Wassermann

Wasser:
♋ Krebs
♏ Skorpion
♓ Fische

sten. Probieren Sie dieses Verfahren an einem Lufttag aus, und waschen Sie das Wäschestück am folgenden Wassertag.

Samt

Zur Pflege von Samt sind Löwetage bestens geeignet – natürlich im abnehmenden Mond. Das ist zwar nur in fünf Monaten im Jahr der Fall, doch da es sich dabei um die Monate September bis Januar handelt, ist das nicht weiter schlimm, da Samt ohnehin Bestandteil eher festlicher, winterlicher Kleidung ist. Da die Oberfläche wirklich recht empfindlich ist, empfiehlt es sich, mit Samt behutsam umzugehen und ihn wirklich nur zu waschen, wenn es nötig ist.

Ehe es soweit ist, reinigen Sie Samt mit einem weichen Schwamm und Alkohol. Zum Ausbürsten verwenden Sie Petroleum, damit er wieder strahlend schimmert. Der Geruch verfliegt nach einer Weile.

Kleidungsstücke aus Cord und Samt sollten Sie vor dem Waschen auf die linke Seite drehen, damit das Material geschont wird.

Bei Druckstellen im Samt halten Sie den Samt bei zunehmendem Mond über heißen Wasserdampf. So stellen sich die Haare wieder auf – eventuell mit einer Samtbürste aufbürsten.

Staub entfernt man leichter von Samt, wenn man die Bürste vorher in trockenes Salz taucht.

Nasse Samtkleidungsstücke sollten Sie auf einen Kleiderbügel hängen und trocknen lassen (nicht am Ofen). Bevor sie ganz trocken sind, bürsten Sie den Samt mit einer weichen Bürste gegen den Strich.

Satin

An einem Waagetag bei abnehmendem Mond ist der geeignete Zeitpunkt, um speziell Satingewebe zu reinigen. Satin wird mit Borax im Wasser besser sauber.

Seide

Seide ist ein unglaublich feines Gewebe, von dem ein einzelner Faden kaum sichtbar ist. Kein Wunder, daß Fischetage, selbstverständlich im abnehmenden Mond, ideal sind, um Seide zu reinigen und zu pflegen. Hier ein paar grundsätzliche Tips:

Seide wird am schonendsten mit Haarshampoo gewaschen. Ins letzte Spülwasser einen Schuß Essig geben.

Seidene Unterwäsche wäscht man am besten mit einem lauwarmen Tee aus Efeublättern – an einem Fische- oder Steinbocktag. Nachspülen mit Salzwasser, dem ein Schuß Essig beigefügt wird.

Den Glanz von schwarzer Seide erhalten Sie, wenn Sie sie in russischem Tee waschen.

Außerdem behält Seide ihren Glanz, wenn sie nach dem Waschen in schwachem Zuckerwasser oder einer dünnen Gelatinelösung gespült wird.

Seidene Krawatten waschen Sie am besten mit einer Mischung aus Schmierseife und Spiritus, hierfür können Sie auch einen Tag wählen, an dem der Mond in einem Luftzeichen abnimmt.

Übrigens sollten Sie Ihre Seide weder einsprengen noch eindampfen, damit keine Wasserflecken entstehen. Am besten bügelt man Seide mit einem

Feuer:
Widder ♈
Löwe ♌
Schütze ♐

Erde:
Stier ♉
Jungfrau ♍
Steinbock ♑

Luft:
Zwillinge ♊
Waage ♎
Wassermann ♒

Wasser:
Krebs ♋
Skorpion ♏
Fische ♓

Feuer:
♈ Widder
♌ Löwe
♐ Schütze

Erde:
♉ Stier
♍ Jungfrau
♑ Steinbock

Luft:
♊ Zwillinge
♎ Waage
♒ Wassermann

Wasser:
♋ Krebs
♏ Skorpion
♓ Fische

mäßig heißen Eisen unter einem dünnen, trockenen Tuch.

Seidenstoffe sollten auch nicht zusammengefaltet aufbewahrt werden. Am besten auf eine Papierrolle aufrollen, damit die Seide nicht brüchig wird. Blusen auf breite Haken in den Schrank hängen. Ist es doch passiert, lassen sich Stoffbrüche mit Spiritus entfernen.

Sportsocken

Weiße Tennissocken, die die Spuren eines roten Sandplatzes tragen, werden wieder weiß, wenn man sie über Nacht in einer Borax-Lösung einweicht.

Oft werden weiße Socken auch nur vom Tragen so schmutzig, daß sie beim normalen Waschen nicht mehr richtig weiß werden. Dann versuchen Sie einmal, die Socken an einem Krebs- oder Löwetag bei abnehmendem Mond in Zitronenwasser zu waschen.

Vorhänge

Vorhänge, besonders weiße Untergardinen (Stores) aus leichtem, luftigem Material, vertragen eine Behandlung an Lufttagen besonders gut. Wenn sie über Nacht eingeweicht werden, bietet es sich an, sie an einem Lufttag einzuweichen und am folgenden Wassertag auszuwaschen, natürlich beides bei abnehmendem Mond. – Das gilt übrigens auch für Nylongardinen oder Chintzvorhänge.

Vorhänge bleiben lange schön, wenn man dem letzten Spülwasser Zucker beigibt.

Sind Vorhänge nicht mehr ganz weiß, bekommen sie einen schönen cremigen Farbton, wenn Sie aufgegossenen Lindenblütentee ins Spülwasser geben.

Von Zigarettenrauch vergilbte Vorhänge legt man über Nacht in lauwarmes Salzwasser und wäscht sie anschließend wie gewohnt.

Sollen vergilbte Vorhänge wieder weiß werden, legt man sie über Nacht in saure Milch, dann wie gewohnt waschen. Oder Sie versuchen es mit Seifenwasser, dem Sie eine Handvoll Salz zusetzen. Das Salz wirkt als Stärke- und Bleichmittel, und die Vorhänge bleiben länger sauber.

Ein altbewährtes Hilfsmittel zum Bleichen ist ein Paket Backpulver zum Hauptwaschgang.

Wolle

Die beste Art, Wollkleidung zu waschen: Warten Sie auf einen Tag, an dem der Mond im Stier steht. In handwarmem Wasser mit ganz wenig milder Seife oder etwas Haarshampoo leicht durchkneten, aber nicht reiben. Danach in lauwarmem Wasser mit etwas Essigzusatz gut durchspülen und zwischen

Feuer:
Widder ♈
Löwe ♌
Schütze ♐

Erde:
Stier ♉
Jungfrau ♍
Steinbock ♑

Luft:
Zwillinge ♊
Waage ♎
Wassermann ♒

Wasser:
Krebs ♋
Skorpion ♏
Fische ♓

Vorhänge: Wissenswertes am Rande

Zerrissene Vorhänge werden nicht gestopft, sondern man bügelt ein Stück Ersatzstoff, das man zuerst in aufgelöste Stärke getaucht hat, auf die schadhafte Stelle.

Und noch ein Tip: Vorhänge sind schwerer entflammbar, wenn man sie nach dem Waschen mit einer schwachen Ammoniak-Phosphat-Lösung tränkt. Leicht auswringen und aufhängen.

Feuer:
♈ Widder
♌ Löwe
♐ Schütze

Erde:
♉ Stier
♍ Jungfrau
♑ Steinbock

Luft:
♊ Zwillinge
♎ Waage
♒ Wassermann

Wasser:
♋ Krebs
♏ Skorpion
♓ Fische

den Händen halbwegs trockendrücken. Auf keinen Fall auswringen.

Wolle sollte immer mit der gleichen Temperatur gespült werden, in der sie gewaschen wurde, sonst kann sie verfilzen und fleckig werden. Der Schuß Essig im letzten Spülwasser macht Wolle noch weicher.

Gewaschene Wollstücke werden am besten so getrocknet: Man legt die Wolle zuerst zwischen zwei Frottiertücher und schlägt sie darin ein. Dann klopft man mit der Hand die restliche Nässe in das Tuch. Das so vorgetrocknete Stück darf keinesfalls aufgehängt werden, sonst leiert es aus. Man breitet es sorgfältig auf einem trockenen Frotteetuch aus, zieht es dabei etwas in Form und läßt es abseits von Heizkörpern und Sonne langsam trocknen.

Für große, schwere Wollpullover gibt es noch folgenden Trick: Man wäscht den Pullover wie gehabt in lauwarmem Wasser und sehr wenig Haarshampoo, legt ihn dann ordentlich in ein nicht zu großes Kopfkissen und dieses zusammen mit ein paar Handtüchern in die Wäscheschleuder. Gefühlvoll schleudern, dann zum Fertigtrocknen auflegen wie beschrieben.

Haben Sie Wolle einmal versehentlich falsch gewaschen, so lohnt sich unbedingt folgender Versuch: Weichen Sie sie in lauwarmem Wasser mit gutem Haarshampoo ein – vielleicht werden die Fasern dadurch wieder weich.

Wollsachen gehen beim Waschen nicht ein, wenn das Wasser mit etwas Glyzerin versetzt wird. Auch als Weichspüler eignen sich einige Teelöffel Glyzerin im letzten Spülbad bei Wollsachen sehr gut.

Angora sollte man möglichst an einem Krebstag im abnehmenden Mond, immer mit der Hand und nur mit Haarshampoo (noch besser mit einem Shampoo mit Balsam) waschen.

Rund ums Bügelbrett

Wer an Zwillingetagen bügelt, tut sich unnötige Qualen an. Beobachten Sie doch einmal die Vertreter dieses Sternzeichens: Sie werden Sie ohnehin meist in bügelfreier Kleidung antreffen. Ungeeignet sind auch Wassermanntage, weil Ihnen an diesen Tagen das nötige Verständnis für so etwas Konventionelles wie gebügelte Wäsche fehlt. Viel besser eignen sich da schon Schützetage, an denen Sie auch großzügig über kleine Knitterfalten und Pannen hinwegzusehen bereit sind, zumal Sie zu diesen Terminen auch den nötigen Schwung mitbringen.

Falten

Bügelfalten bei Hosen halten besser, wenn Sie die Falte an der Innenseite mit Kernseife einreiben oder mit Wäschestärke besprühen und danach die Hose an der Außenseite mit einem feuchten Tuch bügeln.

Krawatten

Tragen Sie nicht täglich dieselbe Krawatte. Es tut dem Stoff nicht gut.

Zum Bügeln schneidet man eine Pappe passend zu und legt sie in die Krawatte.

Feuer:
Widder ♈
Löwe ♌
Schütze ♐

Erde:
Stier ♉
Jungfrau ♍
Steinbock ♑

Luft:
Zwillinge ♊
Waage ♎
Wassermann ♒

Wasser:
Krebs ♋
Skorpion ♏
Fische ♓

Feuer:
♈ Widder
♌ Löwe
♐ Schütze

Erde:
♉ Stier
♍ Jungfrau
♑ Steinbock

Luft:
♊ Zwillinge
♎ Waage
♒ Wassermann

Wasser:
♋ Krebs
♏ Skorpion
♓ Fische

Seide sollten Sie immer mit einem feuchten Tuch bügeln, um so blanke Stellen zu vermeiden. Bügeln Sie Seide sehr vorsichtig an Fischetagen.

Samt und Cord

Samt, Nicki oder Cord sollten ebenfalls immer von links gebügelt werden, damit sich die Härchen nicht plattdrücken und der Stoff nicht speckig wird. Eventuell noch auf der rechten Seite aufbürsten. Die entsprechende Energie ist die des Löwen bei Samtstoffen, die der Jungfrau bei Cordsamt.

Chintz hingegen sollte man immer von rechts bügeln, damit er schön glänzt – am besten an einem Wassermanntag.

Crêpestoffe am besten unter einem Frottiertuch bügeln – so behalten sie ihren Charakter.

Frottee sollte nie gebügelt oder gerollt werden, da es dadurch seine Saugkraft verliert.

Tips rund um das Bügeleisen:

Wäsche sollte immer feucht oder mit Dampf gebügelt werden – das schont die Wäsche.

Empfindliche Stoffe kann man vor dem Versengen schützen, indem man Alufolie beim Bügeln auflegt.

Runde Decken und Deckchen werden von innen nach außen gebügelt. Dabei sollten Sie unbedingt auf den Fadenlauf achten, da sie sonst aus der Form geraten können.

Baumwolle und Leinen werden am besten mit etwas Restfeuchte gebügelt. Daher sollte man die Wäsche bügeltrocken

Auch für Kunstseide bringen Wassermanntage die passende Energie mit. Kunstseide sollte man immer von der linken Seite und nicht zu heiß bügeln.

Wolle sollte man flach trocknen und möglichst gar nicht bügeln. Um Stricksachen beim Trocknen in die richtige Form zu bringen, kann man sich mit rostfreien Nadeln helfen. Muß man sie aber doch bügeln, sollte es an einem Stiertag mit einem mittelheißen Eisen unter einem leicht angefeuchteten Tuch geschehen. Das Eisen darf dabei nur aufgetupft werden, und zwischendurch sollten Sie durch Trommeln mit den Händen auf dem Strickstück immer wieder die Fasern hochklopfen, damit sie ihre Elastizität nicht verlieren und nicht glänzend werden.

Feuer:
Widder ♈
Löwe ♌
Schütze ♐

Erde:
Stier ♉
Jungfrau ♍
Steinbock ♑

Luft:
Zwillinge ♊
Waage ♎
Wassermann ♒

Wasser:
Krebs ♋
Skorpion ♏
Fische ♓

abnehmen oder vor dem Bügeln mit etwas lauwarmem Wasser besprengen und dann einrollen, damit sich das Wasser gleichmäßig verteilen kann. Beim Bügeln sollte man nie diagonal, sondern dem Fadenlauf folgend bügeln, da das Kleidungsstück sonst leicht aus der Form gebügelt wird.

Man kann mehrere Taschentücher zugleich bügeln, indem man sie einfach übereinander legt. Der richtige Feuchtegrad ist dabei besonders wichtig.

Dunkle Baumwolle sollten Sie von links bügeln, um Glanzstellen zu vermeiden.

Feuer:
♈ Widder
♌ Löwe
♐ Schütze

Erde:
♉ Stier
♍ Jungfrau
♑ Steinbock

Luft:
♊ Zwillinge
♎ Waage
♒ Wassermann

Wasser:
♋ Krebs
♏ Skorpion
♓ Fische

Ordnung im Schrank

Schränke und Kommoden durchforsten Sie am günstigsten an Jungfrautagen im abnehmenden Mond. Da sind Sie kritisch und ehrlich genug, um sich von Dingen trennen zu können, die Sie an einem Schützetag bei einem Frustkauf erstanden haben.

Am nächsten Waagetag wischen Sie den Schrank feucht aus, und im Zeichen des Skorpions können Sie die Wäsche bereits wieder einsortieren.

Leinen

Lassen Sie beim Umgang mit Leinen das Zwillingeprinzip für sich arbeiten. Legen Sie Ihre Leinenstoffe am besten in einen innen blau gestrichenen Kasten. Dann vergilben sie nicht.

Das gleiche gilt für Kleidungsstücke aus weißer Wolle. Wollsachen tut es allerdings grundsätzlich gut, wenn sie an Stiertagen bewegt werden.

Mottenschutz

Wenn Sie Ihre Wäsche im Frühjahr und Herbst an einem Lufttag gut ausgebürstet in den Schrank hängen, ist das der beste natürliche Mottenschutz.

Wolle und Pelze, die längere Zeit nicht getragen werden, können Sie als Schutz vor Motten mit gemahlenem Pfeffer einreiben.

Man kann Wolle oder Pelze auch in Zeitungspapier eingewickelt mottensicher aufbewahren, da Motten Zeitungspapier meiden. Wintern Sie sie je-

Falten sind keine Hexerei:

Manche Falten stören nicht, sondern sind geradezu Absicht. Damit Ihnen diese Falten nicht verlorengehen, ein paar Tips:

Faltenröcke

Faltenröcke hängt man am besten mit dem Futter nach außen in den Schrank, damit die Falten in Form bleiben.

Herrenhosen

Damit sich Herrenhosen an den Knien nicht ausbeulen, kann man ein Stück Seide an der betreffenden Stelle einnähen. Das Stück Seide sollte von Naht zu Naht reichen, muß aber etwas kürzer sein als die Stoffweite der Hose an der Stelle.

Knitterfalten

Ist die Wäsche nach dem Waschen stark zerknittert, hängt man sie einfach auf und duscht sie kalt. Am besten läßt man sie gleich über der Badewanne hängend trocknen. Am nächsten Morgen werden alle Falten verschwunden sein, vor allem an einem Jungfrau- oder Steinbocktag.

Falten in zerdrückten Kleidern glätten sich, wenn man das Kleid an einem feuchten Ort, wie z. B. einem Keller oder im Badezimmer, in dem man zuvor heißes Wasser in die Wanne hat laufen lassen, aufhängt.

Besonders auf Reisen, wenn die Kleidung im Koffer zerknittert wurde, hängt sie sich wieder aus, wenn man sie nach dem Duschen im Bad aufhängt.

Zerknitterte und aus der Form geratene Krawatten kommen wieder in Form, wenn man sie über eine Pappschablone zieht und über Wasserdampf hält.

Feuer:
♈ Widder
♌ Löwe
♐ Schütze

Erde:
♉ Stier
♍ Jungfrau
♑ Steinbock

Luft:
♊ Zwillinge
♎ Waage
♒ Wassermann

Wasser:
♋ Krebs
♏ Skorpion
♓ Fische

denfalls an einem Lufttag im abnehmenden Mond ein.

Pullover und andere Wollsachen halten sich zwar am besten in Plastikhüllen mit Mottenkugeln oder Mottenpapier, nur riechen sie danach nicht besonders gut. Daher eignen sich auch kleine, mit Kräutern gefüllte Leinensäckchen, die in die Wäsche gelegt werden, als Schutz vor Motten. Besonders gut wirkt folgende Kräutermischung, an einem Lufttag mit der frisch durchgelüfteten Wäsche in den Schrank gelegt: Kampferlorbeer, Rainfarn, Raute, Rosmarin und Waldmeister.

Auch ein Säckchen mit getrockneten Holunderblüten oder Steinklee oder getrocknete Zitronenschalen im Schrank sind gute natürliche Mittel gegen Motten.

Sie können den Motten auch mit Lavendel- oder Walnußblättersäckchen den Appetit verderben. Auf jeden Fall sollten Sie die Kleidung regelmäßig lüften – an Lufttagen im abnehmenden Mond.

Um Wollknäuel zu schützen, wickeln Sie die Wolle um eine Mottenkugel, oder verteilen Sie Zedernholzstückchen in Ihrer Wolle.

Farbe auffrischen

Einfarbige Stoffe kann man durch Zugabe einer passenden Zeichentusche ins letzte Spülwasser sehr gut auffrischen – am besten bei zunehmendem Mond.

Farbige Wolle wird aufgefrischt, wenn man sie mit Salmiakwasser abbürstet.

Tiefrote oder blaue Stoffe erhalten mit Soda gewaschen ihre ursprüngliche Farbe wieder.

Ist die Farbe durch eine Fleckenentfernung gebleicht worden, dann spülen Sie den Stoff mit einer Mischung aus einem Teil Essig und zwei Teilen Wasser nach, das läßt die Farben wieder aufleben.

Imprägnieren

Stoffe kann man bis zu einem gewissen Grad selbst imprägnieren. Wählen Sie einen Zwillinge-, Waage- oder Wassermanntag. Legen Sie den Stoff in eine Alaunlösung, und lassen Sie ihn trocknen.

Die gleiche Wirkung erreicht man, wenn man die Kleidungsstücke nach der Wäsche für zwei Stunden in eine Mischung aus neun Teilen Wasser und einem Teil essigsaurer Tonerde legt.

Oberleder kann man durch mehrmaliges Einstreichen mit Rizinusöl imprägnieren – ebenfalls an einem Lufttag, am besten bei zunehmendem Mond.

Feuer.
Widder ♈
Löwe ♌
Schütze ♐

Erde:
Stier ♉
Jungfrau ♍
Steinbock ♑

Luft:
Zwillinge ♊
Waage ♎
Wassermann ♒

Wasser:
Krebs ♋
Skorpion ♏
Fische ♓

Fussel sind kein Problem:

Fussel an Kleidungsstücken aus robusteren Stoffen kann man mit ganz feinem Schmirgelpapier vorsichtig abreiben.

Von Cordsamt lassen sich Fussel gut abbürsten, solange er feucht ist. Wenn Sie Nicki-Pullover von links waschen, sammeln Sie nicht alle Fussel auf, die in Ihrer Waschmaschine kursieren.

Eine Tasse Essig im letzten Spülwasser wirkt auch gegen Fussel wahre Wunder. Tun Sie Ihrer Waschmaschine etwas Gutes: Waschen Sie stark fusselnde Wäsche in einem Kopfkissenbezug. Das Flusensieb wird es Ihnen danken.

Feuer:
♈ Widder
♌ Löwe
♐ Schütze

Erde:
♉ Stier
♍ Jungfrau
♑ Steinbock

Luft:
♊ Zwillinge
♎ Waage
♒ Wassermann

Wasser:
♋ Krebs
♏ Skorpion
♓ Fische

Das Flecken-ABC

Mit Flecken ist es, was den Mond angeht, wie mit Operationen: Sie können sich den „mondgerechten" Zeitpunkt nicht immer aussuchen. Grundsätzlich gilt nämlich bei Flecken: Was sofort geschehen kann, sollte sofort geschehen, vor allem bei zunehmendem Mond. Wenn das Malheur aber bereits angetrocknet ist, ehe Sie es bemerken, kann es sehr hilfreich sein, bis zum nächsten passenden Mondtermin zu warten.

Zur Beseitigung so ziemlich aller Flecken gibt es ein paar Grundregeln: Erste Hilfe bei den meisten Speiseflecken ist lauwarmes Wasser. Es sorgt für die grobe Reinigung. Nachgearbeitet wird zu Hause. Legen Sie dazu das Kleidungsstück möglichst flach auf eine glatte Unterlage. Unter den Fleck gehört ein sauberes, mehrfach gefaltetes Tuch, das die Lösung auf der Rückseite aufsaugen kann. Kontrollieren Sie, ob es während der Behandlung vielleicht ausgetauscht werden muß. Vielfach ist dies sogar mehrmals nötig. Auch der Lappen für das Fleckenmittel muß völlig sauber und fusselfrei sein. Erneuern Sie ihn, sobald er schmutzig ist.

Grundsätzlich gilt: Je frischer ein Fleck, um so größer ist die Chance, ihn rückstandsfrei zu beseitigen. Daher sollte man versuchen, jeden Fleck so schnell wie möglich zu behandeln.

Das Fleckenmittel soll durch sanftes Klopfen und Betupfen aufgetragen werden. Starkes Reiben schadet oft mehr, als es nutzt. Beim Ausreiben von Flecken immer vom Rand zur Mitte arbeiten, damit er sich nicht weiter ausbreiten kann.

So werden Sie häßliche Flecke los:

Helle Flecke in dunklen Stoffen beseitigen Sie mit schwarzem Kaffee.

Bei farbigen Stoffen beginnen Sie immer mit den schwächsten Mitteln, und Sie greifen dann erst auf scharfe zurück. Unbedingt sollten Sie vorher an verdeckter Stelle ausprobieren, ob die Farben halten.

Bunte Flecke, die durch Abfärben anderer Stoffe oder gar bunter Papierservietten entstanden sind, die in Hosentaschen mitgewaschen wurden, behandeln Sie mit einer warmen Lösung, die sich zu gleichen Teilen aus Chlor und Essig zusammensetzt.

Eingetrocknete Flecke sollten vor der Behandlung naß gemacht werden und das Kleidungsstück in Zeitungspapier eingewickelt werden.

Alte Flecke lassen sich gut mit Glyzerin aufweichen.

Glänzende Flecke entfernt man aus Kammgarnstoffen mit einer Lösung aus Salmiakgeist und Wasser im Verhältnis 1:10. Die Stelle damit tränken und dann mit einer angefeuchteten Bürste ausbürsten. Mit klarem Wasser nachspülen.

Nachdem Sie Flecke mit Salmiak, Terpentin und ähnlichen scharfen Mitteln zu Leibe gerückt sind, sollten Sie die Textilien gut mit klarem Wasser ausspülen, da das Gewebe sonst angegriffen werden könnte.

Nach der Fleckenbehandlung mit Salmiakgeist kann es passieren, daß die betreffende Stelle etwas heller wird. In solchen Fällen reiben Sie mit einem schwachen Essigwasser nach, dadurch erhält die Stelle ihre ursprüngliche Farbe wieder.

Feuer:
♈ Widder
♌ Löwe
♐ Schütze

Erde:
♉ Stier
♍ Jungfrau
♑ Steinbock

Luft:
♊ Zwillinge
♎ Waage
♒ Wassermann

Wasser:
♋ Krebs
♏ Skorpion
♓ Fische

Oft ist nicht mehr zu erkennen, wodurch ein Fleck entstanden ist. In solchen Fällen kann es sich als hilfreich erweisen, wenn man den Stoff in ein heißes Milchbad legt oder in Buttermilch quellen läßt. Danach mit kaltem Wasser auswaschen und wenn nötig den ganzen Vorgang noch einmal wiederholen.

Alkohol

Alkohol hinterläßt auf hochglanzpolierten Möbeln weiße Flecke. Den Alkohol sofort aufsaugen und mit der Handfläche darüberreiben – so wird das Fett ersetzt, welches der Alkohol dem Holz entzogen hat. Dann mit Möbelpolitur oder mit Leinöl einreiben – wenn nicht sofort, dann an einem Lufttag im zunehmenden Mond.

Alleskleber

Alleskleber läßt sich aus Wäsche durch mehrmaliges Behandeln mit Azeton lösen und muß anschließend möglichst heiß gewaschen, am besten gekocht werden – wenn nicht sofort, dann an einem Lufttag im abnehmenden Mond.
Siehe auch unter Klebstoff.

Apfelsinen

Flecke von Apfelsinensaft weicht man in etwas Glyzerin auf und spült mit lauwarmem Wasser nach. Alte Flecke behandelt man an einem Löwetag im abnehmenden Mond.

Asphalt

Asphaltflecke entfernt man von Teppichen und Auslegeware mit Fleckenwasser und Waschbenzin. Skorpion- oder Lufttage im abnehmenden Mond sind hierzu gut geeignet.

Beeren

Wenn die Beerenflecke noch frisch sind, kann man sie mit heißem Wasser ausspülen. Sind sie jedoch bereits eingetrocknet, dann verwenden Sie etwas Seifenlauge mit Soda. Ist der Fleck dann noch immer nicht weg, kann man es mit Alkohol oder Salmiak versuchen. Danach mit 3%igem Wasserstoffsuperoxyd nachbleichen.

Flecke von Blaubeeren und Heidelbeeren können Sie aus Kleidungsstücken recht gut mit saurer Milch enfernen. Anschließend mit warmem Wasser nachbehandeln. Von den Händen entfernen Sie Blaubeerflecke mit Zitronensaft.

Beize

Beizeflecke können mit einem Leinentuch und einem Schuß Salmiak oder Terpentin und Wasser entfernt werden. Falls notwendig, mit Wasserstoffsuperoxyd nachbleichen.

Benzinränder

Die Ränder von Benzin lassen sich mit Terpentin entfernen.

Feuer:
Widder ♈
Löwe ♌
Schütze ♐

Erde:
Stier ♉
Jungfrau ♍
Steinbock ♑

Luft:
Zwillinge ♊
Waage ♎
Wassermann ♒

Wasser:
Krebs ♋
Skorpion ♏
Fische ♓

Feuer:
♈ Widder
♌ Löwe
♐ Schütze

Erde:
♉ Stier
♍ Jungfrau
♑ Steinbock

Luft:
♊ Zwillinge
♎ Waage
♒ Wassermann

Wasser:
♋ Krebs
♏ Skorpion
♓ Fische

Bier

Wenn Sie gleich nach dem Verschütten mit einem saugfähigen Tuch den Fleck aus dem Stoff saugen, hinterläßt das Bier keine Spuren. Falls es jedoch eintrocknet, kann man den Fleck in den meisten Fällen mit lauwarmer Seifenlauge oder überhaupt nur mit warmem Wasser beseitigen.

Von Teppichen und Auslegeware entfernt man Bierflecke mit Feinwaschmittelschaum.

Bleistiftflecke

Von einer harten Oberfläche oder einer Tapete kann man Bleistiftflecke gut mit einem Radiergummi entfernen. Sollten sie aber auf ein Kleidungsstück kommen, dann hilft Seifenlauge, Alkohol oder Waschbenzin.

Blut

Saugen Sie Blut sofort mit etwas Saugfähigem auf, und waschen Sie den Rest mit kaltem Wasser oder einer Seifenlauge aus. Bei Blut nie warmes oder heißes Wasser verwenden – es gerinnt und läßt sich dann fast nicht mehr ohne gelbe Rückstände entfernen.

Falls das nicht hilft, kann man das betroffene Kleidungsstück in einer Soda- oder Salzlösung einweichen.

Sollte das alles nichts nützen, hilft als letzter Ausweg Wasserstoffsuperoxyd, mit dem Sie nachbleichen.

Wolle ist ein Spezialfall. Am besten gehen Sie

folgendermaßen vor: mit kaltem Borax- oder Natron-Wasser befeuchten und zwischen den Fingern reiben. Dann mit kaltem Wasser ausspülen.

Bei bunten Wollstoffen die Blutflecke mit einer Salzlösung abreiben und mit kaltem Wasser nachwischen.

Von Teppichen und Auslegeware entfernt man Blutflecke mit kaltem Wasser und behandelt die Stelle mit Feinwaschmittelschaum nach.

Bohnerwachs

Bohnerwachsflecke müssen Sie von Teppichen und Auslegeware zunächst abschaben. Die Reste werden mit einem Löschblatt und einem Bügeleisen auf schwächster Stufe (!) herausgebügelt und eventuell mit Fleckenwasser nachbehandelt.

Brand- und Sengflecke

Leicht versengte Stellen können oft mit hellem, heißem, fünf- bis zehnprozentigem Essig und einem Leinentuch oder einer schwachen Boraxlösung auf einem Schwamm weggerieben werden.

Bei empfindlichen oder nicht waschbaren Stoffen können Sie die versengten Stellen mit einer Glyzerinlösung einreiben und etwa eine Stunde einwirken lassen. Danach so warm wie möglich waschen.

Wenn das nicht hilft, ist das Gewebe zu stark angesengt, um den Brandschaden noch beseitigen zu können.

Bei Brandlöchern in Polstermöbeln oder Teppi-

Feuer:
Widder ♈
Löwe ♌
Schütze ♐

Erde:
Stier ♉
Jungfrau ♍
Steinbock ♑

Luft:
Zwillinge ♊
Waage ♎
Wassermann ♒

Wasser:
Krebs ♋
Skorpion ♏
Fische ♓

Feuer:
♈ Widder
♌ Löwe
♐ Schütze

Erde:
♉ Stier
♍ Jungfrau
♑ Steinbock

Luft:
♊ Zwillinge
♎ Waage
♒ Wassermann

Wasser:
♋ Krebs
♏ Skorpion
♓ Fische

chen, etwa von herabgefallener Zigarettenglut, die Löcher vorsichtig säubern, etwas Klebstoff in das Loch tropfen und dann einige Fasern oder je nach Größe des Lochs ein kleines Stück Teppich hineindrücken.

Brandflecke kann man von Holztischen entfernen, indem man sie mit Mayonnaise bestreicht und diese rund 30 Minuten lang einwirken läßt. Anschließend den Tisch gut abreiben. Wenn dies nicht sofort geschieht, wählen Sie dazu einen Lufttag bei zunehmendem Mond.

Butter

Zuerst schaben Sie die Butter mit einem stumpfen Messer ab. Dann legen Sie den Stoff zwischen zwei Lagen Küchenpapier und bügeln den Fleck aus dem Stoff. Danach mit einem Flanelltuch und Waschbenzin abtupfen.

Auch Salmiakgeist ist ein gutes Mittel gegen Butterflecke, sofern Sie den Stoff nicht einfach heiß waschen können.

Dosenmilch

Flecke von Dosenmilch sollten Sie zunächst mit warmem Wasser zu Leibe rücken. Reicht das nicht, müssen Sie sie mit Feinwaschmittelschaum nachbehandeln.

Für solche Flecke, wenn sie einmal eingetrocknet sind, sind Krebstage oder alle Lufttage im abnehmenden Mond der passende Zeitpunkt.

Druckerschwärze

Flecke von Druckerschwärze beseitigt man mit Waschbenzin, Terpentin oder Fleckenwasser.

Ei

Eiflecke sollte man immer erst eintrocknen lassen, dann kann man sie meist leicht ausbürsten. Alte Flecke mit Glyzerin aufweichen und dann waschen.

Aus Seide sollten Sie Eiflecke abtupfen. Befeuchten Sie ein Tuch mit stark verdünntem Salmiakgeist, und wischen Sie mit wenig Wasser nach.

Aus Teppichen und Bodenbelägen entfernt man Eiflecke mit kaltem Wasser, gegebenenfalls muß man mit Feinwaschmittelschaum nachbehandeln.

Eiscreme

Erste Hilfe bei Eiscremeflecken ist immer heißes Wasser. In der Nachbehandlung kann man eventuelle Reste mit Waschbenzin oder Alkohol beseitigen.

Erbrochenes

Zuerst sollte man den Fleck mit viel klarem Wasser ausspülen. Anschließend in einer Seifenlauge waschen. Wenn nötig, kann man den Fleck danach mit gelösten Zitronensäurekristallen bleichen. Sollte danach der säuerliche Geruch nicht weg sein, mit einer Essiglösung nachspülen.

Aus Teppichen wäscht man Erbrochenes zunächst mit Seifenlauge heraus, ehe man mit ver-

Feuer:
Widder ♈
Löwe ♌
Schütze ♐

Erde:
Stier ♉
Jungfrau ♍
Steinbock ♑

Luft:
Zwillinge ♊
Waage ♎
Wassermann ♒

Wasser:
Krebs ♋
Skorpion ♏
Fische ♓

Feuer:
♈ Widder
♌ Löwe
♐ Schütze

Erde:
♉ Stier
♍ Jungfrau
♑ Steinbock

Luft:
♊ Zwillinge
♎ Waage
♒ Wassermann

Wasser:
♋ Krebs
♏ Skorpion
♓ Fische

dünntem Salmiak nachbehandelt. Sollten Sie entgegen aller Wahrscheinlichkeit nicht dazu kommen, diese Flecke rechtzeitig zu behandeln, tun Sie es bei abnehmendem Mond an einem Lufttag.

Erdbeeren

Zuerst das Fruchtfleisch sorgfältig entfernen. Danach den Fleck mit lauwarmem Wasser oder einer Seifenlauge behandeln. Bei empfindlichen Stoffen kann man den Fleck auch mit reinem Alkohol abtupfen. Anschließend sollte die Stelle mit klarem Wasser gespült oder gegebenenfalls ausgewaschen werden. Falls es notwendig ist und der Stoff es verträgt, kann man auch mit herkömmlichen Mitteln nachbleichen.

Man kann die Erdbeerflecke aber auch in einer Boraxlösung aufweichen und mit klarem Wasser ausspülen. Bei alten Flecken – an einem Stiertag – zur Boraxlösung Salmiak dazugeben.

Fensterkitt

Fensterkitt wird mit Terpentin oder Waschbenzin beseitigt. Falls es sich um alte Flecke handelt, muß man diese erst einige Stunden in Petroleum einweichen, bis man sie – an einem Lufttag bei abnehmendem Mond – behandeln kann.

Fett

Die meisten Fettflecke lassen sich mit Meerschaumstaub (besonders empfehlenswert für Seidenblusen) oder Kartoffelmehl entfernen. Dazu bestreuen Sie die entsprechende Stelle und lassen es einige Zeit einwirken. Danach wird das Pulver mit dem aufgesaugten Fett einfach abgebürstet – an einem Lufttag im abnehmenden Mond. Gegebenenfalls müssen Sie diesen Vorgang wiederholen.

Auch Mehl oder Schlämmkreide eignen sich zum Aufsaugen von Fettflecken. Anschließend das Stück mit Seifenlauge auswaschen.

Fettflecke auf Leinengewebe kann man wie Kerzenwachs mit einem warmen Bügeleisen und saugfähigem Papier fast völlig beseitigen. In vielen Fällen muß der Fleck allerdings auch noch mit Waschbenzin behandelt werden.

Erste Hilfe bei Fettflecken auf Baumwollstoffen leistet ein Geschirrspülmittel. Da dieses fettlösend, aber schonend wirkt, hat man damit meist Erfolg.

Sind die Fettflecke auf Baumwollstoffen schon älter, weicht man sie – an einem Krebstag im abnehmenden Mond – einige Stunden in entrahmter Milch ein. Danach müssen Sie den Stoff gut ausspülen.

Fettflecke auf Wolle sollten Sie zunächst mit einer feinen Bürste, einem Frotteetuch und einer Lösung aus einem Teil Salmiakgeist und acht Teilen Wasser behandeln. Alternativ können Sie auch Waschbenzin einsetzen. Legen Sie aber auf jeden Fall ein Tuch unter, um den Schmutz aufzufangen.

Aus Samt lassen sich Fettflecke mit einem terpentingetränkten Flanelltuch vorsichtig aus dem Gewebe reiben.

Bei Seidenblusen empfiehlt sich die Variante mit dem Meerschaumstaub, besonders an Luft- oder

Feuer:
Widder ♈
Löwe ♌
Schütze ♐

Erde:
Stier ♉
Jungfrau ♍
Steinbock ♑

Luft:
Zwillinge ♊
Waage ♎
Wassermann ♒

Wasser:
Krebs ♋
Skorpion ♏
Fische ♓

Feuer:
♈ Widder
♌ Löwe
♐ Schütze

Erde:
♉ Stier
♍ Jungfrau
♑ Steinbock

Luft:
♊ Zwillinge
♎ Waage
♒ Wassermann

Wasser:
♋ Krebs
♏ Skorpion
♓ Fische

Fischetagen. Eine andere Möglichkeit besteht darin, den Fettfleck mit Feinwaschmittel leicht einzureiben, über Nacht liegen zu lassen und dann wie gewohnt zu waschen. Eingetrocknete Fettflecke lassen sich mit einem Radiergummi vorsichtig aus Seide entfernen.

Bei Fettflecken auf Wildleder muß die Ursache der Verunreinigung möglichst schnell beseitigt werden. Der Fettfleck sollte so rasch wie möglich mit einem Wildlederreinigungstuch abgerieben werden. Anschließend wird das Leder mit einer Wildlederbürste oder einem harten und groben Radiergummi nachbehandelt.

Angeschmuddelte Spielkarten, die mit einer Schutzschicht überzogen sind, können mit einer Lösung aus Salmiakgeist und Wasser gereinigt werden – an einem Lufttag im abnehmenden Mond.

Fettflecke auf Teppichen müssen zunächst sorgfältig mit einem sauberen Tuch abgetupft werden, ehe Sie sie mit Seifenlauge und eventuell auch mit Fleckenwasser nachbehandeln.

Filzstift

Filzstift kann man besonders schnell mit Azeton oder Alkohol beseitigen. Vorsicht: kein Azeton bei einem Untergrund aus Kunstfasern!

Firnis

Firnis läßt sich von den meisten Stoffen mit Fleckenwasser entfernen. Aus Seide spült man ihn mit Seifenlauge heraus.

Aus Leinwand, Leinen und Baumwolle entfernt man ihn mit Terpentinöl.

Fliegendreck

Von Kleidungsstücken entfernt man Fliegendreck am besten mit Salmiakgeist und Wasser, von Möbeln und Seide mit lauwarmem Essigwasser und von Metall mit Spiritus.

Gemüse

Zuerst die Reste des Gemüses mit einem stumpfen Messer abnehmen, danach den Fleck mit einer Seifenlauge auswaschen.

Glyzerin

Seifenlauge ist das wirksamste Mittel gegen Glyzerinflecke.

Gras

Grasflecke sollte man nie versuchen, mit reinem Wasser auszuwaschen – meist verschlimmern sie sich dann erst.

Als erste Hilfe gegen Grasflecke auf robusten Stoffen eignet sich Butter. Reiben Sie den Fleck gut damit ein, und waschen Sie ihn dann mit Seife und kochendem Wasser aus.

Gut wirken in der Regel auch Weingeist und verdünnter Salmiakgeist. Mit kaltem Wasser gut nachwaschen, dann bleiben keine Ränder.

Feuer:
Widder ♈
Löwe ♌
Schütze ♐

Erde:
Stier ♉
Jungfrau ♍
Steinbock ♑

Luft:
Zwillinge ♊
Waage ♎
Wassermann ♒

Wasser:
Krebs ♋
Skorpion ♏
Fische ♓

Feuer:
♈ Widder
♌ Löwe
♐ Schütze

Erde:
♉ Stier
♍ Jungfrau
♑ Steinbock

Luft:
♊ Zwillinge
♎ Waage
♒ Wassermann

Wasser:
♋ Krebs
♏ Skorpion
♓ Fische

Versuchen können Sie es auch mit folgendem Trick: Bestreuen Sie den Grasfleck mit Backpulver, und lassen Sie es einwirken.

Gute Dienste leistet schließlich auch 70%iger Alkohol. Den Fleck so lange einreiben, bis er verschwindet.

Aus weißem Leinen kann man den Fleck mit Wasserstoffsuperoxyd (3%) herausbleichen.

Alte Grasflecke möglichst an einem Lufttag im abnehmenden Mond mit Zitronensaft abreiben – dann lösen sie sich meist leicht. Eine andere Möglichkeit ist Spiritus. Vor dem Waschen den Fleck einreiben, dann geht er meist bei der folgenden Wäsche raus.

Gulaschflecke

Gulaschflecke behandelt man wie Fettflecke. Obwohl sie besonders hartnäckig sind, lassen sie sich mit einem Geschirrspülmittel auf einem feuchten Tuch entfernen, wenn man den Fleck fest abreibt. Man darf nur nicht die Geduld verlieren und muß die Prozedur mehrmals wiederholen.

Harz

Gegen Harzflecke auf farbigen Stoffen gehen Sie mit Zitronenöl oder gereinigtem Terpentinöl vor. Tragen Sie eine der beiden Substanzen auf ein Flanelltuch auf, lassen Sie das Harz darin einweichen, und reiben Sie so lange, bis die Flecke weg sind. Dann mit in Wasser aufgelöster Rindergalle nachwaschen.

Spiritus und Benzin lösen Harz ebenfalls aus Stoffen.

Für Seidenstoffe sollten Sie allerdings lieber zu Gallseife greifen.

Bei Auslegeware gilt: die Flecke erst abschaben, dann mit Fleckenwasser behandeln.

Heidelbeeren

Flecke, die von Heidelbeeren hinterlassen wurden, lassen sich mit saurer Milch entfernen. Anschließend mit warmem Wasser auswaschen.

Auch Joghurt oder Buttermilch helfen gegen Heidelbeerflecke. Bestreichen Sie sie dick damit, und lassen Sie das Ganze ein bis zwei Stunden lang einwirken. Anschließend normal waschen.

Heizöl

Während der Heizperiode kann es leicht passieren, daß man seine Kleidung oder den Teppich mit Heizöl beschmutzt. Bei den meisten Stoffen kann man die Flecke mit einer Paste aus Schlämmkreide oder Kartoffelmehl und Eukalyptusöl einreiben und im Freien trocknen lassen. Diese Behandlung nötigenfalls wiederholen. Wenn Sie eventuell verbliebene Flecke anschließend mit Seife einreiben, lassen sie sich leicht auswaschen.

Aus Teppichen oder nicht waschbaren Stoffen geht man wie zuerst beschrieben vor und bürstet die Paste aus. Die Behandlung so oft wie nötig wiederholen. Wenn es das Material zuläßt, eventuelle Fleckenränder mit reinem Terpentingeist ausreiben.

Feuer:
♈ Widder
♌ Löwe
♐ Schütze

Erde:
♉ Stier
♍ Jungfrau
♑ Steinbock

Luft:
♊ Zwillinge
♎ Waage
♒ Wassermann

Wasser:
♋ Krebs
♏ Skorpion
♓ Fische

Honig

Ist Honig auf den Teppich getropft, ist das an sich kein größeres Malheur, muß aber rasch beseitigt werden, da die klebrige Stelle jede Menge anderen Schmutz bindet. Waschen Sie den Fleck mit warmem Wasser weg. Wenn das nicht reicht, nehmen Sie zusätzlich etwas Seifenlauge.

Hundekot

Hundekot kann ungemein zäh kleben. Und vor allem: Er stinkt bestialisch, wenn er frisch ist. Die gröbste Verschmutzung sollten Sie sofort entfernen. Dann den Fleck in lauwarmer Seifenlauge auswaschen. Den verbleibenden Geruch entfernen Sie mit Salmiakgeist oder Essig. So lange abreiben, bis er verschwunden ist.

Es empfiehlt sich, den Stoff zum Abschluß der Reinigung noch zu desinfizieren.

Jod

Jodflecke sind sehr hartnäckig und sollten so schnell wie möglich behandelt werden. Je mehr Zeit vergeht, um so hartnäckiger wird der Fleck.

Man kann sie entweder mit kochendem Wasser und fünfprozentigem Salmiakgeist entfernen – dies empfiehlt sich aber nur bei robusten Stoffen –, oder man reibt sie mit Brennspiritus ab.

Eine Alternative ist eine Lösung aus Kaliumpermanganat. Danach mit Essig abreiben und anschließend gut mit klarem Wasser nachspülen.

Jodflecke verschwinden auch, wenn Sie den Stoff

anfeuchten und zum Trocknen in die Sonne legen. Unsere Großmütter griffen auch zu rohen Kartoffelhälften, mit denen sie den angefeuchteten Fleck abrieben. Nicht erschrecken, der Fleck wird zuerst dunkler. Er sollte aber verschwinden, wenn Sie ihn danach mit klarem Wasser nachbehandeln.

Joghurt

Am besten lassen Sie den Joghurt zunächst eintrocknen. Dann läßt sich der Fleck einfach ausbürsten. Eventuell mit warmem Wasser nachwaschen. Sollten Ränder bleiben, greifen Sie am besten zu Wasser und Seife oder zu Waschbenzin. Auch hier sind Lufttage im abnehmenden Mond ideal.

Kaffee

Frische Kaffeeflecke können Sie mit viel warmem Wasser und eventuell mit Seife oder Boraxwasser auswaschen – bevorzugt an Skorpiontagen im abnehmenden Mond, noch besser aber, solange sie frisch sind.

Aus Kleidungsstücken verschwinden sie, wenn man die Flecke vor und nach dem Waschen mit Glyzerin einreibt.

Tischdecken, die kochecht sind, kann man über einen großen Topf spannen und den Fleck mit kochendheißem Wasser begießen, bis er weg ist.

Kaffeeflecke auf pflegeleichten Tischdecken entfernen Sie, indem Sie sie sofort in kaltes Salzwasser legen.

Bei Milchkaffee immer zuerst mit kaltem Wasser

Feuer:
Widder ♈
Löwe ♌
Schütze ♐

Erde:
Stier ♉
Jungfrau ♍
Steinbock ♑

Luft:
Zwillinge ♊
Waage ♎
Wassermann ♒

Wasser:
Krebs ♋
Skorpion ♏
Fische ♓

Feuer:
♈ Widder
♌ Löwe
♐ Schütze

Erde:
♉ Stier
♍ Jungfrau
♑ Steinbock

Luft:
♊ Zwillinge
♎ Waage
♒ Wassermann

Wasser:
♋ Krebs
♏ Skorpion
♓ Fische

spülen, damit die Milchreste zuerst entfernt werden. Dann mit warmem Glyzerin einreiben und mit warmem Wasser auswaschen. Hier kann auch das Krebsprinzip Ihr Tun unterstützen – bei abnehmendem Mond.

Aus bunter Baumwollkleidung entfernen Sie Milchkaffee, indem Sie den Fleck zunächst mit kaltem Wasser spülen und dann in frische Milch einlegen. Lassen Sie das betroffene Kleidungsstück in der Milch liegen, bis sie sauer wird. Dann lauwarm auswaschen.

Von Teppichen entfernen Sie Kaffeeflecke mit warmem Wasser und etwas Feinwaschmittelschaum.

Kakao

Kakaoflecke haben den Ruf, besonders hartnäckig zu sein. Mit Wasser, dem ein paar Tropfen Salmiakgeist zugesetzt wurde, lassen sie sich jedoch recht einfach auswaschen. Mit einem sauberen, trockenen Tuch nachwischen.

Kalk

Kalkflecke entfernt man mit einem in hellen Essig getränkten Tuch.

Aus Wollgeweben entfernt man solche Flecke erfolgreich mit einer Mischung aus Alaun und Wasser (1:10). Befeuchten Sie mit dieser Mischung ein Tuch, und legen Sie es auf den Fleck. Dann mit einem warmen Bügeleisen ein paar Minuten die betroffene Stelle bügeln.

Karotten

Babywäsche wird häufig von hartnäckigen Karottenflecken geziert. Am besten reibt man den Fleck gleich mit Babyöl ein, bevorzugt an einem Lufttag. Dann – idealerweise am folgenden Wassertag, beides natürlich bei abnehmendem Mond – ganz normal waschen.

Karottenflecke verschwinden aber auch, wenn man das betroffene Kleidungsstück feucht in die Sonne zum Trocknen legt.

Man kann den frischen Fleck aber auch sofort in Schmierseife einweichen und dann normal in der Maschine waschen.

Kaugummi

Am besten läßt sich Kaugummi entfernen, wenn er bereits hart geworden ist. Stecken Sie das Kleidungsstück in eine Plastiktüte, und legen Sie es in den Kühlschrank oder kurz in den Tiefkühler. Danach läßt sich der Kaugummi meist herausbrechen. Sollten Reste in den Fasern bleiben, kann man diese mit Benzin oder Azeton entfernen.

Kinder kleben sich Kaugummi gern in die Haare – niemand weiß warum. Man muß den Kaugummi aber nicht unbedingt herausschneiden. Da man andererseits aber auch den Kinderkopf nicht gut in den Kühlschrank legen kann, nimmt man einen Plastikbeutel, füllt ihn mit Eiswürfeln und legt ihn so lange auf die verklebte Haarpartie, bis der Kaugummi hart wird. Dann kann man ihn leicht „herauskrümeln".

Feuer:
♈ Widder
♌ Löwe
♐ Schütze

Erde:
♉ Stier
♍ Jungfrau
♑ Steinbock

Luft:
♊ Zwillinge
♎ Waage
♒ Wassermann

Wasser:
♋ Krebs
♏ Skorpion
♓ Fische

Von harten Oberflächen entfernt man Kaugummi mit Benzin.

Bei frischen Flecken oder Restflecken empfiehlt sich Alkohol zum Entfernen.

Kirschen

Flecke, die von Kirschen hinterlassen wurden, entfernen Sie entweder mit einer einfachen Seifenlauge, oder Sie weichen das Kleidungsstück längere Zeit (rund zehn Stunden) in Buttermilch ein.

Bei robusten Stoffen kann man die Flecke mit kochend heißem Wasser begießen und dann mit Wasserstoffsuperoxyd betupfen.

Wenn Sie sie nicht sofort erwischen, aber auch nicht bis zum abnehmenden Mond warten wollen, sind Waagetage ideal – obgleich der Mond in der Waage im Sommer zunimmt.

Klebstoff

Zuerst den Klebstoff vorsichtig mit einem Messer abkratzen. Dann mit lauwarmem Wasser spülen und über Nacht in Soda- oder Seifenwasser einweichen. Mit warmem Essig abreiben und dann waschen.

Ist Klebstoff auf den Teppich getropft, müssen Sie ihn vorsichtig mit einer Schere aus den Fasern schneiden. Ins so entstandene Loch noch mal etwas Klebstoff geben und die herausgeschnittenen Fasern so ins Loch drücken, daß es bedeckt wird.

Klebstoff, der auf Holz getropft ist, sollten Sie möglichst erwischen, bevor er eintrocknet. Wischen Sie ihn weg, und behandeln Sie die Stelle mit Salatöl.

Ist der Klebstoff allerdings schon eingetrocknet, kann man nur versuchen, den größten Teil des Klebers mit einem Messer vom Holz abzuheben – Vorsicht, die Oberfläche zerkratzt leicht. Sollte dies geschehen oder ein heller Fleck bleiben, kann man ihn nur mit einer passenden Farbe überdecken

Kohle

Kohleflecke entfernen Sie mit Waschbenzin oder bleichen sie mit Wasserstoffsuperoxyd.

Kürbiskernöl

Die Farbe von Kürbiskernöl läßt sich durch keine chemischen oder sonstigen Mittel entfernen. Befeuchtet man aber betroffene Tischtücher oder Kleidungsstücke und legt sie einige Zeit in die Sonne zum Trocknen, verschwinden die grünen Flecke von selbst, der Farbstoff zerfällt unter Sonneneinstrahlung. Das Öl entfernen Sie wie Fettflecke, wenn nicht sofort, dann an einem Lufttag bei abnehmendem Mond.

Kugelschreiber

Frische Kugelschreiberflecke behandeln Sie am besten sofort mit Alkohol. Zur Not kann man auch Kölnisch Wasser oder Rasierwasser verwenden.

Ältere Flecke sollte man zuerst einweichen. Dann lassen sie sich erstaunlich mühelos mit Seifenlauge, Spiritus oder Salmiakgeist entfernen.

Feuer:
♈ Widder
♌ Löwe
♐ Schütze

Erde:
♉ Stier
♍ Jungfrau
♑ Steinbock

Luft:
♊ Zwillinge
♎ Waage
♒ Wassermann

Wasser:
♋ Krebs
♏ Skorpion
♓ Fische

Kugelschreiberflecke in Teppichböden rückt man am besten zu Leibe, indem man sie mit Azeton anlöst, mit einem sauberen Tuch möglichst viel davon auftupft und dann mit Waschmittelschaum nachbehandelt.

Wenn die Flecke ohnehin schon alt sind, könnte es helfen, mit der Entfernung auf einen Lufttag im abnehmenden Mond zu warten.

Lack

In leichten Fällen beseitigen Sie Lackflecke mit Spiritus und/oder Aceton. Verwenden Sie diese Mittel aber keinesfalls bei empfindlichen oder synthetischen Stoffen, da sie diese zerstören könnten.

Leim

Holzleimflecke lassen sich am besten mit Wasser und einem Schuß Salmiakgeist oder mit warmer Seifenlauge entfernen.

Gummikleber löst man am besten mit Waschbenzin auf, und Kunststoffkleber läßt sich mit Azeton entfernen.

Lippenstift

Lippenstift entfernt man am besten, indem man die Stelle mit Alkohol oder Terpentin abtupft – wenn nicht sofort, dann an einem Lufttag im abnehmenden Mond.

Wenn es der Stoff zuläßt, kann man mit Wasserstoffsuperoxyd nachbleichen.

Make-up

Von dunkler Kleidung lassen sich Make-up-Flecke mit Brotrinde vorsichtig abreiben, besonders wenn der abnehmende Mond in einem Luft- oder Erdzeichen steht.

Bei allen waschbaren Stoffen weicht man die Make-up-Reste mit Glyzerin auf. Verbleibende Schatten werden mit verdünntem Salmiakgeist entfernt. Lufttage im abnehmenden Mond sind hier geeignet, sofern die Behandlung nicht sofort erfolgt.

Aus nicht waschbaren Stoffen entfernt man Make-up-Flecke folgendermaßen: mit Eukalyptusöl betupfen und dann mit verdünntem Salmiakgeist oder Weingeist entfernen.

Marmelade

Marmeladebrote haben die unangenehme Eigenschaft, meist auf die bestrichene Seite zu fallen. Die dabei entstehenden Flecke können Sie am besten mit warmem Wasser oder Seifenlauge entfernen. Einwirken lassen und anschließend ausbürsten.

Alte Flecke verschwinden allerdings nur noch durch Bleichen oder mit Hilfe eines Entfärbers – probieren Sie es einmal bei abnehmendem Mond in einem Feuer- oder Luftzeichen aus.

Maschinenöl

Flecke von Maschinenöl kann man mit Salmiakgeist entfernen. Zuerst abreiben und danach mit warmem Wasser gründlich nachspülen.

Feuer:
Widder ♈
Löwe ♌
Schütze ♐

Erde:
Stier ♉
Jungfrau ♍
Steinbock ♑

Luft:
Zwillinge ♊
Waage ♎
Wassermann ♒

Wasser:
Krebs ♋
Skorpion ♏
Fische ♓

Feuer:
♈ Widder
♌ Löwe
♐ Schütze

Erde:
♉ Stier
♍ Jungfrau
♑ Steinbock

Luft:
♊ Zwillinge
♎ Waage
♒ Wassermann

Wasser:
♋ Krebs
♏ Skorpion
♓ Fische

Milch

Milchflecke sollten Sie sofort mit lauwarmem Wasser auswaschen.

Aus waschbaren Stoffen kann man Milchflecke mit warmer Seifenlauge entfernen oder mit einer Mischung aus Terpentinöl und Zitronensaft (1:2) herausreiben. Danach gründlich spülen.

Frische Milch- oder Soßenflecke lassen sich auch mit Spiritus abreiben.

Aus Teppichen entfernen Sie Milchflecke zuerst mit warmem Wasser; Reste sollten Sie sehr sorgfältig mit Seifenlauge angehen, denn geronnene Milch riecht nachhaltig und intensiv.

Bei der Beseitigung alter Flecke kann Ihnen die Energie eines Krebstages helfen, natürlich bei abnehmendem Mond, und sämtlicher Lufttage.

Nagellack

Nagellack entfernen Sie mit Aceton. Achten Sie darauf, daß Sie keinen ölhaltigen Nagellackentferner verwenden, sonst haben Sie hinterher Fettflecke. Vorsicht auch bei Kunstfasern. Der Stoff könnte angegriffen werden!

Nüsse

Nußschalen färben besonders intensiv, was man für färbende Haarspülungen ausnutzen kann. Behandeln Sie diese Flecke – wenn nicht sofort, dann bei abnehmendem Mond in einem Erdzeichen – mit dem ungesalzenen Kochwasser von weißen Bohnen.

Obst

Zur Entfernung von Obstflecken kann grundsätzlich ein Zeitpunkt bei abnehmendem Mond in einem Feuerzeichen günstig sein. Noch besser ist es allerdings, die Sache gleich anzugehen, wenn das Malheur passiert ist.

Allgemein empfiehlt es sich, Obstflecke vor dem Waschen mit saurer Milch zu behandeln oder in Buttermilch einzuweichen. Danach zuerst mit kaltem und dann mit heißem Wasser ausspülen.

Ein heißer Tip ist es, die Obstflecke mit dem Kochwasser von weißen Bohnen zu betupfen und dann erst in Buttermilch mit Zitronensaft einzuweichen.

Obstflecke in Stoffen aus Leinen, Baumwolle oder Wolle kann man mit Zitronensaft beträufeln und mit Seifenlauge auswaschen.

Bei Seide oder Kunstseide sollten Sie Obstflecke mit lauwarmem Boraxwasser zu Leibe rücken, möglicherweise auch an einem Fischetag.

Man kann Obstflecken aber auch so wie Rotweinflecke mit Salz bestreuen, trocknen lassen, dann auswaschen und anschließend zum Bleichen in die Sonne legen.

Flecke von gekochtem Obst betupfen Sie mit einer warmen Lösung aus Wasser und Salmiak. Danach weichen Sie das Kleidungsstück für mehrere Stunden in Buttermilch mit einem Schuß Zitronensaft ein und spülen es dann gründlich aus.

Orangenflecke können Sie mit etwas Glyzerin aufweichen und mit lauwarmem Wasser nachspülen.

Feuer:
Widder ♈
Löwe ♌
Schütze ♐

Erde:
Stier ♉
Jungfrau ♍
Steinbock ♑

Luft:
Zwillinge ♊
Waage ♎
Wassermann ♒

Wasser:
Krebs ♋
Skorpion ♏
Fische ♓

Feuer:
♈ Widder
♌ Löwe
♐ Schütze

Erde:
♉ Stier
♍ Jungfrau
♑ Steinbock

Luft:
♊ Zwillinge
♎ Waage
♒ Wassermann

Wasser:
♋ Krebs
♏ Skorpion
♓ Fische

Pfirsichflecke lassen sich nach einiger Zeit der Vorbehandlung mit Glyzerin leicht mit warmer Seifenlauge auswaschen.

Aus Teppichen entfernen Sie Obstflecke zunächst mit kaltem Wasser, dann mit Seifenlauge, ehe Sie sie eventuell mit Zitronensaft nachbehandeln.

Öl

Ölflecke verschwinden, wenn Sie sie mit Spülmittel, Butter und Zitrone abreiben. Siehe auch unter Maschinenöl und Kürbiskernöl.

Aus Teppichen entfernen Sie Ölflecke mit Waschbenzin und behandeln sie mit Feinwaschmittel nach.

Ölfarbe

Ölfarbe im Teppich ist ein harter Brocken. Solange sie flüssig ist, tupfen Sie sie ab, ohne sie zu verreiben. Dann greifen Sie zu Abbeizlauge und tupfen die gelöste Farbe ab. Verbleibenden Resten rücken Sie mit Fleckenwasser zu Leibe.

Parfüm

Parfüm auf der Haut sorgt für Wohlgerüche. Kommt es allerdings auf die Kleidung, kann es weniger schöne Flecke hinterlassen. Betupfen Sie derartige Stellen am besten mit reinem Alkohol. Danach das Kleidungsstück in Seifenwasser einweichen und dann an der Sonne bleichen. Wenn der Fleck schon älter ist, unternehmen Sie diese

Prozedur an einem Lufttag bei abnehmendem Mond.

Bei Seide dürfen Sie die Flecke nur mit Alkohol betupfen und mit Wasser ausreiben – hier kann außer einem Luft- auch ein Fischetag ideal sein.

Ähnlich entfernt man Parfümflecke aus Teppichen: zunächst mit lauwarmem Wasser, dann mit Alkohol nachbehandeln.

Pflaster

Mit Benzin oder Aceton können Sie die Kleberreste aus der Kleidung entfernen. Von der Haut lassen sich die Reste von Pflaster auch mit Körper- oder Speiseöl abreiben. Diese Methode dauert zwar etwas länger, ist dafür aber hautschonender.

Puder

Puder bürsten Sie am besten mit einer weichen Bürste ab. Dann müssen Sie die Stelle mit Alkohol oder Waschbenzin betupfen. Auch hier gilt: Wenn nicht sofort, dann an Lufttagen bei abnehmendem Mond.

Rost

In einfachen Fällen können Sie Rostflecke mit hellem Essig abreiben. Sie können das betroffene Stück aber auch über heißen Wasserdampf halten und anschließend mit Zitronensäure beträufeln. Eine halbe Stunde lang einwirken lassen und anschließend auswaschen.

Feuer:
Widder ♈
Löwe ♌
Schütze ♐

Erde:
Stier ♉
Jungfrau ♍
Steinbock ♑

Luft:
Zwillinge ♊
Waage ♎
Wassermann ♒

Wasser:
Krebs ♋
Skorpion ♏
Fische ♓

Feuer:
♈ Widder
♌ Löwe
♐ Schütze

Erde:
♉ Stier
♍ Jungfrau
♑ Steinbock

Luft:
♊ Zwillinge
♎ Waage
♒ Wassermann

Wasser:
♋ Krebs
♏ Skorpion
♓ Fische

Wenn der Rostfleck nicht sofort bemerkt wurde, warten Sie vielleicht, bis Sie das Widder- oder das Löweprinzip für sich arbeiten lassen können.

Stahlwolle, in Petroleum oder Terpentin getaucht, ist ideal, um Rost von glatten Metallflächen zu entfernen. Die Stahlwolle darf gern auch mit Seife präpariert sein.

Heben Sie beim Grillen verwendete Alufolie auf. In zerknülltem Zustand leistet sie als Rostentferner gute Dienste, das Fett kann dabei nicht schaden.

Im Frühjahr ist es immer wieder nötig, den Grillrost zu entrosten. Ohne sich die Finger wundzustoßen, gelingt das, indem man den Grill mit Holzkohle befüllt, anzündet und nun den Rost vollständig in Alufolie hüllt, mit der glänzenden Seite nach außen. Die Ränder müssen gut angedrückt werden, die Folie darf dabei keine Löcher bekommen, der Luftabschluß ist wichtig. Den so verpackten Rost legt man auf den Grill über die glühende Holzkohle und läßt ihn eine Viertelstunde durchglühen. Erst nach dem Abkühlen darf die Folie entfernt werden – der Rost ist dann verschwunden.

Rost auf Blechgeräten läßt sich leicht mit Tomatensaft entfernen.

Aus Stoffen lassen sich Rostflecke nicht bei der Wäsche entfernen. Hier ist ein wenig Chemie

Rostschutzmittel – selbst gemacht:

Ein Rostschutzmittel können Sie leicht selbst herstellen: Schmelzen Sie einen Teil Harz mit drei Teilen frischem Speck, und bestreichen Sie damit die zu schützenden Metallflächen.

vonnöten. Zitronensaft und Salz auf den Fleck geben und den Stoff in die pralle Sonne legen – das sollte die Rostflecke reduzieren.

Bei Kochwäsche können Sie auch Weinsteinpulver auf den Fleck geben, den Stoff so darüber zusammenschlagen, daß das Pulver an seinem Platz bleibt, und dieses Paket etwa fünf Minuten in sehr heißem Wasser einweichen. Danach ganz normal waschen.

Sollten Sie es geschafft haben, Rostflecke in den Teppich zu bekommen, greifen Sie zu Fleckenwasser, oder versuchen Sie es mit handelsüblichem Rostentferner.

Rotwein siehe unter Wein

Rouge

Rougeflecke mit Alkohol oder Waschbenzin betupfen – ältere an einem Lufttag bei abnehmendem Mond.

Ruß

Nicht reiben!

Am leichtesten läßt sich Ruß entfernen, wenn er sich noch nicht im Stoff festgesetzt hat. Daher sollte man Rußflecke nie reiben, sondern versuchen, ihn zunächst abzupusten oder leicht auszubürsten und von Teppichen oder Polstermöbeln vorsichtig abzusaugen. Verbleibende Flecke mit heißem Kartoffelmehl bestreuen, einwirken lassen und aus-

Feuer:
Widder ♈
Löwe ♌
Schütze ♐

Erde:
Stier ♉
Jungfrau ♍
Steinbock ♑

Luft:
Zwillinge ♊
Waage ♎
Wassermann ♒

Wasser:
Krebs ♋
Skorpion ♏
Fische ♓

Feuer:
♈ Widder
♌ Löwe
♐ Schütze

Erde:
♉ Stier
♍ Jungfrau
♑ Steinbock

Luft:
♊ Zwillinge
♎ Waage
♒ Wassermann

Wasser:
♋ Krebs
♏ Skorpion
♓ Fische

schütteln. Bei waschechten Stoffen mit Salz nachreiben. Wenn nötig, waschen.

Ganz hartnäckige Reste kann man mit Alkohol entfernen – bei abnehmendem Mond an einem Lufttag.

Schimmel

Bei kochechten Stoffen bestreichen Sie Schimmelflecke mit Butter oder einer Paste aus Pottasche und Wasser (oder Schlämmkreide, Seife und Was-ser). Lassen Sie sie einige Zeit einwirken, und waschen Sie sie dann aus.

Man kann auch den Fleck mit einer Mischung aus Salmiakgeist, Salz und Wasser betupfen. Anschließend den Stoff gut ausspülen und waschen.

Buntwäsche sollten Sie über Nacht in Essig, heißer Molke oder Buttermilch einweichen. Am nächsten Tag waschen. Hier kommt wieder die bewährte Kombination Luft-Wasser zum Tragen. Weichen Sie sie an einem Lufttag ein, und waschen Sie sie am folgenden Wassertag aus – bei abnehmendem oder zumindest absteigendem Mond.

Empfindliche Stoffe behandeln Sie am besten mit einer Lösung aus 75 g Salz und 30 g Natron aufgelöst in einem Liter Wasser. Danach gut spülen.

Von Schimmel befallene Stoffe sollten nach der Behandlung immer an der Sonne trocknen.

Schlagsahne

Bei Geburtstagsfeiern kommt es immer wieder vor, daß Schlagsahne auf dem Teppich landet. Entfernen

Sie zunächst möglichst viel davon mit einem Löffel, rücken Sie dem Fleck anschließend mit Fleckenwasser zu Leibe. Damit ja keine Reste bleiben, die nach einer Weile übel riechen könnten, behandeln Sie den Fleck mit Seifenlauge nach. Das sollte sofort geschehen. Allerdings ist die Energie eines Lufttages im abnehmenden Mond der Sache förderlich.

Schokolade und Kakao

Wenn der Schokoladenfleck nicht auf Wolle ist, kann man den Stoff einfach mit warmem oder heißem Wasser auswaschen. Eventuell auch Seife verwenden.

Bei empfindlicheren Stoffen hilft es, die Stelle mehrmals in entrahmte Milch zu tauchen. Danach jedesmal mit Wasser nachspülen.

Aus Teppichen entfernt man Schokolade mit warmer Seifenlauge, gegebenenfalls muß man die Stelle mit Fleckenwasser nachbehandeln.

Schuhcreme

Gegen Schuhcremeflecke hilft Terpentin am besten. Reiben Sie die Verunreinigung nach dem Auftragen mit einem groben Tuch kräftig ab. Schwarze Schuhcreme muß man noch mit Kaliumpermanganat nachbehandeln – anschließend wie gewohnt waschen. Sollten Sie die Schuhcremeflecke nicht sofort bemerkt haben, behandeln Sie sie bei abnehmendem Mond in einem Luftzeichen.

Man kann diese Flecke aber auch mit Seifenspiritus einreiben und mit einem in Salmiakgeist ge-

Feuer:
Widder ♈
Löwe ♌
Schütze ♐

Erde:
Stier ♉
Jungfrau ♍
Steinbock ♑

Luft:
Zwillinge ♊
Waage ♎
Wassermann ♒

Wasser:
Krebs ♋
Skorpion ♏
Fische ♓

Feuer:
♈ Widder
♌ Löwe
♐ Schütze

Erde:
♉ Stier
♍ Jungfrau
♑ Steinbock

Luft:
♊ Zwillinge
♎ Waage
♒ Wassermann

Wasser:
♋ Krebs
♏ Skorpion
♓ Fische

tränkten Tuch abreiben. Danach mit klarem Wasser ausspülen.

Schweiß

Schweiß ist nicht nur unangenehm, auf Wolle kann er Motten anlocken, und Seide kann er zerstören. Grundsätzlich behandelt man Schweißflecke mit einer starken Boraxlösung oder betupft sie mit reinem Essig, verdünntem Salmiakgeist oder reinem Spiritus. Eventuell mit einer Kristallsodalösung waschen und möglichst im Freien trocknen lassen. Lufttage im abnehmendem Mond sind hierfür ideal.

Wolle sollten Sie mit einer starken Salzwasserlösung einreiben und spülen, alte Flecke auf Wolle mit verdünntem Essig oder mit einer Mischung aus Salmiakgeist und Spiritus oder Weingeist behandeln – hierbei kann man das Stierprinzip für sich arbeiten lassen, am besten bei abnehmendem Mond.

Seide kann man mit dem ungesalzenen Kochwasser von Kartoffeln mit Zugabe von Salmiak oder Weingeist waschen. Eine Alternative: mit Eiswürfel einreiben, danach einen Brei aus Natron und Wasser auftragen. Trocknen lassen und sorgfältig ausbürsten. Falls nötig, mit Spiritus nachreiben und dann waschen. Sind die Flecke schon älter, so machen Sie sich doch die Energie des abnehmenden Mondes in den Fischen zunutze.

Samt wird genauso wie Seide behandelt – ältere Flecke allerdings nicht in den Fischen, sondern eher an einem Löwetag.

Bei Kleidern gibt es noch einen weiteren Trick: Bügeln Sie die Schweißstellen zwischen zwei mit

Salmiakgeist getränkten Tüchern. Unter Umständen müssen Sie diesen Vorgang mehrmals wiederholen.

Senf

Zuerst den Senf mit einem Tuch abwischen und danach den Stoff in warmer Seifenlauge waschen. Sollte das nicht helfen, geben Sie dem Wasser einen Schuß Salmiakgeist bei.

Alte Senfflecke weicht man zuerst mit Glyzerin auf und wäscht dann die Stelle mit Seifenlauge aus – versuchen Sie das an einem Feuertag bei abnehmendem Mond.

Sonnenöl siehe unter Öl

Soße

Von Teppichen beseitigen Sie Soßenflecke erst mit Fleckenwasser, dann mit Feinwaschmittelschaum.

Spinat

Da man Spinatflecke selten mit dem normalen Waschgang beseitigen kann, sollte man sie zuvor mit einer rohen geschälten Kartoffel abreiben und anschließend gut mit warmem Wasser ausspülen.

Wenn Sie die Spinatflecke nicht sofort entfernen konnten oder erst zu spät bemerkt haben, sollten Sie sich dafür einen Krebstag im abnehmenden Mond aussuchen.

Feuer:
Widder ♈
Löwe ♌
Schütze ♐

Erde:
Stier ♉
Jungfrau ♍
Steinbock ♑

Luft:
Zwillinge ♊
Waage ♎
Wassermann ♒

Wasser:
Krebs ♋
Skorpion ♏
Fische ♓

Feuer:
♈ Widder
♌ Löwe
♐ Schütze

Erde:
♉ Stier
♍ Jungfrau
♑ Steinbock

Luft:
♊ Zwillinge
♎ Waage
♒ Wassermann

Wasser:
♋ Krebs
♏ Skorpion
♓ Fische

Spirituosen

Man könnte meinen, daß Spirituosen fleckenlos eintrocknen, da sie großteils aus Alkohol und Wasser bestehen. Doch leider enthalten sie auch Zucker und Farbstoffe, und diese hinterlassen lästige Flecke. Diese bekommen Sie mit Feinwaschmittelschaum allerdings gut weg. Eingetrockneten Flecken gehen Sie im Zweifelsfall an einem Luftzeichen im abnehmenden Mond an den Kragen.

Stempelfarbe

Stempelfarbe sollten Sie mit Aceton ausreiben und anschließend mit Wasser und einem Schuß Salmiakgeist nachspülen – wenn nicht sofort, dann an einem Lufttag im abnehmenden Mond.

Empfindliche Stoffe behandeln Sie allerdings lieber mit Zitrone und Salz. Einreiben, einwirken lassen und dann auswaschen.

Tee

Teeflecke kann man aus dem Teppich entfernen, indem man Terpentin auf den Fleck aufträgt und mit Benzol entfernt – an einem Steinbock- oder einem Lufttag im abnehmenden Mond sollte das besonders erfolgreich sein.

Teer

Zunächst einmal: Nicht reiben!

Den Teerfleck werden Sie wieder los, indem Sie

ihn dick mit ungesalzener Butter bestreichen. Nach rund zwölf Stunden kratzen Sie die Butter mit einem Löffel oder einem stumpfen Messer ab und behandeln den Fleck mit Alkohol, Terpentin oder Waschbenzin nach. Unbedingt unter den Fleck mehrere Lagen Küchenpapier legen, damit der Schmutz aufgesaugt wird.

Manchmal gelingt es, den ganzen Fleck aufzusaugen oder mit einem Küchenpapier herauszubügeln. Die Energie eines Lufttages, vorzugsweise im abnehmenden Mond, kann derartige Aktionen unterstützen.

Teer oder Schmieröl an Händen und Füßen kann man mit Petroleum abreiben. Anschließend die Hände mit einer rückfettenden Seife waschen und eincremen.

Tinte

Blaue Tinte und schwarze Tinte sind grundsätzlich zwei verschiedene Dinge. Zunächst zur blauen Tinte.

Tintenflecke auf Leinen- und Baumwollstoffen betupft man mit dem ungesalzenen Kochwasser von weißen Bohnen. Solange die Flecke noch frisch sind, reicht es jedoch meistens, wenn man ein paar Tropfen Zitronensaft darauf träufelt. Danach gut ausspülen.

Tintenflecke auf Holz sollte man sofort mit einem feuchten Tuch aufsaugen und dann mit Tintenkiller oder einer halben Zitrone einreiben. Auch Schnaps, Essig, Spiritus oder eine warme Seifenlauge eignen sich zum Entfernen des Flecks.

Feuer:
Widder ♈
Löwe ♌
Schütze ♐

Erde:
Stier ♉
Jungfrau ♍
Steinbock ♑

Luft:
Zwillinge ♊
Waage ♎
Wassermann ♒

Wasser:
Krebs ♋
Skorpion ♏
Fische ♓

Feuer:
♈ Widder
♌ Löwe
♐ Schütze

Erde:
♉ Stier
♍ Jungfrau
♑ Steinbock

Luft:
♊ Zwillinge
♎ Waage
♒ Wassermann

Wasser:
♋ Krebs
♏ Skorpion
♓ Fische

Probieren Sie aber bitte vorher die Wirkung an einer unauffälligen Stelle aus.

Tintenflecke auf Wolle oder Pelzen reibt man am besten zuerst mit Glyzerin ein und wäscht sie danach mit einer kräftigen, lauwarmen Seifenlauge aus. Anschließend gut nachspülen. Weiße Wollsachen betupft man mit 100%iger Zitronensäure. Danach sofort mit viel Wasser ausspülen.

Aus Teppichen entfernen Sie Tinte mit dem Tintenkiller Ihres Kindes. Er neutralisiert den Farbstoff. Tupfen Sie dann den Fleck großzügig mit Wasser ab. Auch mit Zitrone oder Spiritus sollten Sie Tintenflecke aus Teppichen herausbekommen.

Schwarze Tinte oder Tusche müssen Sie erst mit Wasser verdünnen, ehe Sie sie genau wie blaue behandeln können. Betupfen Sie den Fleck mehrmals mit klarem Wasser und einem sauberen Lappen, ehe Sie ihn behandeln. Wenn die Tinte viel Ruß enthält, machen Sie weiter wie unter Ruß angegeben.

Tomaten

Tomatenflecke lassen sich mit Wasser und einem Schuß Salmiakgeist bzw. verdünntem Spiritus oder mit lauwarmer Seifenlauge entfernen. Ältere Flecke zuvor mit Seifenlauge und einem Schuß Wasserstoffsuperoxyd aufweichen, am besten an einem Feuertag bei abnehmendem Mond.

Urin

Urin entfernt man mit Zitronensaft oder hellem Essig. Oft genügt aber schon warmes Wasser mit einem Schuß Salmiakgeist. In jedem Fall immer mit viel Wasser nachspülen.

Aus Teppichen kann man Urinflecke entfernen, indem man zuerst die Nässe mit Toilettenpapier oder Küchenrolle herauszieht. Dann die Stelle mit warmer Seifenlauge und Essig oder Zitrone auswaschen. Danach mit einem mit Salmiak befeuchteten Tuch noch einmal über die Stelle reiben, um den Geruch ganz sicher zu bannen.

Auch hier sind Lufttage im abnehmenden Mond geeignet, noch besser allerdings ist es, sofort aktiv zu werden.

Vaseline

Mit einem stumpfen Messer die Vaseline so gut es geht abkratzen. Danach Löschpapier über die Stelle legen und den Fleck herausbügeln. Fleckenreste, die so nicht rausgehen, mit Terpentin entfernen.

Wachs

Wenn Wachs auf furniertes Holz getropft ist, bestreuten unsere Großmütter den Fleck mit Talkumpuder, legten ein paar Lagen Papiertaschentücher oder Küchenrolle darauf und bügelten mit einem warmen Bügeleisen nach.

Auf Stoffen sollte Wachs jedenfalls unbedingt erstarrt sein, bevor man es entfernt. Um diesen Vorgang zu beschleunigen, taucht man den betroffenen Stoff zuerst in kaltes Wasser. Danach kann man das Wachs in Stücke brechen und entfernen. Verbliebene Reste im Gewebe kann man ausbügeln,

Feuer:
♈ Widder
♌ Löwe
♐ Schütze

Erde:
♉ Stier
♍ Jungfrau
♑ Steinbock

Luft:
♊ Zwillinge
♎ Waage
♒ Wassermann

Wasser:
♋ Krebs
♏ Skorpion
♓ Fische

indem man ein saugfähiges Papier oder Küchenrolle auf den Fleck legt und mit einem Bügeleisen entfernt. Danach mit Waschbenzin, Terpentin oder Alkohol nachbehandeln, um die Farbreste zu entfernen.

Zieren die Wachsflecke Ihren Teppichboden, verfahren Sie ähnlich: Sorgen Sie zuerst mit einem Beutel mit Eiswürfeln dafür, daß das Wachs sehr hart wird, zerkleinern Sie es dann, und bürsten Sie möglichst viel davon weg. Eventuelle Reste müssen Sie mit dem Bügeleisen und viel Löschpapier entfernen, doch Vorsicht – stellen Sie das Eisen auf die kleinste Stufe, Bodenbeläge halten meist nicht mehr aus. Farbreste behandeln Sie mit Fleckenwasser nach.

Wagenschmiere

Bei Wagenschmiere gilt wieder einmal: Fett beseitigt man mit Fett. Daher: erst mit Butter einreiben und dann mit grüner Seife auswaschen.

Feine Textilien sollte man mit Waschbenzin behandeln. Für alle derartigen Aktionen sind – falls nicht sofort möglich – Lufttage im abnehmenden Mond ideal.

Wasser

Ihre Holzmöbel haben Wasserflecke bekommen? Warten Sie nicht, sondern tropfen Sie etwas Olivenöl auf einen weichen Lappen, und streuen Sie Salz darauf. Mit dieser Mischung behandeln Sie die fleckigen Stellen.

Wein

Weinflecke sollten gar nicht erst eintrocknen. Spülen Sie den Wein sofort mit warmem oder heißem Wasser aus. Können Sie das Kleidungsstück dazu nicht ausziehen, empfiehlt es sich, ein Handtuch unter den Stoff zu legen und den Fleck mit heißem Wasser und einem Frotteetuch abzutupfen.

Weinflecke auf einem Tischtuch sollte man sofort mit einem feuchten Schwamm aufnehmen. Den Fleck dann großzügig mit Salz bestreuen, da das Salz die Farbe zersetzt. Danach wäscht man die Tischdecke wie gewohnt mit Seifenlauge oder entfernt die Flecke mit Alkohol.

Frische Rotweinflecke lassen sich auch über Wasserdampf entfernen. Ältere kann man in warmer Milch einweichen. Danach mit einer Lösung aus warmem Wasser und einem Schuß Essig nachspülen.

Landete Rotwein auf einem Wollteppich, entfernt man die Flecke, indem man so viel Salz auf den Teppich streut, bis es keine Flüssigkeit mehr aufnimmt. Eintrocknen lassen und absaugen. Weißweinflecken auf Teppichen rückt man mit warmem Wasser und Seifenlauge zu Leibe.

Wimperntusche

Wimperntusche enthält Fett und Farbe, die beim Reiben immer intensiver wird. Daher: auf keinen Fall reiben, sondern die Stelle mit lauwarmer Schmierseifenlauge abtupfen, einwirken lassen und dann gründlich mit klarem Wasser nachspülen.

Feuer:
Widder ♈
Löwe ♌
Schütze ♐

Erde:
Stier ♉
Jungfrau ♍
Steinbock ♑

Luft:
Zwillinge ♊
Waage ♎
Wassermann ♒

Wasser:
Krebs ♋
Skorpion ♏
Fische ♓

Feuer:
♈ Widder
♌ Löwe
♐ Schütze

Erde:
♉ Stier
♍ Jungfrau
♑ Steinbock

Luft:
♊ Zwillinge
♎ Waage
♒ Wassermann

Wasser:
♋ Krebs
♏ Skorpion
♓ Fische

Wenn das nicht sofort möglich ist, könnte der abnehmende Mond in einem Luftzeichen die Sache fördern.

Zahnpasta

Zahnpastaflecke auf Hausschuhen sollen schon zum Scheidungsgrund geworden sein. Als Fleck stellen sie jedoch, so unschön sie sind, kein Problem dar: Man entfernt sie mit lauwarmem oder heißem Wasser.

Zucker

Zuckerflecke kann man problemlos mit warmem oder heißem Wasser ausspülen. Auf Polstermöbeln sollten Sie rasch mit einem Schwamm und Wasser arbeiten, danach mit einem Tuch oder einem warmen Bügeleisen den Stoff trocknen. Hier gilt wieder: Am besten entfernen Sie den Fleck sofort. Ist das nicht möglich, so wählen Sie in diesem Fall einen Wassertag im abnehmenden Mond.

Rund ums Bett

Bettfedern

Machen Sie sich den abnehmenden Mond zunutze, und lüften Sie an Luft- oder Feuertagen, vor allem bei abnehmendem Mond, Ihre Betten.

Wenn der Mond in einem Erd- oder Wasserzeichen steht, sollten Sie dagegen zurückhaltend mit frischer Luft umgehen, besonders bei zunehmendem Mond in diesen beiden Elementen könnte sich zuviel Feuchtigkeit in den Federn sammeln.

Wer seine Bettfedern selber reinigen möchte, wählt am günstigsten einen Jungfrautag im abnehmenden Mond. Nehmen Sie die Federn aus den Inlets heraus, und weichen Sie sie drei bis vier Tage in einer schwach kohlensauren Natronlösung in Wasser ein. Danach gut abtropfen lassen, in reinem Wasser ausspülen und auf Sieben trocknen.

Bettwäsche

Auch Bettwäsche lüften Sie am besten bei abnehmendem Mond an Luft- oder Feuertagen.

Bettwäsche wäscht man am besten immer von links. Erstens wird der Staub der Decke, der sich in den Ecken sammelt, zuverlässig ausgewaschen, und zweitens kann man die großen Überzüge beim Beziehen einfach über die Decken „stülpen".

Beim Aufbewahren der Bettwäsche gibt es einen einfachen Trick: man legt unter jedes Laken und jeden Überzug ein Stück Papier. Dann kann man die Bettwäsche besser stapeln, und beim Herausnehmen gleitet sie leichter.

Feuer:
Widder ♈
Löwe ♌
Schütze ♐

Erde:
Stier ♉
Jungfrau ♍
Steinbock ♑

Luft:
Zwillinge ♊
Waage ♎
Wassermann ♒

Wasser:
Krebs ♋
Skorpion ♏
Fische ♓

Der Garten und der Mond

Viele Gartenarbeiten lassen sich im Rhythmus des Mondes leichter und sinnvoller durchführen. Ob es um die Vorbereitung des Bodens, das Düngen, Gießen und Bewässern der Pflanzen oder das Kompostieren geht – all diese Tätigkeiten fruchten ideal, wenn sie im Rhythmus der Natur durchgeführt werden, und den zeigt uns der Mond jede Nacht sichtbar an.

Die richtige Bodenvorbereitung

Noch vor der Winterruhe beginnt die Gartenarbeit für das nächste Jahr mit dem letzten Jäten der Beete. Wenn Sie nach der Ernte die Beete bei abnehmendem Mond jäten, schaffen Sie die besten Startbedingungen für das neue Wachstum im kommenden Jahr.

Besonders schwerer Boden sollte im Herbst umgegraben werden. Der Frost im Winter lockert das Erdreich auf. Wenn Sie diese Aktion nicht zu spät unternehmen, können sich Regenwürmer, Mikroorganismen und andere Bodenbewohner noch rechtzeitig vor dem ersten Frost in tiefere Bodenschichten zurückziehen. Dabei werden diese gleich mit belüftet. Bester Zeitpunkt zum Umgraben ist ein Jungfrautag im abnehmenden Mond.

Viele Pflanzen vertragen keinen frisch gedüngten Boden. Daher

Feuer:
♈ Widder
♌ Löwe
♐ Schütze

Erde:
♉ Stier
♍ Jungfrau
♑ Steinbock

Luft:
♊ Zwillinge
♎ Waage
♒ Wassermann

Wasser:
♋ Krebs
♏ Skorpion
♓ Fische

muß bereits im Herbst Kompost, Mist oder Gründünger untergegraben werden, ebenfalls am besten an einem Jungfrautag.

Die groben Schollen eines derart vorbehandelten Beetes, das über den Winter durchfriert, werden im Frühling zerteilt, eventuell nochmals mit Kompost vermengt und mit der Harke fein verteilt. Ideal dazu ist ein Tag bei zunehmendem Mond. Wenn Sie dabei nochmals kompostieren, führen Sie diese Arbeit an einem Jungfrautag bei abnehmendem Mond durch. Ansonsten verbinden Sie diesen Schritt mit der ersten Phase der Unkrautbekämpfung. Lesen Sie einfach im nächsten Abschnitt weiter.

Zuvor jedoch noch ein Wort über Mist und Gründünger – Kompost wird weiter unten ausführlicher behandelt.

Mist sollten Sie nie sehr tief eingraben, denn er benötigt zum Verrotten Sauerstoff, und den findet er nur direkt an der Oberfläche. Für die meisten Pflanzen ist frischer Mist zu scharf. Mist ist also ein klassischer Fall für die Herbstdüngung.

Gründünger – das sind die berühmten Leguminosen, also Pflanzen, deren Wurzeln Stickstoff binden können. Hierbei handelt es sich um vertraute Gewächse wie Erbsen, Bohnen, Klee, Senf, Spinat und um Blumen wie Lupinen und Luzernen.

Wenn Sie sie als Gemüse oder Blumen ziehen wollen, sollten Sie sie bei zunehmendem Mond aussäen, denn dann entwickelt die Pflanze oberhalb der Erde besonders viel Kraft.

Sollen sie hingegen als Gründünger dienen, so säen Sie sie bei abnehmendem Mond in einem Erdzeichen in das abgeerntete Beet. Jetzt entwickeln sie ihre Hauptenergie in die Erde hinein, die Wurzelbildung wird besonders gefördert. Vor der Blüte werden die Pflanzen geschnitten und, am besten bei abnehmendem Mond, in den Boden eingearbeitet.

Unkrautfrei in drei Tagen

Um die Beete unkrautfrei zu bekommen, gibt es einen fast schon gemeinen Trick. Er bedeutet zwar, daß man die Beete dreimal umgraben muß, damit ist das Thema Unkraut dann allerdings theoretisch für das ganze Jahr erledigt.

Erster Termin: bei zunehmendem Mond im Löwen. Das ist frühestens Ende Februar. Indem man an einem warmen Löwetag im zunehmenden Mond das Beet umgräbt, holt man die Unkrautsamen aus der Winterruhe. Sie tun das, was auch andere Pflanzen, die Früchte und Samen tragen, an ihrer Stelle tun würden: sie beginnen zu keimen.

Zweiter Termin: bei abnehmendem Mond im Steinbock. Das ist genau zwei Wochen später. Die Erde atmet ein, die zarten Keimlinge, die auf oberirdisches Wachstum eingestellt sind und jetzt gestört werden, bekommen keine Energie aus dem Boden, sondern werden durch diesen neuen Termin auf Wachstum nach unten umgepolt, und das überleben sie nicht.

Dritter Termin: etwa vier Wochen später, wieder im abnehmenden Mond. Die Unkrautpflänzchen, die den ersten Termin verschlafen und den zweiten verpaßt haben, werden jetzt garantiert erwischt, im Wachstum gestört und haben durch die Energie des

Feuer:
Widder ♈
Löwe ♌
Schütze ♐

Erde:
Stier ♉
Jungfrau ♍
Steinbock ♑

Luft:
Zwillinge ♊
Waage ♎
Wassermann ♒

Wasser:
Krebs ♋
Skorpion ♏
Fische ♓

Feuer:
♈ Widder
♌ Löwe
♐ Schütze

Erde:
♉ Stier
♍ Jungfrau
♑ Steinbock

Luft:
♊ Zwillinge
♎ Waage
♒ Wassermann

Wasser:
♋ Krebs
♏ Skorpion
♓ Fische

abnehmenden Mondes keine Chance, sich zu erholen.

Jetzt ist es Mitte bis Ende April, das Beet ist unkrautfrei und bereit zur Aussaat der ersten robusten, kälteunempfindlichen Pflanzen.

Der Klügere gibt nach

Sollte ein Kraut diese Prozedur überleben, wechseln Sie doch einfach die Strategie, und geben Sie ihm eine Chance. Lassen Sie es wachsen, und schauen Sie nach, was es ist, was sich da so hartnäckig bei Ihnen ansiedeln will. Vielleicht ist es eine wildwachsende Heilpflanze, die Ihnen einen gesunden Hustensaft gegen Ihren Reizhusten liefern kann oder einen Tee gegen Ihre Verdauungsstörungen. Vielleicht ist es auch eine Lupine, die Ihren Boden metertief lockert und mit Stickstoff anreichert – wer weiß?

Was damit gesagt sein soll: Nicht alles, was in Ihrem Boden wild wächst, ist deshalb bereits automatisch ein Unkraut. Auf Ihrem Büroschreibtisch können Sie ja penible Ordnung halten und diese auch hartnäckig verteidigen. Ihr Garten ist ein lebendes System mit natürlicher Vielfalt – freuen Sie sich daran.

Säen, Pflanzen und Umpflanzen

Beim Gärtnern mit dem Mond ist der Zeitpunkt entscheidend, zu welchem eine Handlung begonnen wird. Er setzt gleichsam die Initialzündung. Die Energie, mit der dieser Anstoß erfolgt, begleitet diese Handlung während ihrer gesamten Dauer. Zu späteren Anlässen können weitere Anstöße die ursprüngliche Energie verstärken oder verändern.

Es liegt auf der Hand, daß der Zeitpunkt, zu dem ein Vegetationszyklus beginnt, für den gesamten Zyklus besonders entscheidend ist. Wann Sie eine Pflanze aussäen, auspflanzen oder umpflanzen, wirkt sich auf den Verlauf ihres gesamten Wachstums aus. Die Zeitpunkte, die Sie fürs Düngen, Gießen, für den Rückschnitt oder die Ernte wählen, sorgen für zusätzliche Impulse.

Welches der richtige Zeitpunkt fürs Säen ist, das ist von Pflanze zu Pflanze ein wenig unterschiedlich. Grundsätzlich gilt jedoch das Bild der Erde, die ein- und ausatmet. Alles, was unter der Erde wächst, bekommt Energie, wenn die Erde einatmet, also bei abnehmendem Mond. Was über der Erde wächst, erhält Unterstützung bei zunehmendem Mond, wenn die Erde ausatmet.

Die vier Pflanzenkategorien und der Mond

Um bei jeder Pflanze zu entscheiden, was für sie der günstigste Termin fürs Säen, Setzen, Gießen, Düngen und so weiter ist, teilt man die Pflanzen je nach dem Teil, der im Vordergrund steht, in Frucht-, Wurzel-, Blüten- und Blattpflanzen ein.

Feuer:
Widder ♈
Löwe ♌
Schütze ♐

Erde:
Stier ♉
Jungfrau ♍
Steinbock ♑

Luft:
Zwillinge ♊
Waage ♎
Wassermann ♒

Wasser:
Krebs ♋
Skorpion ♏
Fische ♓

Feuer:
♈ Widder
♌ Löwe
♐ Schütze

Erde:
♉ Stier
♍ Jungfrau
♑ Steinbock

Luft:
♊ Zwillinge
♎ Waage
♒ Wassermann

Wasser:
♋ Krebs
♏ Skorpion
♓ Fische

Fruchtpflanzen

Darunter verstehen wir Pflanzen, bei denen die Ausbildung der Frucht im Vordergrund steht.

Zum Beispiel:

Auberginen, Bohnen, Erbsen, Erdbeeren, Gurken, Himbeeren, Johannisbeeren, Kürbis, Mais, Sonnenblumen, Tomaten, Zucchini und alle Obstbäume.

Fruchtpflanzen sind dem Element Feuer zugeordnet.

Wurzelpflanzen

Wurzelpflanzen sind Pflanzen, bei denen die Ausbildung der Wurzel im Vordergrund steht.

Zum Beispiel:

Kartoffeln, Knoblauch, Meerrettich, Möhren, Pastinaken, Rettich, Rüben, Schwarzwurzeln, Sellerie, Zwiebeln und alle Kräuter, von denen die Wurzeln verwendet werden.

Wurzelpflanzen sind dem Element Erde zugeordnet.

Blütenpflanzen

Blütenpflanzen sind Pflanzen, bei denen (für uns, denn natürlich „will" die Pflanze Samen ausbilden) die Ausbildung der Blüte im Vordergrund steht.

Zum Beispiel:

Blumenkohl, Brokkoli, Kamille, Kapuzinerkresse, Lavendel, Ringelblumen und natürlich die meisten einjährigen Sommerblumen.

Blütenpflanzen sind dem Element Luft zugeordnet.

Blattpflanzen

Blattpflanzen sind Pflanzen, bei denen (für uns, denn natürlich „will" die Pflanze auch Blüten und Samen ausbilden) die Ausbildung der Blätter im Vordergrund steht.

Zum Beispiel:

Alle Salatarten, Fenchel, Lauch, alle Kohlarten bis auf Blumenkohl und Brokkoli, ferner Mangold, Spinat und alle Kräuter, von denen die Blätter verwendet werden.

Blütenpflanzen sind dem Element Wasser zugeordnet.

Die praktische Umsetzung

Oben haben wir gehört, daß bei zunehmendem Mond diejenigen Pflanzenteile Energie bekommen, die über der Erde liegen, während bei abnehmendem Mond die unterirdischen Teile besonders viel Kraft erhalten. Die erste Konsequenz daraus lautet: Wurzelpflanzen sollten bei abnehmendem Mond gesät oder gepflanzt werden, Frucht-, Blüten- und Blattpflanzen bei zunehmendem Mond.

Wenn wir diese Zuordnung auf die Aussaat- und Pflanztermine der meisten heimischen Pflanzen übertragen, heißt das folgendes:

Fruchtpflanzen werden energetisch ideal unterstützt, wenn sie an einem Tag gesät werden, an dem der Mond in einem Feuerzeichen steht.

Feuer:
Widder ♈
Löwe ♌
Schütze ♐

Erde:
Stier ♉
Jungfrau ♍
Steinbock ♑

Luft:
Zwillinge ♊
Waage ♎
Wassermann ♒

Wasser:
Krebs ♋
Skorpion ♏
Fische ♓

Feuer:
♈ Widder
♌ Löwe
♐ Schütze

Erde:
♉ Stier
♍ Jungfrau
♑ Steinbock

Luft:
♊ Zwillinge
♎ Waage
♒ Wassermann

Wasser:
♋ Krebs
♏ Skorpion
♓ Fische

Wurzelpflanzen bekommen die für sie „passende" Energie, wenn der Mond in einem Erdzeichen steht.

Blütenpflanzen bekommen dann den für sie idealen Startimpuls, wenn der Mond in einem Luftzeichen steht.

Für Blattpflanzen ist wiederum die Energie richtig, wenn der Mond in einem Wasserzeichen steht.

Die Tabelle am Ende dieser Seite faßt diese Aussagen zusammen.

Mit dieser Information könnten Sie jetzt Ihren Garten bepflanzen. Überlegen Sie sich, auf welchen Teil es Ihnen bei einer bestimmten Pflanze ankommt – bei Petersilie etwa auf die Wurzel oder auf die Blätter, bei Sellerie etwa auf die Blattstiele oder auf die Knollen, und bestimmen Sie danach den idealen Termin für die Aussaat.

Ausnahmen und Abweichungen von der Regel

Zu jeder Regel gibt es Ausnahmen. Meistens läßt sich für sie eine sinnvolle Erklärung finden.

Säen und Pflanzen mit dem Mond:

Pflanzenteil	Element	Tierkreiszeichen	Mondphase
Frucht	Feuer	Widder, Löwe, Schütze	zunehmender Mond
Wurzel	Erde	Stier, Jungfrau, Steinbock	abnehmender Mond
Blüte	Luft	Zwillinge, Waage, Wassermann	zunehmender Mond
Blatt	Wasser	Krebs, Skorpion, Fische	zunehmender Mond

Ein Beispiel ist der Kopfsalat. Kopfsalat soll nicht schießen. Er soll seine Blätter nicht frei und ungehindert ausbreiten, sondern eher zusammenhalten. Das ist der Grund, weshalb Kopfsalat zwar bei zunehmendem Mond an einem Wassertag gesät, nicht aber ausgepflanzt werden soll. Er soll vielmehr bei abnehmendem Mond gepflanzt werden.

Die Energie des abnehmenden Mondes „bremst" ihn wieder etwas ein. Wenn es heißt, der beste Zeitpunkt sei ein Tag im Stier, so steht dahinter das angestrebte Bild der Dickköpfigkeit des Stiers und zugleich die Festigkeit des Elements Erde. Nach der Aussaat wird Salat also wie ein Wurzelgemüse behandelt.

Eine grundsätzlichere Abweichung von diesem Schema stellt die Ansicht dar, die Feuertage Widder, Löwe und Schütze seien generell ungünstige Aussaattermine. Sogar als „unfruchtbare Tage" werden sie bezeichnet.

Auch diese Sehweise hat ihre Berechtigung. Damit ein Samenkorn keimen kann, benötigt es in erster Linie Wasser und Erde. Wärme ist nicht so wesentlich. Die Wintersaat zeigt uns das jedes Jahr aufs neue: Während die Temperaturen am tiefsten stehen, keimt sie in der Erde heran. Der Mangel an Wärme verhindert die Entwicklung neuen Lebens nämlich nicht, er läßt die Keimung und das erste Wachsen lediglich langsamer ablaufen.

Daß dies bei der Wintersaat kein Nachteil ist, liegt auf der Hand. Sie soll sogar warten, bis draußen alles wieder warm ist.

Der Mangel an Wärme schadet den Pflanzen also

Feuer:
Widder ♈
Löwe ♌
Schütze ♐

Erde:
Stier ♉
Jungfrau ♍
Steinbock ♑

Luft:
Zwillinge ♊
Waage ♎
Wassermann ♒

Wasser:
Krebs ♋
Skorpion ♏
Fische ♓

Feuer:
♈ Widder
♌ Löwe
♐ Schütze

Erde:
♉ Stier
♍ Jungfrau
♑ Steinbock

Luft:
♊ Zwillinge
♎ Waage
♒ Wassermann

Wasser:
♋ Krebs
♏ Skorpion
♓ Fische

bei der Keimung nicht. Wo nun Wärme keine Mangelware, sondern im Überfluß vorhanden ist, kann ein „Mangel an Wärme" sehr schnell zu einem „Schutz vor zu viel Wärme" werden.

Es kommt auf den Kontext an. Wollen Sie eine wärmebedürftige Pflanze in rauhem Klima aussäen, in dem an Wasser und fruchtbarer Erde kein Mangel herrscht, wohl hingegen an Wärme, so tun Sie gut daran, sie an einem Feuertag zu säen.

Wollen Sie hingegen eine Pflanze, die viel Wasser und gemäßigte Temperaturen benötigt, in einer heißen Gegend aussäen, etwa in Griechenland oder der Toskana, so kann die Energie eines Feuertages genau jenes Zuviel an Wärme bedeuten, das die Keime verbrennt. Und daher gelten Widder-, Löwe- und Schützetage auch als unfruchtbar.

In unseren Breiten gilt in den meisten Fällen: Feuertage sind ideale Aussaattermine für Fruchtpflanzen.

Sie selbst können am besten abschätzen, wie warm, wie trocken Ihr Garten ist. Wenn Sie spüren, eine Aussaat an einem Wärmetag könnte Ihre Keimlinge überfordern, dann säen Sie auch Fruchtpflanzen an einem Wassertag im zunehmenden Mond aus, pflanzen Sie sie dann allerdings an einem Feuertag ins Beet, und pflegen, gießen und düngen Sie sie an Feuertagen.

An dieser Stelle sei wieder einmal die Warnung vor starrer Regelgläubigkeit ausgesprochen. Verlassen Sie sich auf eines in der Welt zuallererst: auf Ihr Gespür. Leben ist beweglich und unglaublich vielfältig. Regeln sind naturgemäß starr und können dieser lebendigen Vielfalt kaum gerecht werden.

Dieses Buch enthält Regeln für das Leben mit dem Mond. Haben Sie Mut zu den Ausnahmen.

Und jetzt zu ein paar Tips und Tricks, die das Saatgut betreffen. Sie sind alterprobt und zum Teil ganz unabhängig vom Mondstand einfach gut.

Saatgut

Sie sparen viel Geld, wenn Sie Saatgut von Ihren eigenen Pflanzen oder denen der Nachbarn verwenden.

Wenn Sie selbstgewonnenes Saatgut verwenden, ist es sinnvoll, eine Keimprobe zu machen, die zeigt, wie dicht die Saat aufgehen wird.

Dazu eignen sich zwei feuchte Wolltücher, zwischen die das abgezählte Saatgut gelegt wird. Die Tücher werden aufeinandergelegt, zusammengebunden und an einen warmen Ort gebracht. Nach einigen Tagen müßte sich die Keimfähigkeit Ihres Samens anhand weißer Keimspitzen zeigen.

Feuer:
Widder ♈
Löwe ♌
Schütze ♐

Erde:
Stier ♉
Jungfrau ♍
Steinbock ♑

Luft:
Zwillinge ♊
Waage ♎
Wassermann ♒

Wasser:
Krebs ♋
Skorpion ♏
Fische ♓

Praktische Tips zum Thema Saatgut:

Verwenden Sie stets die ersten Samen der Saison. Sie sind meist besonders kräftig und widerstandsfähig.

Die Samen müssen gut trocknen, bevor sie überwintert werden. Lassen Sie sie auf Zeitungspapier an einem trockenen, luftigen und schattigen Platz nachreifen.

Beschriften Sie Ihre Samenbehältnisse. Egal, ob Streichholzschachtel oder Filmdöschen – Sie können sich garantiert nächstes Jahr nicht mehr erinnern, von welcher Pflanze diese winzigen schwarzen Körner stammen. Halten Sie den Namen der Pflanze und das Datum der „Ernte“ fest.

Feuer:
♈ Widder
♌ Löwe
♐ Schütze

Erde:
♉ Stier
♍ Jungfrau
♑ Steinbock

Luft:
♊ Zwillinge
♎ Waage
♒ Wassermann

Wasser:
♋ Krebs
♏ Skorpion
♓ Fische

Normalerweise keimen etwa neunzig Prozent. Keimt auffällig viel weniger Samen, so wissen Sie aufgrund dieser Keimprobe, daß Sie diesen Samen dichter als üblich aussäen sollten.

Der günstigste Zeitpunkt für die Keimprobe ist fairerweise bei einem ähnlichen Mondstand wie der geplante Aussaattermin, also bei zunehmendem Mond in einem Luftzeichen, wenn es sich um blühende Pflanzen handelt. Bis zum nächsten derartigen Termin haben Sie das Ergebnis Ihrer Probe und wissen, wie dicht Sie diese Samen aussäen müssen.

Starthilfe für Samenkörner

Sie können Ihre Pflanzensamen schon vor der Aussaat pflegen und vorbehandeln. Ein ebenso alter wie wirksamer Trick ist das Beizen mit Kräuterauszügen.

Ob mit einer Beize aus Knoblauch, aus Zinnkraut oder aus Kamille: Ihrem Saatgut tut es gut, wenn es vor der Aussaat in eine Mullbinde gewickelt eine Viertelstunde lang in die jeweilige Kräuterzubereitung – meist ein Kaltauszug – gehängt wird.

Wenn Ihr Saatgut nicht keimen will:

Länger gelagertes Saatgut hat immer wieder Keimprobleme. Eventuell kann daran ein Ölfilm schuld sein, den die Samen während der langen Lagerung ausschwitzen. Wenn Sie die Samen vor der Aussaat mit Sand oder Erde abreiben, entfernen Sie diesen Ölfilm, und Luft und Feuchtigkeit können nun ungehindert an den Samen heran.

Das Saatgut wird dann auf einer Zeitung im Schatten zum Trocknen ausgelegt und am nächsten Tag gesät.

Der beste Zeitpunkt für eine solche Vorbehandlung ist bei zunehmendem Mond. Ob an einem Wasser- oder an einem Lufttag, richtet sich nach dem Wesen der Pflanze.

Für den Kaltauszug setzen Sie Knoblauch, Kamille oder Zinnkraut mit kaltem Wasser an und lassen es über Nacht stehen.

Schon fast in Vergessenheit geraten ist eine Alternative zur Kräuterbeize, die früher gang und gäbe war: Gemüsesamen kamen vor dem Aussäen einfach in den Nachttopf eines (gesunden) Kindes und am Morgen darauf sofort in die warme Erde. Wenn Sie also ein Kind im Töpfchenalter in Ihrer Familie haben, könnten Sie diesen Trick ausprobieren. Das Kind findet das sicher spannend und wird sich für „seine" Pflanzen später interessieren.

Bei zunehmendem Mond sind die Samen für eine solche Behandlung am stärksten aufnahmebereit.

Auch eine Beize in Magermilch hilft den Samen, schneller aufzugehen. Legen Sie sie bei zunehmendem Mond über Nacht hinein, und säen Sie sie am nächsten Tag aus.

Ein kurzes Bad in heißem Wasser tötet Pilzkeime ab und eignet sich ebenfalls als Keimanstoß – allerdings nur bis zu einer Temperatur von 50 Grad Celsius – wenn das Bad nämlich zu heiß ist, werden nicht nur die Pilze, sondern auch die Eiweiße im Saatgut zerstört, und von Keimfähigkeit ist dann keine Rede mehr.

Feuer:
Widder ♈
Löwe ♌
Schütze ♐

Erde:
Stier ♉
Jungfrau ♍
Steinbock ♑

Luft:
Zwillinge ♊
Waage ♎
Wassermann ♒

Wasser:
Krebs ♋
Skorpion ♏
Fische ♓

Feuer:
♈ Widder
♌ Löwe
♐ Schütze

Erde:
♉ Stier
♍ Jungfrau
♑ Steinbock

Luft:
♊ Zwillinge
♎ Waage
♒ Wassermann

Wasser:
♋ Krebs
♏ Skorpion
♓ Fische

Aussaat

Wer mit dem Mond gärtnern will, sollte seine Pflanzen selbst aussäen. Nur so kann er sicher sein, daß sie von Anfang an mit der richtigen Energie ins Leben geschickt werden, und nur so kann er sicher sein, daß sie zum richtigen Termin gesät worden sind. Welches der für jede Pflanze richtige Zeitpunkt ist, geht aus der Tabelle auf Seite 200 hervor.

Zwar können Sie durch den optimalen Zeitpunkt beim Umsetzen oder Pflegen noch einiges gutmachen, doch es ist sicher nicht das gleiche, wie wenn Ihre Pflanzen von vornherein den idealen ersten Anstoß zum Wachsen erhalten.

Es gibt noch ein weiteres Argument dafür, seine Pflanzen selbst auszusäen: Jungpflanzen, die aus einem anderen Klima kommen, müssen zunächst den Klimawechsel verkraften. Pflanzen, die schon in der Region ausgesät worden sind, in der sie dann wachsen sollen, sind wesentlich widerstandsfähiger als solche, die in für sie fremde klimatische Verhältnisse umgesiedelt worden sind.

Wenn Sie Ihre Pflanzen selbst aussäen, geben Sie ihnen also von Anfang an bessere Chancen, als wenn Sie Jungpflanzen einkaufen.

Setzlinge

Irgendwann ist für Ihre neuen Pflänzchen der Zeitpunkt gekommen, an dem sie aus dem Saatbeet oder Schälchen auf der Fensterbank ins Freie, ins „große" Beet, in der Regel an ihren endgültigen Standort gesetzt werden. Ideal ist dafür der zuneh-

Optimale Kinderstube: Tips zur Aussaat:

Wenn Sie Ihre Jungpflanzen selbst aussäen, haben Sie auch die Wahl der optimalen Aussaaterde in der Hand.

Eine Mischung aus Fichtennadel-Kompost und Sand oder eine Mischung aus Obstbaumlaubkompost und Maulwurfshügelerde verhilft den Keimlingen gleich zu einem ausgezeichneten Start.

Für feine Saaten basteln Sie sich vielleicht eine Säflasche: Füllen Sie den feinen Samen in eine Flasche, für die es auch einen passenden Verschluß gibt. In den Verschluß, sei es ein Korken, sei es ein Schraubverschluß, bohren Sie ein Loch, durch das ein Strohhalm gesteckt wird. Und nun kann der Samen wunderbar dosiert in die Saatrillen gegossen werden. Eine sparsame und vor allem gleichmäßige Bepflanzung ist dadurch gewährleistet. Wenn Sie die Samen zu dicht aussäen, müssen Sie die Keimlinge hinterher vereinzeln – und das ist nicht nur mühsam, sondern stellt auch eine unnötige Irritation der Wurzeln der bleibenden Pflänzchen dar.

Damit die zarten Keimlinge nicht frieren und damit sich in den Töpfen kein Schimmel bildet, kann man die Erde mit feinem, gehacktem Moos bedecken. Gehackt muß es deshalb sein, weil die Keimlinge unter einer festen Moosschicht Gefahr laufen würden, zu ersticken.

Ihre im Freien keimenden Pflänzchen sollten Sie davor schützen, daß sie nicht vom nächsten kräftigen Regenguß oder Gewitterschauer weggeschwemmt werden.
Das geht am leichtesten, wenn das Saatbeet fein geharkt ist und Sie auf die frische Saat leere Säcke (Jute statt Plastik, wenn möglich) legen, die bis zur erfolgten Keimung auch dort bleiben.

Feuer:
♈ Widder
♌ Löwe
♐ Schütze

Erde:
♉ Stier
♍ Jungfrau
♑ Steinbock

Luft:
♊ Zwillinge
♎ Waage
♒ Wassermann

Wasser:
♋ Krebs
♏ Skorpion
♓ Fische

mende Mond – sofern Sie es nicht gerade mit einer Wurzelpflanze zu tun haben.

Keine Jungpflanze wird gerne umgepflanzt. Lediglich Kohlpflänzchen scheinen durch Ortswechsel zu neuen Leistungen angespornt zu werden. Doch sie sind eine Ausnahme.

Um für Ihre Schützlinge diesen Schock ein wenig abzumildern, gönnen Sie ihnen doch ein Wurzelbad. Stellen Sie sie ein paar Stunden lang hinein, während Sie das neue Beet für sie vorbereiten.

Trotz Wurzelbad wird die rauhe Frühlingsluft für Ihre im Haus gezogenen Jungpflanzen ein Schock sein. Gewöhnen Sie sie also vor dem Auspflanzen langsam ein, härten Sie die Pflänzchen ab:

Stellen Sie sie ein bis zwei Wochen vor der geplanten Aussaat mittags für ein paar Stunden an einen geschützten Platz im Freien. Ideal ist hierfür ein Tag, an dem der Mond in einem Feuerzeichen steht, also im Widder, im Löwen oder im Stier. Jetzt kann die Wärme den Temperaturschock nur lindern.

Verwöhnprogramm für feine Wurzeln – Wurzelbäder:

Einfach zubereitete, aber wirkungsvolle Bäder bilden Brennnesseljauche oder Knoblauchwasser.

Auch ein Bad in einem Lehmbrei kann besonders bei Setzlingen mit langen Wurzeln Wunder wirken. Er schützt sie nicht nur vor dem Austrocknen, sondern hilft durch sein Gewicht dem Pflänzchen auch, gerade ins Pflanzenloch zu kommen.

Fertige Zubereitungen für Wurzelbäder gibt es auch im Fachhandel zu kaufen.

Verlängern Sie den Zeitraum täglich um etwa ein bis zwei Stunden, bis die Pflänzchen in ihrem Saatkistchen schließlich auch nachts draußen bleiben. Das geht allerdings bei den meisten Pflanzen erst, sobald nicht mehr mit Nachtfrösten zu rechnen ist, also nach den Eisheiligen.

Der Zeitpunkt zum Umsetzen hängt von der Art der Pflanze ab. Für alle Pflanzen bis auf Wurzelgemüse sind Tage im zunehmenden Mond ideal. Blattpflanzen erhalten die idealen Impulse an Wassertagen, Blütenpflanzen an Lufttagen, Fruchtpflanzen an Feuertagen und Wurzelpflanzen an Erdtagen im abnehmenden Mond – siehe die Tabelle auf Seite 200.

Die Setzlinge müssen beim Auspflanzen gut angegossen werden. Am besten ist es, man bewässert das Beet schon am Vortag gründlich. Dann ist der Boden besonders feucht, und die Pflänzchen müssen nicht sofort um jeden Tropfen Wasser kämpfen.

Auch hier können Sie dazu beitragen, den Umpflanzschock möglichst geringzuhalten, indem Sie mit lauwarmem, abgestandenem Regenwasser den Boden im Kreis rund um den Setzling gießen, jedoch darauf achten, daß das Wasser nicht direkt auf die Pflanze fällt.

Auch die guten alten Häubchen aus Wachspapier, die man früher auf die Pflänzchen setzte, hatten zum Ziel, für diese ein möglichst geschütztes Klima zu schaffen, um früher ernten zu können.

Sie werden heute daran scheitern, weil Sie vermutlich kein Wachspapier mehr bekommen, aber die Idee an sich ist gut. Heute gibt es Folien aus Plastik, die den gleichen Zweck erfüllen. Der Erfolg:

Feuer:
Widder ♈
Löwe ♌
Schütze ♐

Erde:
Stier ♉
Jungfrau ♍
Steinbock ♑

Luft:
Zwillinge ♊
Waage ♎
Wassermann ♒

Wasser:
Krebs ♋
Skorpion ♏
Fische ♓

Feuer:
♈ Widder
♌ Löwe
♐ Schütze

Erde:
♉ Stier
♍ Jungfrau
♑ Steinbock

Luft:
♊ Zwillinge
♎ Waage
♒ Wassermann

Wasser:
♋ Krebs
♏ Skorpion
♓ Fische

Sie helfen, die Ernte um bis zu drei Wochen vorzuverlegen.

Stecklinge

Viele Pflanzen lassen sich sehr gut durch Stecklinge vermehren.

Werden die Stecklinge ausgesetzt, vertragen sie zunächst nur sehr magere Erde, also reiner Sand oder eine Mischung aus Sand und Anzuchterde – sicherheitshalber sollte beides sterilisiert werden. Das können Sie entweder in der Mikrowelle erledigen, oder aber Sie kaufen eine fertige, sterilisierte, desinfizierte Mischung.

Zum Aussetzen der Stecklinge ist ein Jungfrautag ideal. Schließlich ist zunächst sehr wichtig, daß sie gut anwurzeln.

Von Natur aus gut wurzelnde Pflanzen haben kein Problem damit, wenn Sie sie an einem Jung-

So bekommen Sie kräftige Stecklinge:

Wählen Sie gesunde, kräftige Pflanzen aus, um von ihnen Stecklinge zu schneiden.

Der richtige Zeitpunkt ist bei den meisten Pflanzen, die sich auf diesem Weg vermehren lassen, im Frühjahr vor der Blüte.

Von wintergrünen Stauden werden die Stecklinge im September genommen. Diese Stecklinge werden in Sand eingeschlagen und an einem kühlen, hellen Raum überwintert.

Stecklinge, die stark bluten, halten Sie einen Augenblick über eine Flamme, oder Sie tauchen sie ganz kurz in heißes Wasser.

frautag einfach in ein vorbereitetes Pflanzloch stekken, angießen und die Erde festtreten.

Empfindlichen Pflanzen muß man beim Anwurzeln etwas helfen. Das kann dadurch erfolgen, daß man sie in einem Blumentopf mit magerer Anzuchterde steckt, gut angießt, eine durchsichtige Plastiktüte darüberstülpt und dieses Minitreibhaus aufs sonnige Fensterbrett stellt. Wenn die ersten Wurzeln und Triebe da sind, wird die Pflanze wie ein Keimling abgehärtet, ehe sie an ihren Platz im Freien gepflanzt wird.

Zwiebeln

Auch Blumenzwiebeln müssen Sie nicht kaufen, sondern können sie durch Vermehrung vorhandener Zwiebeln heranziehen.

Bei manchen Blumen zahlt sich der Aufwand kaum aus. Für das Gärtnern mit dem Mond ist es überdies relativ gleichgültig, ob Sie die Zwiebeln selbst herangezogen haben oder nicht: Der Termin, an dem die Zwiebel ausgepflanzt wird, entscheidet darüber, ob die Pflanze mit der oder gegen die „Kraft" des Mondes gedeiht. Sie haben es also bei einer Zwiebelpflanze selbst in der Hand, ihr die richtigen Impulse zu geben.

Bei manchen Blumen ist die Vermehrung der Zwiebeln ganz leicht und auch finanziell nicht unattraktiv.

Ein Beispiel ist die Lilie: Setzen Sie Ihre Zwiebeln im Herbst sehr dicht an einem halbschattigen Platz in einer Tiefe von ungefähr zwanzig Zentimetern auf eine Sandschicht. Füllen Sie das Pflanzloch mit

Feuer:
♈ Widder
♌ Löwe
♐ Schütze

Erde:
♉ Stier
♍ Jungfrau
♑ Steinbock

Luft:
♊ Zwillinge
♎ Waage
♒ Wassermann

Wasser:
♋ Krebs
♏ Skorpion
♓ Fische

einer Mischung aus Waldkompost, Gartenerde und Holzasche auf. Sie können diese Zwiebelvermehrungsaktion auch ohne weiteres im Eimer im Keller ausführen. Hierfür ist ein Tag im abnehmenden Mond in einem Erdzeichen ideal.

Auch bei Zwiebelpflanzen gilt ansonsten: Da es Ihnen auf die Blüte ankommt, gehören Blumenzwiebeln an einem Lufttag im zunehmenden Mond in die Erde.

Fruchtwechsel nach dem Mond

Ehe Sie Ihre Pflänzchen in die Erde setzen, müssen Sie unbedingt zwei Fragen klären: Was wuchs an dieser Stelle im vorigen Jahr? Und: Was setze ich daneben? Zunächst zur Fruchtfolge.

Vorgänger am selben Standort können das Ihre dazu beitragen, daß eine Pflanze entweder wunderbar gedeiht oder aber nicht so recht will.

So sind zum Beispiel die idealen Vorgänger für Erdbeeren Brennesseln, Rosenkohl hingegen freut sich sehr, wenn er ein ehemaliges Frühkartoffel-Beet übernimmt. Nach Tomaten und Roter Bete will kaum jemand so recht den Platz übernehmen, hier ist erst Gründünger oder ein gründliches Einarbeiten von Mist und Kompost vonnöten.

Zu diesem Thema ließe sich noch viel ausführen. Doch kürzer geht es, wenn man sich ein paar Regeln vor Augen führt.

Um den Boden nicht einseitig zu belasten, darf nicht mehrere Jahre hintereinander an derselben Stelle immer die gleiche Pflanze angebaut werden. Sie würde dem Boden immer die gleichen Nährstoffe entziehen und ihn dadurch einseitig auslaugen, zugleich aber die Gefahr von Krankheitserregern für sich selbst erhöhen.

Kohlfäule und Kartoffelälchen können rasch den Boden verseuchen, wenn Kohlarten und Kartoffeln mehrere Jahre hintereinander auf derselben Stelle angebaut werden. Hier hilft nur ein konsequent durchgeführter Fruchtwechsel.

Unsere Vorfahren behalfen sich seit dem Mittelalter mit der Dreifelderwirtschaft: Jeweils ein Drittel des Bodens war in jedem Jahr Brachfeld und wurde im „Brachmonat" Juni bearbeitet.

Kunstdünger scheint dies nicht mehr nötig zu machen, doch es gibt eine umweltschonendere Alternative. Das Schlüsselwort lautet wieder: Fruchtwechsel.

Anleitungen, welche Pflanzen Sie am besten nacheinander an eine Stelle pflanzen sollten, finden Sie in jedem Gartenbuch. Doch die kann sich ein Gartenneuling meist nicht merken, und wer hat schon das Buch bei der Hand, wenn er im Frühjahr die Erbsen und Bohnen säen will?

Daher unser Tip: Verfahren Sie mit dem Mond.

So wie in der Astrologie die Elemente Feuer, Erde, Luft und Wasser aufeinanderfolgen (Widder, Stier, Zwillinge, Krebs) und unserem Leben durch ihre immer gleiche Reihenfolge eine Ordnung verleihen, so können sie es auch im Garten.

Lassen Sie Feuer, Erde, Luft und Wasser auch bei den Pflanzenarten aufeinanderfolgen. Pflanzen Sie nacheinander Frucht-, Wurzel-, Blüten- und Blattpflanzen an eine Stelle. So belasten Sie den Boden nicht einseitig. Das Ergebnis wird Sie verblüffen.

Feuer:
Widder ♈
Löwe ♌
Schütze ♐

Erde:
Stier ♉
Jungfrau ♍
Steinbock ♑

Luft:
Zwillinge ♊
Waage ♎
Wassermann ♒

Wasser:
Krebs ♋
Skorpion ♏
Fische ♓

Feuer:
♈ Widder
♌ Löwe
♐ Schütze

Erde:
♉ Stier
♍ Jungfrau
♑ Steinbock

Luft:
♊ Zwillinge
♎ Waage
♒ Wassermann

Wasser:
♋ Krebs
♏ Skorpion
♓ Fische

Die Vier-Beete-Wirtschaft

Das kann so aussehen: Sie teilen den Garten in vier Beete.

Im ersten Jahr pflanzen Sie in ein Beet Fruchtpflanzen, in das nächste Wurzelpflanzen, in das dritte Blütenpflanzen und in das vierte Blattpflanzen.

Im zweiten Jahr setzen Sie in das erste Beet Wurzelpflanzen, in das zweite Beet Blütenpflanzen, in das dritte Beet Blattpflanzen und in das vierte Fruchtpflanzen.

Im dritten Jahr werden in das erste Beet Blütenpflanzen gesetzt, in das zweite Beet Blattpflanzen, in das dritte Beet Fruchtpflanzen und in das vierte Beet Wurzelpflanzen.

Im vierten Jahr bauen Sie im ersten Beet Blattpflanzen an, im zweiten Beet Fruchtpflanzen, im dritten Beet Wurzelpflanzen und im vierten Beet Blütenpflanzen.

Im fünften Jahr verfahren Sie wieder wie im ersten Jahr.

Fruchtwechsel nach Pflanzenqualitäten:

Jahr	Beet 1	Beet 2	Beet 3	Beet 4
1	Frucht	Wurzel	Blüte	Blatt
2	Wurzel	Blüte	Blatt	Frucht
3	Blüte	Blatt	Frucht	Wurzel
4	Blatt	Frucht	Wurzel	Blüte

Auf gute Nachbarschaft

Sie stehen vor einem Bauerngarten und wundern sich, wo es überall blüht und gedeiht. Da stehen die hohen Blütenstände des Fingerhuts neben den Tomaten, die runden Köpfe der Sonnenblumen neben den Erdbeeren, neben dem Kohl ragen blaue und rosa Lupinen in die Höhe, und zwischen Salat und Buschbohnen leuchten die gelborangenen Blüten der Kapuzinerkresse.

Wie Kraut und Rüben stehen sie durcheinander, Blumen und Gemüsepflanzen.

Doch wie könnte es anders sein: Dieses Durcheinander hat System. Die da nebeneinander stehen, vertragen sich nämlich nicht nur, sondern sie fördern und unterstützen einander auch in ihrem Wachstum.

Wenn zwei Pflanzenarten sich nicht miteinander vertragen, merken Sie das oberirdisch am Wachstum. Doch auch ein Blick unter die Erde spricht Bände. Die Wurzeln zweier Pflanzen, die sich nicht vertragen, sind fein säuberlich getrennt, wachsen fast isoliert voneinander. Bei guten Nachbarn hingegen vermischen sich auch die Wurzeln und wachsen munter durcheinander.

In idealen Pflanzgemeinschaften halten sich die Beetnachbarn sogar gegenseitig die Schädlinge vom Hals. Auf den kommenden Seiten finden Sie eine Übersicht über einige besonders gut und einige besonders schlecht funktionierende Pflanzgemeinschaften.

Feuer:
Widder ♈
Löwe ♌
Schütze ♐

Erde:
Stier ♉
Jungfrau ♍
Steinbock ♑

Luft:
Zwillinge ♊
Waage ♎
Wassermann ♒

Wasser:
Krebs ♋
Skorpion ♏
Fische ♓

Gute Nachbarschaft pflegt/pflegen:

Azaleen mit Bambus

Baldrian mit allen Nachbarn

Basilikum mit Rosen, Stachelbeeren, Tomaten, Gurken und den meisten Gemüsesorten

Blumenkohl mit Dill, Erdbeeren, Kohlrabi, Lauch, Mangold, Radieschen, Roter Bete, Spinat und Tomaten

Bohnen mit Bohnenkraut, Erdbeeren, Kartoffeln, Kohlrabi, Roter Bete, Salat, Sellerie, Spinat und Tomaten

Bohnenkraut mit Bohnen und Zwiebeln

Borretsch mit Rosen und Stachelbeeren, Erdbeeren und Kohlrabi

Brokkoli mit Bohnen, Dill, Gurken, Mangold, Salat, Spinat und Tomaten und besonders mit Sellerie

Chinakohl mit Tomaten und Spinat

Dill mit Kopfsalat und Zwiebeln

Eissalat mit Kartoffeln, Lauch und Bohnen, Erdbeeren, Radieschen, Sellerie, Tomaten und Kohl

Erbsen mit Gurken, Möhren, Radieschen, Rettich und Spinat

Erdbeeren mit Bohnen, Kartoffeln, Kopfsalat, Spinat, Sonnenblumen und Zwiebeln

Fenchel (Gemüse) mit Erbsen, Gurken, Lauch und Salat

Gurken mit Erbsen, Fenchel, Roter Bete, Spinat, Sellerie und Zwiebeln

Kapuzinerkresse mit Kartoffeln

Karotten (Möhren) mit Zwiebeln, Tomaten, Rettich, Radieschen, Lauch und Erbsen

Kartoffeln mit Bohnen, Kapuzinerkresse, Kopfsalat und Spinat, Tagetes und Ringelblumen

Knoblauch mit Erdbeeren, Gurken, Karotten, Tomaten und Rosen

Kohl mit Kartoffeln, Kopfsalat, Lauch, Sellerie und Spinat

Kohlrabi mit Bohnen, Erbsen, Gurken, Kartoffeln, Radieschen, Sellerie, Spinat und Tomaten, idealer Nachbar für Weiß- und Rotkohl

Kopfsalat mit Bohnen, Dill, Erdbeeren, Kartoffeln, Kohl, Lauch, Radieschen, Roter Bete, Sellerie, Tomaten und Zwiebeln

Kresse mit Kartoffeln und Radieschen

Kürbis mit Stangenbohnen und Zwiebeln

Lauch (Porree) mit Erdbeeren, Kamille, Kopfsalat, Sellerie und Tomaten, idealer Nachbar für Karotten

Meerrettich mit Kartoffeln

Melonen mit Erbsen, Fenchel, Roter Bete und Spinat

Petersilie mit Radieschen und Tomaten

Pflücksalat mit Roter Bete

Radieschen mit Möhren, Kopfsalat, Spinat, Petersilie, Kapuzinerkresse, Erbsen und Tomaten

Rettich mit Möhren und Erbsen, ideal mit Spinat und Salat

Schlechte Nachbarschaft hält/halten:

Blumenkohl mit Schnittlauch, Knoblauch und Zwiebeln

Bohnen mit Erbsen, Fenchel, Knoblauch, Lauch und Zwiebeln

Brokkoli mit Schnittlauch, Knoblauch und Zwiebeln

Chinakohl neben Zwiebeln und Knoblauch

Dill mit Fenchel – sie befruchten einander und vermischen so ihr Aroma miteinander, wären aber ansonsten gute Nachbarn

Eissalat mit Petersilie

Erbsen mit Bohnen und Tomaten

Fenchel (Gemüse) mit Bohnen und Tomaten

Fenchel (Gewürz) mit Dill (siehe oben) und Koriander

Gurken mit Kartoffeln, Radieschen, Salbei und Tomaten

Kartoffeln mit Erbsen, Gurken, Sellerie, Sonnenblumen, Tomaten und Zwiebeln

Knoblauch mit Bohnen, Erbsen, Weißkohl und Kohlrabi

Kohl mit Knoblauch, Schnittlauch und Zwiebeln

Kohlrabi mit Knoblauch

Kopfsalat mit Petersilie

Lauch mit Bohnen, Erbsen und Roter Bete

Meerrettich mit Zwiebeln

Petersilie mit Kopfsalat

Tomaten mit Erbsen, Gurken, Rotkohl und Roter Bete

Gießen und Düngen

Kaum ein Garten kommt heute noch ohne Rasensprenger oder Bewässerungsanlage aus. Es mögen sich im Sommer die Warnungen vor immer knapper werdendem Grundwasser häufen, es mag sogar zu zeitweiligem Gießverbot kommen, wir gießen munter weiter.

Die Folge: Unsere Gartenpflanzen gewöhnen sich daran, daß sie im Oberflächenbereich ohnehin reichlich Wasser vorfinden, und werden wurzelfaul. Sie suchen nicht mehr in tieferen Bodenschichten nach Wasser und Nährstoffen, wenn sie in den oberen nichts finden, sondern reagieren beleidigt.

Das macht sich auch im Geschmack bemerkbar: In den oberen Schichten häuft sich Dünger, Kompost, Mulch, was wir eben an Oberflächennährstoffen aufbringen, und wenn die Pflanzen nur aus diesen Schichten ihre Nahrung beziehen, schmecken sie auch danach.

Darunter liegen weitere Schichten, die erst den bodenständigen, für unseren Garten charakteristischen Geschmack ergeben, wenn sie aufgenommen werden. Das, was beim Wein der typische Schieferton einer bestimmten Lage sein kann.

Scheinbar tun wir unseren armen, dürstenden Pflanzen etwas Gutes, wenn wir sie gießen, sobald es 48 Stunden lang nicht geregnet hat, doch auf lange Sicht sind Pflanzen gesünder und ihre Früchte aromatischer, wenn sie sich ein wenig mehr bemühen müssen, an Wasser heranzukommen.

Das heißt nun nicht, daß wir den ganzen Sommer lang keinen Tropfen Wasser mehr in den Garten

Feuer:
Widder ♈
Löwe ♌
Schütze ♐

Erde:
Stier ♉
Jungfrau ♍
Steinbock ♑

Luft:
Zwillinge ♊
Waage ♎
Wassermann ♒

Wasser:
Krebs ♋
Skorpion ♏
Fische ♓

Feuer:
♈ Widder
♌ Löwe
♐ Schütze

Erde:
♉ Stier
♍ Jungfrau
♑ Steinbock

Luft:
♊ Zwillinge
♎ Waage
♒ Wassermann

Wasser:
♋ Krebs
♏ Skorpion
♓ Fische

tragen sollen, während um uns herum unser Gemüse verdorrt.

Jungpflanzen, Setzlinge, Keimlinge benötigen unsere Hilfe, bis ihre Wurzeln so lang und kräftig sind, daß sie an Wasser in tieferen Bodenschichten herankommen.

Der ideale Zeitpunkt zum Auspflanzen der meisten Setzlinge ist ja nicht ohne Grund bei zunehmendem Mond in einem Wasserzeichen. An einem solchen Tag spüren wir die Qualität Wasser besonders stark, und auch die Pflänzchen erfahren ihre neue Umgebung im Garten als wasserhaltig und damit lebensspendend.

Größeren Pflanzen können wir auf eine ganz andere Weise helfen: Anstatt sie zu gießen, sollten wir den Boden um sie herum immer wieder auflockern. Das macht zwar mehr Mühe, als den Computer der Bewässerungsanlage zu programmieren, läßt aber Luft und Regenwasser besser an die Wurzeln gelangen und sorgt so für gesunde, kräftige Pflanzen und aromatische Früchte.

Gießen Sie nur im Notfall

Wenn Sie dies an einem heißen Tag im Hochsommer lesen, sollten Sie allerdings nicht von einem Tag auf den anderen alle Wasserzufuhr in Ihrem Garten einstellen. Sie haben ihn ja bereits verwöhnt, verzogen, verdorben. Nun müssen Sie ihn langsam wieder trainieren. Gehen Sie also umsichtig vor.

Erster Schritt ist: Gießen Sie Ihre Pflanzen mit dem Mond. Für die meisten Pflanzen sind Wassertage ideal, also Tage, an denen der Mond im Krebs, im Skorpion oder in den Fischen steht. Bei abnehmendem Mond kann der Boden das Wasser besonders gut aufnehmen. Bei zunehmendem Mond fließt es oft über die Oberfläche, sickert jedoch nur schlecht ein.

Über die richtige Tageszeit zum Gießen streiten sich die Gärtner. Einig sind sie sich darin, daß die Mittagszeit die falsche Tageszeit ist. In der Sonnenhitze lieben zwar manche Menschen die Erfrischung einer kalten Dusche, doch Pflanzen vertragen das keineswegs.

Keine Kälteschocks für Gartenpflanzen

Gemüse legt keinen Wert auf starke Temperaturschwankungen und eisige Güsse, Pflanzen mögen es eher lauwarm. Alles andere könnte zu einem Schock führen. Wenn Sie an einem richtig heißen Sommertag lauwarm duschen, werden Sie das verstehen.

Besonders verstimmt reagieren Tomaten und Gurken auf Kaltwasserschocks. Gurken werden bitter, Tomaten rollen ihre Blätter ein und platzen. Selbst Krankheiten entstehen dadurch, daß kaltes Wasser auf die Blätter gelangt: Bei den Tomaten ist es die Krautfäule, bei den Gurken der Mehltau.

Bleibt die Frage, ob, wenn schon, dann am Morgen oder erst am Abend gegossen werden soll.

Die Antwort finden Sie ganz leicht heraus, indem Sie frühmorgens barfuß durch Ihren Garten gehen. Ist er feucht vom Tau, so brauchen Sie morgens nicht zu gießen. Bleiben Ihre Füße dagegen staubtrocken, so könnte eine morgendliche Wassergabe angeraten sein.

Feuer:
♈ Widder
♌ Löwe
♐ Schütze

Erde:
♉ Stier
♍ Jungfrau
♑ Steinbock

Luft:
♊ Zwillinge
♎ Waage
♒ Wassermann

Wasser:
♋ Krebs
♏ Skorpion
♓ Fische

Schien den ganzen Tag die Sonne, während vielleicht auch noch trockener, heißer Wind wehte, der alle Feuchtigkeit davontrug, so ist es sinnvoll, am Abend zu gießen. Nach einem Gewitter am späten Nachmittag ist dies natürlich nicht mehr nötig. Sie sehen: Im Grunde ist jeder Gärtnerstreit müßig.

Mittelfristig peilen Sie also an, nur noch bei abnehmendem Mond an Wassertagen zu gießen, und das je nach dem Vorhandensein von Morgentau in der Früh oder am Abend.

Langfristig gießen Sie mit dem Ziel vor Augen, daß Sie in etwa zwei Jahren überhaupt nur noch frisch gesetzte Pflanzen einmal gründlich angießen. Prinzipiell ist es besser, einmal ausgiebig als mehrmals kurz zu gießen.

Pflanzen trinken mit den Wurzeln

Dieser Satz sollte zwar allgemein bekannt sein, wird jedoch immer wieder mißachtet.

So gießen Sie richtig:

Gießen Sie nicht direkt auf die Blätter Ihrer Pflanzen, sondern bewässern Sie lieber die Erde rundherum.

Bei frisch gesetzten Pflanzen müssen Sie ganz besonders vorsichtig sein, daß der Strahl nicht zu kräftig ist. Hier bietet sich die Gießkanne oder aber ein Sickerschlauch an.

Sandböden liefern zwar eine gute Drainage, speichern aber wenig Wasser. Hier müssen Sie also eher häufiger gießen. Reichern Sie Ihren Sandboden mit Humus an, damit seine Speicherfähigkeit steigt!

Bisweilen hört man, man solle an heißen Tagen den Schlauch steil in die Höhe richten, damit sich die Wassertropfen bei ihrem Weg durch die Luft erwärmen können.

Diese Anregung ist sicher gut gemeint und mag für Rasen auch eine passende Behandlung darstellen. Sie ändert jedoch nichts daran, daß dabei das kalkhaltige, zu kalte Wasser besonders hart auf die Blätter der Pflanze fällt, und nicht etwa auf das Erdreich rund um ihre Wurzeln. Und das vertragen viele Pflanzen nicht. Wer jemals eine Gloxinie im Freien unter einem Wassersprenger leiden sah, weiß, wovon die Rede ist.

Der beste Lieferant für weiches, gutes Gießwasser ist nicht der Wasserschlauch, sondern die Regentonne. Manche Pflanzen vertragen kein kalkhaltiges Wasser, sie werden davon regelrecht krank. Allein schon aus diesem Grunde sollten Sie überlegen, ob Sie die gute alte Regentonne nicht wieder aktivieren wollen. Es gibt Regenrinnen, die einen wahlweisen

Feuer:
Widder ♈
Löwe ♌
Schütze ♐

Erde:
Stier ♉
Jungfrau ♍
Steinbock ♑

Luft:
Zwillinge ♊
Waage ♎
Wassermann ♒

Wasser:
Krebs ♋
Skorpion ♏
Fische ♓

Lehmböden speichern das Gießwasser wunderbar und lassen überschüssige Flüssigkeit abfließen. Mit diesem Boden werden Sie die wenigsten Probleme haben.

Tonböden halten das Wasser fest. Sie kühlen beim Gießen schnell ab und machen eher Probleme, wenn Sie empfindliche Pflanzen ziehen wollen. Lockern Sie diesen Boden, oder setzen Sie ihm Sand zu, damit sich Hohlräume bilden können, die das Wasser abfließen lassen.

Gießen Sie Flüssigjauche nicht aus einer Metallgießkanne. Sie korrodiert. Verwenden Sie für Jauche eine Plastikkanne.

Feuer:
♈ Widder
♌ Löwe
♐ Schütze

Erde:
♉ Stier
♍ Jungfrau
♑ Steinbock

Luft:
♊ Zwillinge
♎ Waage
♒ Wassermann

Wasser:
♋ Krebs
♏ Skorpion
♓ Fische

Auslaß für das Regenwasser haben – er bietet Ihnen die Chance, bei langanhaltenden Regenfällen das Wasser in die Kanalisation abfließen zu lassen, ohne daß es rings um Ihre Tonne eine Überschwemmung verursacht, wenn diese nämlich längst voll ist.

Weitere Tips finden Sie in den Kästen am unteren Rand dieser Seite.

Düngen – aber richtig

Auch wenn Sie Ihre Pflanzen regelmäßig gießen, könnten Sie nach einiger Zeit bemerken, daß Ihren Pflanzen etwas fehlt.

Sie benötigen vielleicht Nährstoffe, die im Boden oft nicht ausreichend vorhanden sind: Kalium, Stickstoff, Kalzium, Magnesium, Schwefel, Eisen, Phosphor, Chlor, Kupfer und Spurenelemente.

All diese Nährstoffe sind in verschiedenen Düngern enthalten, und der Griff zum Kunstdünger ist seit fünfzig Jahren bei uns schon fast üblich geworden. Doch Vorsicht: Nicht jeder Dünger ist für jede

Rings um die Regentonne:

Wenn möglich, sollten Sie nach einer längeren Trockenperiode nicht gleich das erste Wasser vom Dach auffangen – es ist meist verschmutzt.

Wenn Kinder oder Tiere in der Nähe sind, decken Sie Ihre Regentonne lieber ab.

Stören Sie die vielen Bienen, Hummeln und Wespen, die Ihre Regentonne oft umschwirren? Überlegen Sie einmal, warum diese Tiere das tun: Sie haben Durst.

Pflanze geeignet. Zum Beispiel brauchen Blattgemüse (Kohl, Spinat, Salat) viel Stickstoff, Frucht- (Paprika, Paradeiser, Gurken) und Wurzelgemüse (Karotten, Rüben) hingegen viel Phosphor und Kalium.

Sanfter Dünger

Zum anderen sind die benötigten Nährstoffe auch in organischen Düngemitteln enthalten. Guano, Blut-, Horn- oder Knochenmehl, aber auch einfacher, guter Kompost, sind wirkungsvolle Alternativen zu den chemischen Düngemitteln.

Organische Dünger wirken zwar langsamer als chemische, jedoch auch nachhaltiger und für die Bodenorganismen viel schonender. Blut- und Hornmehl sind reich an Stickstoff, Knochenmehl an Phosphor.

Kalium findet sich in Stallmist. Dieser darf allerdings nicht frisch aufgebracht werden. Er wäre viel zu scharf und würde Ihre Pflanzen verbrennen. Schließlich sollten Sie sich aber auch fragen, ob es

Feuer:
Widder ♈
Löwe ♌
Schütze ♐

Erde:
Stier ♉
Jungfrau ♍
Steinbock ♑

Luft:
Zwillinge ♊
Waage ♎
Wassermann ♒

Wasser:
Krebs ♋
Skorpion ♏
Fische ♓

Stellen Sie den Insekten ein eigenes Wasserbecken hin.

So schlagen Sie zwei Fliegen mit einer Klappe: Sie erhalten dadurch viele nützliche Helfer im Garten, und der Zugang zu Ihrer Regentonne ist wieder frei.

Damit Insekten bequem ihren Durst löschen können, sammeln Sie Weinkorken, lassen Sie sie einige Zeit in klarem Wasser liegen, und legen Sie sie dann in das Bienenbecken. Die Tiere landen darauf und können ungefährdet trinken.

Feuer:
♈ Widder
♌ Löwe
♐ Schütze

Erde:
♉ Stier
♍ Jungfrau
♑ Steinbock

Luft:
♊ Zwillinge
♎ Waage
♒ Wassermann

Wasser:
♋ Krebs
♏ Skorpion
♓ Fische

wirklich Nährstoffmangel sein kann, der Ihre Pflanzen unglücklich aussehen läßt. Meist sind unsere Gartenböden nämlich hoffnungslos überdüngt.

Schreiben Sie sich in Ihrem Kalender auf, wann Sie gedüngt haben. Die Erinnerung trügt mitunter gewaltig. „Erst vor kurzem" kann für die Pflanzen in Nährstoffmangel enden, während „vor einer ganzen Weile" umgekehrt zu kräftiger Überdüngung führen kann. Eine kleine Notiz im Kalender sorgt dafür, daß Ihnen das nicht passieren kann.

Prüfen Sie, ob die Pflanzen zu häufig gegossen wurden, und prüfen Sie auch, ob sie sich mit ihrem Beetnachbarn wirklich gut vertragen. Erst wenn Sie alle anderen Fehlerquellen ausschließen können, sollten Sie zum Dünger greifen. Und den Termin nach dem Mondstand wählen.

Düngen zur rechten Zeit

Da die Erde bei zunehmendem Mond abgibt, bei abnehmendem Mond hingegen aufnimmt, ist die Phase des abnehmenden Mondes die richtige Zeit zum Düngen.

Für das Düngen zur richtigen Zeit gelten grundsätzlich fast dieselben Regeln wie für das Bewässern. Blattpflanzen sind an Wassertagen besonders empfänglich für pflegende Maßnahmen, Blütenpflanzen an Lufttagen, Fruchtträger an Feuertagen und Wurzelpflanzen an Tagen, an denen der Mond in einem Erdzeichen steht – alles bei abnehmendem Mond, versteht sich.

Natürlich kräftigt eine Düngung in einem Erdzeichen die Wurzeln, und wenn Sie im Garten

„Problemkinder" haben, können Sie durch eine Düngung an Stier-, Jungfrau- oder Steinbocktagen gezielt Impulse setzen.

Doch dürfen wir nicht den Fehler machen, diese Regeln zu eng zu sehen. Sonst verfallen wir in eine fatale Knopfdruckmentalität. Auf Kommando wächst keine Pflanze, und innerhalb eines engen Zeitplans schon gar nicht.

Am besten ist es, man trägt seinen Kompost oder Mist bei Vollmond auf und läßt ihn in den folgenden zwei Wochen in die Erde einziehen. Geduld und langfristiges Denken sind hier angemessener als hektische Tagezählerei.

Die richtige Düngermenge

Wenn Sie bei abnehmendem Mond düngen, sollten Sie die Mengenangaben des Herstellers Ihres Düngemittels ignorieren.

Zum einen lebt er vom Umsatz, und es ist sein gutes Recht, eher etwas zu hohe Dosen anzugeben. Außerdem lehrt ihn die Erfahrung, daß ohnehin niemand daran denkt, wöchentlich zu düngen.

Wenn Sie aber zum idealen Zeitpunkt düngen, zu dem der Dünger optimal aufgenommen wird, dann sollten Sie höchstens die Hälfte der angegebenen Menge verwenden.

Besonders vorsichtig sollten Sie überdies an Löwetagen mit der Gabe von Dünger sein. Feuertage gelten ja ohnedies als „unfruchtbar", weil in ihrer Hitze – symbolisch gesprochen – alles verdorrt. Wenn Sie an einem Löwetag düngen, riskieren Sie, daß Erde und Pflanzen tatsächlich verbrennen.

Feuer:
Widder ♈
Löwe ♌
Schütze ♐

Erde:
Stier ♉
Jungfrau ♍
Steinbock ♑

Luft:
Zwillinge ♊
Waage ♎
Wassermann ♒

Wasser:
Krebs ♋
Skorpion ♏
Fische ♓

Feuer:
♈ Widder
♌ Löwe
♐ Schütze

Erde:
♉ Stier
♍ Jungfrau
♑ Steinbock

Luft:
♊ Zwillinge
♎ Waage
♒ Wassermann

Wasser:
♋ Krebs
♏ Skorpion
♓ Fische

Und hier noch ein paar Hinweise zum richtigen – und kreativen Düngen:

• Eine großartige Verbindung von natürlichem Dünger und Pflanzenschutz stellt Holzasche aus Ihrem Kamin oder Kachelofen dar. Streuen Sie sie auf Ihre Beete – sie hält Ungeziefer und Schnecken fern. Kohlenasche ist hierfür ungeeignet.

• Mit dem Seifenwasser von Schmierseife kann man die Blumen düngen, indem man es einfach darüberleert.

• Mit Kräuterjauche machen Sie Ihr Gemüse unempfindlicher gegen Witterungseinflüsse.

• Kuh- und Pferdemist sollte nicht als Dünger im Gemüsegarten verwendet werden, da viele Gemüsesorten leicht von Fliegenmaden befallen werden. Für Obstbäume hingegen ist er ideal.

• Winterspinat eignet sich nicht nur zum Essen, sondern auch als Gründüngung: Bepflanzen Sie Ihr Vorjahres-Spinatbeet mit Sellerie oder Gurken, und harken Sie die Überreste des Spinats einfach in die Erde ein.

Kompostieren

Ein Komposthaufen ist der billigste und beste Lieferant für Erde, mit der Sie Ihre Blumen- und Gemüsebeete anreichern können. Komposthaufen brauchen zwar Geduld und Pflege, doch mit ein paar kleinen Tricks werden Sie bald einen wunderbaren, nahrhaften Komposthaufen haben, mit dem Sie Ihrem Garten Gutes tun können.

Kompost macht den Garten ergiebiger – wie Dünger – und aktiviert ihn dazu, langfristig Nährstoffe zu speichern.

Anlage des Komposthaufens

Der richtige Standort für den Komposthaufen ist halbschattig und windgeschützt. Er braucht aber eine gewisse Wärme, um gut kompostieren zu können.

Prinzipiell reicht es, wenn die organischen Abfälle aus dem Garten zusammengekehrt und zwei- bis dreimal im Jahr umgesetzt werden. Und keine Sorge: Guter Kompost stinkt nicht, sondern riecht wie feuchtes Herbstlaub im Wald.

Man kann auch anstelle des Haufens ein Kompostsilo errichten, das heißt, man stellt ein Viereck aus Draht, Metall oder Holz auf. Wichtig ist, daß dieses Ding keinen Boden hat und daß die Seitenwände luftdurchlässig sind.

Der Kompost darf nicht auf dem Steinboden liegen, sondern auf lockerer Erde, denn aus dieser sollen ja die unzähligen Tiere und Mikroorganismen, die Insekten, die Regenwürmer und die Pilze, in die

Feuer:
Widder ♈
Löwe ♌
Schütze ♐

Erde:
Stier ♉
Jungfrau ♍
Steinbock ♑

Luft:
Zwillinge ♊
Waage ♎
Wassermann ♒

Wasser:
Krebs ♋
Skorpion ♏
Fische ♓

Feuer:
♈ Widder
♌ Löwe
♐ Schütze

Erde:
♉ Stier
♍ Jungfrau
♑ Steinbock

Luft:
♊ Zwillinge
♎ Waage
♒ Wassermann

Wasser:
♋ Krebs
♏ Skorpion
♓ Fische

organischen Abfälle eindringen und aus ihnen neue und fruchtbare Erde entwickeln. Lockern Sie die Erde also gut auf, ehe Sie den Komposthaufen darüber anlegen.

Auch Luft ist für den Komposthaufen wichtig, daher empfiehlt es sich, den Haufen mit einer etwa zwanzig Zentimeter hohen Schicht von zerkleinerten Ästen und Zweigen zu beginnen. Diese Schicht erleichtert den Regenwürmern den Einstieg, und sie sorgen dann für die Luftzufuhr im weiteren Haufen. Auch getrockneter Rasenschnitt eignet sich als luftige untere Einstiegsschicht.

Die Umsetzung dauert etwa acht bis neun Monate, dann sollten Sie Ihren Kompost auch schon im Garten verteilen.

Ungeeignete Pflanzen?

Es gibt allerdings auch einiges an organischem Material, das für den Komposthaufen ungeeignet ist, beispielsweise die Zweige von Lebensbäumen, von Wermut oder Scheinzypressen. In diesen Pflanzen sind Stoffe enthalten, die die Rotte verzögern.

Ein Indiz dafür ist die Tatsache, daß auch Regenwürmer in Komposthaufen, die mit diesen

Auf den Kompost gehört …

… alles, was an organischem Material in Haus und Garten anfällt: Gemüseabfälle, Obst, Eierschalen, Kaffeesatz, Schnittblumen, gebrauchte Blumenerde, Grasschnitt, Zeitungspapier, Sägespäne.

Pflanzen bestückt sind, kaum vorkommen, und die werden schon wissen, warum.

Sie können allerdings auch die Abfälle von Lebensbäumen und Scheinzypressen verwerten: Geben Sie diesen Heckenschnitt in den Häcksler, und decken Sie damit Ihre Gartenwege ab – vorausgesetzt, die Wege sind gut gegen die Beete abgegrenzt. Den Wermut hingegen können Sie sinnvoll zur Schädlingsbekämpfung einsetzen.

Immer wieder hört man, daß die giftigen Ligusterblätter nicht auf den Komposthaufen dürfen. Das stimmt nicht: Bei einem normalen Rotteverlauf kann man sich darauf verlassen, daß die giftigen Wirkstoffe – Ligustron und Syringin – im Kompost abgebaut und unschädlich gemacht werden, den Kompost können Sie bedenkenlos verwenden.

Kaffeesatz ist für Ihren Garten wie für Ihren Komposthaufen eine Delikatesse! Streuen Sie ihn

Nicht in den Komposthaufen gehören …

… Fleisch- und Fischreste. Mikroorganismen und Regenwürmer sind Vegetarier – im Gegenteil zu Ratten. Die freuen sich über eine derartige Bestückung Ihres Komposthaufens. Doch wollen Sie wirklich eine Rattenfamilie im Garten großziehen?

Berücksichtigen Sie auch, daß nichts, was Sie auf den Komposthaufen geben, in Luft aufgelöst wird. Das gilt insbesondere für Krankheitserreger. Befallene Pflanzenteile gehören ebensowenig auf den Kompost wie abgeblühte Brennesseln, die gerade Samen produzieren. Sonst verteilen Sie beim nächsten Kompostieren Krankheiten und Brennesseln im Garten.

Feuer:
♈ Widder
♌ Löwe
♐ Schütze

Erde:
♉ Stier
♍ Jungfrau
♑ Steinbock

Luft:
♊ Zwillinge
♎ Waage
♒ Wassermann

Wasser:
♋ Krebs
♏ Skorpion
♓ Fische

einfach pur über Ihre Gemüsebeete. Auch Regenwürmer schätzen dieses exzellente Kompostmaterial. Wenn Sie Kaffeesatz kompostieren, können Sie sicher sein, daß die Regenwürmer mit Begeisterung Ihren Kompost und Ihre Erde auflockern werden!

Extrawurst für Kartoffeln

Kartoffelschalen sollten nicht frisch dem Kompost zugeführt werden, weil sie sich in unserem Klima besonders lange frisch halten und eventuell noch einmal austreiben. Besser ist es, sie an der Sonne trocknen zu lassen, bevor man sie auf dem Komposthaufen entsorgt.

Stellen Sie eine eigene kleine Kompostkiste nur für Kartoffelschalen neben den Haufen, denn wenn ausschließlich Kartoffeln kompostiert werden, zerfallen sie schnell zu Erde. Das macht natürlich keinen Sinn, wenn Sie in Ihrer Familie nur einmal in der Woche ein Kartoffelgericht essen und dieses noch dazu aus Pellkartoffeln besteht.

Kompostieren mit dem Mond

Und wo ist dabei der Mond im Spiel?

Ganz einfach: Wenn Sie den Komposthaufen bei abnehmendem Mond anlegen, setzen Sie einen wichtigen ersten Impuls in Richtung Abgeben, Loslassen, der Erde Zuführen.

An einem Jungfrau- oder Steinbocktag im abnehmenden Mond in die Erde gerammte Pfosten werden gut halten und für einen stabilen Komposthaufen sorgen.

Pflege des Komposthaufens

Der Komposthaufen muß feucht gehalten werden, was weiter nicht schwer ist, da die meisten Abfälle, die für den Kompost zusammengetragen werden, ohnehin feucht sind. Sollte es im Sommer länger heiß und trocken sein, gießen Sie Ihren Komposthaufen ruhig einmal – allerdings nicht zu üppig, denn sonst beginnt er wirklich zu stinken, und die Nährstoffe werden gleich hinausgespült.

Aus dem gleichen Grund empfiehlt es sich, bei anhaltenden Regenfällen eine Plane über den Kompost zu ziehen.

Auch auf die Mischung kommt es an. Das Verhältnis von Kohlenstoff zu Stickstoff sollte einigermaßen stimmen, daher sollten Sie nicht zu große Mengen nur einer Abfallart auf Ihren Kompost packen.

Haben Sie beispielsweise größere Mengen Grasschnitt, so geben Sie zerrissene Tageszeitungen dazwischen, damit auch der Kohlenstoffanteil nicht zu kurz kommt.

Die Reife Ihres Komposthaufens können Sie beschleunigen – und zwar einerseits mit Steinmehl und ähnlichen Mitteln, andererseits aber auch mit Kräutern, denn diese enthalten feuchtigkeitsspeichernde Bestandteile, die den Komposthaufen vor dem Austrocknen schützen. Die Blattmassen zersetzen sich auch schneller als holzige Materialien.

Beinwell, Brennesseln, Löwenzahn, Ackerschachtelhalm, Rainfarn und Schafgarbe gehören zu den traditionellen Kompost-Verbesserern, die Sie vielleicht doch im Garten halten sollten.

Feuer:
Widder ♈
Löwe ♌
Schütze ♐

Erde:
Stier ♉
Jungfrau ♍
Steinbock ♑

Luft:
Zwillinge ♊
Waage ♎
Wassermann ♒

Wasser:
Krebs ♋
Skorpion ♏
Fische ♓

Feuer:
♈ Widder
♌ Löwe
♐ Schütze

Erde:
♉ Stier
♍ Jungfrau
♑ Steinbock

Luft:
♊ Zwillinge
♎ Waage
♒ Wassermann

Wasser:
♋ Krebs
♏ Skorpion
♓ Fische

Auch mit Hefe kann man ungeahnte Verbesserungen beim Kompost erzielen: Lösen Sie einmal einen Würfel Backhefe (keine Trockenhefe!) und ein Kilo Zucker in zehn Litern Regenwasser auf, und leeren Sie dies über den Komposthaufen – er reift garantiert schneller.

Ab und zu sollten Sie Ihren Komposthaufen festtrampeln, und hier kommt wieder der Mond ins Spiel: Bei zunehmendem Mond, möglichst kurz vor Vollmond, ist dafür der richtige Zeitpunkt. Ehe die Verrottungsphase des abgehenden Mondes beginnt, kann das zusammengetretene Material noch ein wenig nachreifen und dabei mit neuen Nachbarn in Berührung kommen.

Kompost-Spezialitäten

Strohkompost

Eine spezielle Form des Kompostes ist der Strohkompost. Er verrottet bereits nach ungefähr vier Monaten und enthält besonders viel Kieselsäure. Mit diesem Kompost kann man feuchten Gärten gegen Pilzbefall helfen, denn die Kieselsäure stärkt das Pflanzengewebe gegen die Pilzerreger.

Lehmkompost

Lehmkompost empfiehlt sich speziell für leichte, magere Böden: Den dazugehörigen Lehm erhalten Sie bei jedem Bauunternehmen – erkundigen Sie sich nach einem Lehmaushub, der beim Bauunternehmer demnächst ansteht, und bitten Sie um eine Fuhre Lehm.

Streichen Sie ihn im Herbst etwa zehn Zentimeter dick aus, und lassen Sie ihn während des Winters durchfrieren. Im Frühling vermischen Sie ihn mit Gartenerde oder Mutterboden. Wenn Sie ihn im Sommer gut feucht halten und mit Brennnessel- oder Rinderjauche verwöhnen, wird der Lehmkompost nach wenigen Monaten reif sein.

Setzen Sie diesen Kompost allerdings nur sparsam ein, er ist sehr nährstoffreich und daher besonders für Pflanzlöcher oder Rosen geeignet.

Leguminosenkompost

Ein besonderer Leckerbissen – besonders für Gemüse – ist der Leguminosenkompost: Der Stickstoff, mit dem die Wurzelknöllchen der Leguminosen angereichert sind, bleibt während des Verrottens erhalten und fördert das Wachstum von Kohl, Spinat und Zimmerpflanzen.

Laubkompost

Laubkompost hat einen besonders hohen Humusanteil und ist daher äußerst ergiebig, ohne dabei zu nahrhaft zu sein: Das ist speziell für junge Keimlinge wichtig.

Laub verrottet besser, wenn Sie es mit zerkleinertem Reisig auflockern. Außerdem hilft eine hohe Anfangstemperatur dem Laub beim Verrotten. Um die Temperatur zu erhöhen, geben Sie dem Kompost Horn-, Stein- oder Knochenmehl bei. Der rich-

Feuer:
Widder ♈
Löwe ♌
Schütze ♐

Erde:
Stier ♉
Jungfrau ♍
Steinbock ♑

Luft:
Zwillinge ♊
Waage ♎
Wassermann ♒

Wasser:
Krebs ♋
Skorpion ♏
Fische ♓

Feuer:
♈ Widder
♌ Löwe
♐ Schütze

Erde:
♉ Stier
♍ Jungfrau
♑ Steinbock

Luft:
♊ Zwillinge
♎ Waage
♒ Wassermann

Wasser:
♋ Krebs
♏ Skorpion
♓ Fische

tige Zeitpunkt für die Zugabe solcher Hilfsmittel ist der abnehmende Mond in einem Erdzeichen, besonders in der Jungfrau.

Walnußlaub verrottet besonders langsam. Lassen Sie es daher besser weg, oder unterstützen Sie Ihre Gartenhelfer mit Horn-, Stein- oder Knochenmehl dabei, ihm zu Leibe zu rücken.

Was tun mit dem Kompost?

Gefinkelte Gärtner haben stets zwei Komposthaufen: Einen, der gerade gefüllt wird, und einen, der reift. Damit ist gewährleistet, daß man alle paar Monate den Kompost im Garten verteilen kann. Beim Auftragen des Kompostes verfahren Sie wie beim Düngen: Ideal ist ein Zeitpunkt im abnehmenden Mond.

Veredeln und Rückschnitt

Obstbäume sind Pflanzen, die man nicht einfach aus einem Kern oder Stein ziehen kann, wenn man das gleiche Obst wieder haben will, wie das, von dem der Kern stammt. Unser Obst ist das Produkt von Züchtungen, deren Stärke im Tragen von Früchten besteht. Wurzeln, Widerstandskraft gegen Kälte, Trockenheit, Nässe oder Krankheiten sind nicht ihre Stärke.

Wer im Garten Obstbäume wünscht, die ein robustes Wurzelwerk mit edlen Früchten verbinden, pfropft Edeltriebe auf Unterpflanzen, die oft noch nicht einmal Obstbäume sind.

Das bedeutet für die Unterpflanze und das Edelreis eine schwere Operation. Stellen Sie sich etwa vor, jemand würde den Kopf eines Dichters oder Computergenies oder sonstigen Schreibtischtäters auf den Körper eines gut durchtrainierten kerngesunden Durchschnittsbürgers aufpfropfen, und er würde sogar anwachsen. Das kostet ungeheure Kraft.

Es liegt auf der Hand, daß dabei nicht nur äußerst sauber zu verfahren ist, sondern auch jede mögliche Unterstützung gesucht werden sollte, die die Natur anzubieten hat.

Was soll das Ziel der Operation sein?

Energie, Lebenskraft, Wasser und Nährstoffe sollen gut in die aufgepfropfte Krone fließen können. Das klingt bereits „verdächtig" nach zunehmendem Mond.

Wenn man sich jetzt noch bewußtmacht, daß es um Früchte geht, die hier optimal gefördert werden sollen, so verwundert es kaum zu hören, daß der günstigste Termin zum Veredeln von Obstbäumen ein Widder- oder Löwetag bei zunehmendem Mond im Frühjahr ist.

Schützetage im Frühjahr liegen bei abnehmendem Mond und scheiden daher aus. Der Zeitpunkt Frühjahr liegt auf der Hand, weil da die Säfte steigen und die Bereitschaft und Fähigkeit des Baumes, diese Wunde zu heilen, besonders groß ist.

Wenn man sich die Bedeutung dieses Termins für das ganze weitere Leben des Baumes klarmacht, wird man vielleicht bereit sein, auf dessen Einhaltung besonders zu achten. Sollte doch etwas dazwischengekommen sein, der Edelreis und alle Zutaten

Feuer:
♈ Widder
♌ Löwe
♐ Schütze

Erde:
♉ Stier
♍ Jungfrau
♑ Steinbock

Luft:
♊ Zwillinge
♎ Waage
♒ Wassermann

Wasser:
♋ Krebs
♏ Skorpion
♓ Fische

aber vorwurfsvoll daliegen, so kann man die Operation auch auf einen Widdertag bei abnehmendem, aber doch zumindest aufsteigendem Mond verschieben. Ein Feuertag sollte es jedenfalls sein.

Rückschnitt

Obstbäume muß man zurückschneiden, sonst treiben sie unkontrolliert aus und bringen immer mehr Äste hervor. Das geht aber auf Kosten der Blüten- und Fruchtbildung.

Will man also von seinem Apfel-, Kirsch- oder Pflaumenbaum auch noch nach einigen Jahren Früchte ernten, so muß man ihn zurückschneiden.

Diese Operation nimmt der Pflanze Teile, in die sie Kraft und Energie gesteckt hat. Um den Schaden möglichst geringzuhalten, sollte man sie zu einem Zeitpunkt durchführen, zu dem die Pflanze möglichst viel Energie an die Erde abgegeben hat. Das ist fraglos im abnehmenden Mond, möglichst dicht an Neumond.

Vor Neumond deshalb, weil dann die Pflanze noch ein paar Tage Zeit hat, die Wunde verheilen zu lassen, ehe mit dem Neumond die Säfte wieder zu steigen beginnen.

Da es sich um eine Maßnahme zur Förderung der Früchte handelt, ist das ideale Tierkreiszeichen für den Rückschnitt eines der Feuerzeichen, also der Widder, der Löwe oder der Schütze.

Im Herbst nimmt der Mond ab, während er durch den Widder und durch den Löwen geht, also wird man den Herbstschnitt an einem Widder- oder Löwetag durchführen, im Frühjahr ist ein Schützetag für den Obstbaumschnitt ideal. Es gibt Pflanzen, die lieber im Frühjahr geschnitten werden wollen, andere ziehen den Herbstschnitt vor. Erkundigen Sie sich beim Kauf des veredelten Baums beim Gärtner, wenn Sie Ihrem Gefühl nicht trauen.

Für Obststräucher wie Johannis- oder Stachelbeeren gilt sinngemäß genau das gleiche wie für Bäume: Für den Rückschnitt günstig sind die Tage, an denen der abnehmende Mond in einem Feuerzeichen steht.

Radikalschnitte

Eine Extremform des Rückschnitts ist das Roden. Das sollten Sie an einem Steinbocktag im abnehmenden Mond unternehmen, wenn Sie möchten, daß die gerodete Pflanze tatsächlich nicht wieder austreibt.

Bei einer Pflanze, die nach einer Verletzung wieder neu austreiben soll, ist für einen extremen Rückschnitt der Neumond der ideale Termin.

Bei Obstbäumen wäre es ideal, wenn er im April vorgenommen werden könnte, denn dann steht der Neumond im Widder, einem Feuerzeichen, dem ja die Qualität Frucht zugeordnet ist.

Oftmals kommt es aber bereits bei den Herbststürmen zu schweren Verletzungen, und dann ist es gescheiter, beim nächsten Neumond die verletzten Teile zu kappen, als sie bis zum Widderneumond im April hängen zu lassen. Das kostet den Baum zuviel Kraft.

Feuer:
Widder ♈
Löwe ♌
Schütze ♐

Erde:
Stier ♉
Jungfrau ♍
Steinbock ♑

Luft:
Zwillinge ♊
Waage ♎
Wassermann ♒

Wasser:
Krebs ♋
Skorpion ♏
Fische ♓

Feuer:
♈ Widder
♌ Löwe
♐ Schütze

Erde:
♉ Stier
♍ Jungfrau
♑ Steinbock

Luft:
♊ Zwillinge
♎ Waage
♒ Wassermann

Wasser:
♋ Krebs
♏ Skorpion
♓ Fische

Keine Probleme mit Schnittblumen

Schnittblumen werden am besten dann geerntet, sprich: geschnitten, wenn sie besonders intensiv duften und ihre Farben herrlich leuchten. Wie kann dies auf den Mondzyklus übertragen werden?

Bei zunehmendem Mond atmet die Erde aus, alle Kräfte befinden sich in den oberirdischen Teilen der Pflanzen. Dies ist ein guter Zeitpunkt, um Pflanzen zu schneiden, bei denen das, was wir von der Wurzel trennen, möglichst viel Kraft und Energie mitbekommen soll.

Duft und Farben werden durch Luft und Licht getragen. Für solche Dinge sind Lufttage zuständig, also Tage, an denen der Mond in den Zwillingen, der Waage oder im Wassermann steht.

Diese Überlegungen stehen hinter der Anweisung, Blütenpflanzen für Blumensträuße bei zunehmendem Mond an einem Lufttag zu schneiden.

Nun stehen aber längst nicht alle Schnittblumen in der Analogiekette eines Luftzeichens. Großartige Blüher wie Gladiolen und Sonnenblumen gehören in die Analogiekette des Schützen beziehungsweise des Löwen.

Hören Sie auf Ihr Gespür.

Meist ist ohnehin nicht der Mondstand für den Zeitpunkt ausschlaggebend, an dem Ihre Schwiegermutter Geburtstag hat oder Sie einen Krankenbesuch mit Blumen aus dem eigenen Garten absolvieren möchten. Es kann aber sein, daß Ihnen an Schützetagen Gladiolen attraktiver erscheinen als Cosmeen, die in die Analogiekette der Fische hineingehören. Achten Sie einmal darauf.

Vom Garten in die Vase

Die folgenden Hinweise mögen dazu beitragen, daß Sie oder die von Ihnen Beschenkten an Ihren Schnittblumen möglichst lange Freude haben.

Die günstigste Tageszeit zum Schneiden von Blumen aus dem eigenen Garten ist der frühe Morgen. Morgens geschnittene Blumen halten länger in der Vase.

Manche Blüten muß man fast schon malträtieren, damit sie überhaupt in der Vase halten. Dazu gehört der Flieder, dessen Stiele faserig geklopft werden wollen. Wenn Sie auf diese Maßnahme verzichten, bekommen die Blüten kein Wasser und lassen bald die Köpfchen hängen.

Levkojen wollen nicht abgeschnitten, sondern aus dem Boden gezupft und mitsamt ihren Wurzeln in die Vase gestellt werden. Die Stiele können das Wasser längst nicht so gut aufnehmen wie die Wurzeln. Schneiden Sie sie also auch nicht ab, wenn Sie einen Strauß mit Levkojen bekommen, an denen noch die Wurzeln hängen.

Sonnenblumen geben ihren Saft in die Vase ab, wenn Sie sie nur schneiden und ins Wasser stellen. Die Folge sind hängende Köpfe. Hier müssen Sie fast schon brutal werden: Tauchen Sie die Stiele nach dem Abschneiden etwa zehn Zentimeter tief in kochendheißes Wasser, bis sie ihre grüne Färbung verlieren. Jetzt erst stellen Sie sie ins kalte Wasser der Vase.

Ähnlich können Sie übrigens auch Rosen „quälen“: Müde Schnittrosen werden wieder frisch, wenn Sie Ihnen ein Wechselbad gönnen:

Feuer:
Widder ♈
Löwe ♌
Schütze ♐

Erde:
Stier ♉
Jungfrau ♍
Steinbock ♑

Luft:
Zwillinge ♊
Waage ♎
Wassermann ♒

Wasser:
Krebs ♋
Skorpion ♏
Fische ♓

Feuer:
♈ Widder
♌ Löwe
♐ Schütze

Erde:
♉ Stier
♍ Jungfrau
♑ Steinbock

Luft:
♊ Zwillinge
♎ Waage
♒ Wassermann

Wasser:
♋ Krebs
♏ Skorpion
♓ Fische

Tauchen Sie die Stiele kurz in sehr heißes Wasser, dann stellen Sie die Rosen eine Nacht lang ins kalte Wasser.

Die berühmten Notfalltropfen nach Dr. Bach helfen nicht nur Menschen dabei, schwere Schocks und Traumen zu verkraften, sondern auch Pflanzen. Und was kann für eine Blume schlimmer sein, als von ihrer Wurzel getrennt zu werden? Mit ein paar Rescuetropfen in der Vase helfen Sie Ihren Blumen über diesen Schock hinweg, und sie werden sich gut in der Vase halten. Für Bäume gilt übrigens ganz Ähnliches: Rescuetropfen können nach einem Rückschnitt (bei abnehmendem Mond kurz vor Neumond) helfen, die Belastung dieses Eingriffs zu verkraften.

Wer kennt das Problem nicht: Da hat man einen wunderschönen Strauß geschnitten und gebunden, und dann sitzt man im heißen Auto. Wenn man endlich vor dem Haus des oder der zu Beschenkenden einen Parkplatz gefunden hat, hängen die Blumen müde im Papier und sehen aus, als wären sie schon seit Tagen hinüber. Diesem Zustand können Sie vorbeugen, indem Sie vor Antritt der Fahrt die Stiele mit einem feuchten Tuch umwickeln. Nach der Ankunft wickeln Sie die Stengel der Blumen in Zeitungspapier und stellen dieses Paket über Nacht ins lauwarme Wasser.

Die falschen Nachbarn in der Vase

Auch in der Vase können Pflanzen sehr empfindlich reagieren, wenn sie mit den falschen Nachbarn zusammengesteckt werden. Manche von ihnen sondern sogar Giftstoffe ab, die die Kollegen früher zum Welken bringen.

Meiden sollten Sie folgende unglückselige Konstellationen:

Lilien und Mohnblumen sind einander nicht hold, Rosen wollen überhaupt nur allein in der Vase sein.

Narzissen vertragen sich zunächst mit niemandem. Werden sie allerdings einige Stunden allein in eine Vase gestellt, sind sie entgiftet. Dann können sie mit in den Strauß, allerdings dürfen sie danach nicht mehr frisch angeschnitten werden.

Gerbera und Tulpen können Sie zwar mischen, jedoch nicht mit Rosen, denn die benötigen im Unterschied zu den stachellosen Pflanzen einen hohen Wasserstand in der Vase.

Feuer:
Widder ♈
Löwe ♌
Schütze ♐

Erde:
Stier ♉
Jungfrau ♍
Steinbock ♑

Luft:
Zwillinge ♊
Waage ♎
Wassermann ♒

Wasser:
Krebs ♋
Skorpion ♏
Fische ♓

Schädlingsbekämpfung mit dem Mond

Die beste Vorbeugung gegen Schädlingsbefall ist die richtige Behandlung des Bodens und der Pflanzen, die auf ihm gedeihen sollen. Wer seine Blumen ständig gießt, lädt Blattläuse geradezu zum Naschen ein: Das viele Wasser strapaziert die Pflanzenwände bis zum Platzen, und Blattläuse haben es sehr leicht, an solchen dünnwandigen Pflanzen ihre Nahrung zu finden. Eine Pflanze, die nur an Wassertagen im abnehmenden Mond gegossen wird und sich ihre Nahrung selbst suchen muß, hat eine viel zähere, dickere Außenwand und ist allein dadurch schon geschützt.

Zum rechten Zeitpunkt mit Mist oder Kompost gedüngter und gelockerter Boden, reich an Nährstoffen für die Pflanzen und von Unkrautsamen befreit, ist der beste Pflanzenschutz, den Sie Ihren Nutzpflanzen und Blumen geben können.

Auch ein sinnvoller Fruchtwechsel – die Vier-Beete-Wirtschaft (siehe oben Seite 214) – schützt Ihre Pflanzen vor Schädlingen. Besonders wichtig ist es, Kohl niemals mehrere Jahre hintereinander an demselben Fleck anzubauen.

Und schließlich ist jede Pflanze mit den richtigen Nachbarn ganz natürlich vor Schädlingen geschützt. Das Zauberwort heißt „Mischkultur", was allein noch gar nichts besagt. Doch wenn man erfährt, daß Karotten und Lauch einander nicht nur einfach so „mögen", sondern sich gegenseitig die Schädlinge vom Leibe hal-

Feuer:
♈ Widder
♌ Löwe
♐ Schütze

Erde:
♉ Stier
♍ Jungfrau
♑ Steinbock

Luft:
♊ Zwillinge
♎ Waage
♒ Wassermann

Wasser:
♋ Krebs
♏ Skorpion
♓ Fische

ten, bekommt das Wort von der Mischkultur einen neuen Sinn. Wer zwischen sein Gemüse solche Pflanzen setzt, die die Gemüseschädlinge gar nicht mögen, schützt es ganz natürlich vor übermäßigem Befall. Zwiebeln, Knoblauch, Salbei und Kapuzinerkresse bilden für viele Pflanzen biologische Schutzzäune – und das geht so weit, daß Sie im Balkonkasten eine vor Blattläusen schwarz starrende Kapuzinerkresse vorfinden, während alle ihre Nachbarn sich unbefallen des Lebens freuen.

Besonders sensibel ist für viele Gärtner das Thema Rasen. Und gerade der kann uns zur Bescheidenheit mahnen. Moos, der böse Feind vieler Kleingärtner, wenn es sich im Rasen breitmacht, gedeiht nur dort, wo es bessere Bedingungen vorfindet als der Rasen selbst. Akzeptieren Sie einfach, daß manche Stellen Ihres Gartens für bestimmte Pflanzen ungeeignet und für andere geeigneter sind, und freuen Sie sich über das weiche Moos. Als Abdeckung von Blumentöpfen schützt es diese überdies vor dem Austrocknen, während Sie verreist sind.

Und noch etwas. Das Kennzeichen der Natur um uns herum ist eine ungeheure Vielfalt, in der alles seinen Platz hat. Ehe Sie Daseinsberechtigungen für Ihren Garten verteilen, überlegen Sie sich bei jedem scheinbaren Schädling, ob es sich nicht vielleicht doch um einen Nützling handelt.

Maulwurf und Wühlmaus

Maulwürfe lockern den Boden auf und vertilgen eine ungeheure Menge an Schädlingen. Ihre Haufen enthalten beste Anzuchterde. Sie sollten sich also eigentlich freuen, wenn sie in Ihrem Garten wohnen. Wenn Sie ehrlich sind, tut dem Rasen die Auflockerung eigentlich gut – in gut gelockertem Boden finden Sie nämlich keine Maulwurfshügel – und die Blumenzwiebeln, die der Maulwurf in die Höhe schiebt, drücken Sie einfach wieder fest.

Wenn Sie bei zunehmendem Mond den Maulwurfshügel aufharken, bis Sie das Loch sehen, durch das der Maulwurf gekommen ist, stören Sie ihn damit ganz empfindlich, und er wird seine Tätigkeit an anderer Stelle fortsetzen.

Wenn Sie den Maulwurf wirklich vertreiben wollen, so können Sie sich seine feine Nase zunutze machen: Tränken Sie ein Stück Stoff mit Terpentin und Petroleum oder aber mit billigem Parfum, das Sie sicher nie verwenden werden, und legen Sie diese Morgengabe an einem Lufttag oder wenn der Mond in einem Erdzeichen steht, vor Maulwurfs Eingang aus.

Ähnlich wirksam soll übrigens Meerschweinchenkot sein.

Auch Wühlmäuse lassen sich über ihre feine Nase in die Flucht schlagen, und zwar mit Holunder. Holunderzweige oder – schlimmer noch für die Wühlmaus – geriebene Holunderblätter in die Gänge gesteckt, während der Mond in einem Erdzeichen oder in den Zwillingen steht, und sie werden sich bald eine neue Bleibe suchen. Hartnäckige Wühlmäuse lassen sich mit Holunderblatt-Jauche, samt Blättern in die Gänge gegossen, vertreiben.

Doch das ist noch nicht alles. Lassen Sie sich beim nächsten Frisörbesuch die Haare mitgeben, die

Feuer:
Widder ♈
Löwe ♌
Schütze ♐

Erde:
Stier ♉
Jungfrau ♍
Steinbock ♑

Luft:
Zwillinge ♊
Waage ♎
Wassermann ♒

Wasser:
Krebs ♋
Skorpion ♏
Fische ♓

Feuer:
♈ Widder
♌ Löwe
♐ Schütze

Erde:
♉ Stier
♍ Jungfrau
♑ Steinbock

Luft:
♊ Zwillinge
♎ Waage
♒ Wassermann

Wasser:
♋ Krebs
♏ Skorpion
♓ Fische

er Ihnen abgeschnitten hat, und stopfen Sie sie in die Wühlmausgänge. Die Tiere mögen keinen Menschenhaargeruch und wechseln das Wohngebiet. Erdtage sind für solche Aktionen besonders geeignet.

Oder vertreiben Sie die Wühlmäuse akustisch: Stecken Sie leere Weinflaschen in einem Abstand von etwa drei Metern dort in die Erde, wo Familie Wühlmaus ihr Quartier hat, und zwar so tief, daß die Flaschenhälse noch ungefähr fünf Zentimeter aus dem Beet ragen. Dabei ist es ganz wichtig, daß die Flaschen ein bißchen schräg stecken und quer zur Hauptwindrichtung in Ihrem Garten. Der Wind erzeugt in diesen Flaschen nun so schaurige Klänge, daß diese die Mäuse in die Flucht schlagen sollten. Hierfür sind die ungebetenen Gartenbewohner besonders an Stiertagen empfänglich, aber auch die anderen Erdzeichen passen vom Prinzip her sehr gut.

Gefiederte Gäste

Es ist hoffentlich unnötig, darauf hinzuweisen, daß wir Vögel selbstverständlich nicht als Schädlinge in Ihrem Garten betrachten.

Wollen Sie trotz aller Liebe zu den gefiederten Genossen verhindern, daß sich Spatzen, Amseln und Tauben über den frisch gesäten Rasen oder die Blumensaat hermachen, die Keimlinge aus dem Beet ziehen oder die Setzlinge kahlfressen? Das ist verständlich. Schützen Sie die Saat einfach mit dunklen, kreuz und quer gespannten Nähseidefäden.

Wer nicht mehr zusehen will, wie die Vögel nur darauf warten, daß das Saatgut endlich ausgebracht ist, um sich darauf zu stürzen, dem ist mit Wermutpulver gedient. Der Geruch vertreibt Vögel, Mäuse und Ratten, ohne die Jungpflanzen zu stören. Der Zeitpunkt der Anwendung ist natürlich identisch mit dem des Aussäens, und der hängt von der Art der Pflanze ab, die da gesät wird (siehe Seite 200).

Eine nette Form der Vogelscheuche ist folgende: In eine rohe Kartoffel stecken Sie ringsum Federn und hängen dieses Gebilde an einen schräg in der Erde steckenden Stock. Die Vögel glauben eine Weile lang, daß irgendein gräßlich plumper Kollege das Feld bewacht, und lassen sich von Ihrer Saat abhalten.

Oft ist es – nicht nur an heißen Sommertagen – der Durst, der Vögel veranlaßt, sich an den Knospen der Obstbäume gütlich zu tun. Beugen Sie vor: Stellen Sie den Vögeln im Sommer eine Vogeltränke in den Garten. Das funktioniert natürlich nur, wenn Sie nicht gleichzeitig vier Katzen in Ihrem Garten frei laufen lassen. Und das Becken sollte – vor allem an Wasser- und Lufttagen – zuverlässig mit sauberem Wasser gefüllt sein.

Schneckenplage

Kennen Sie dieses Bild? Sie setzen Pflänzchen bei zunehmendem Mond, im Zeichen des Skorpions, und am nächsten Morgen ist Ihr Gemüsebeet ein Schlachtfeld? Von den Setzlingen sind nur noch winzige Stummel übrig, wenn überhaupt?

Feuer:
Widder ♈
Löwe ♌
Schütze ♐

Erde:
Stier ♉
Jungfrau ♍
Steinbock ♑

Luft:
Zwillinge ♊
Waage ♎
Wassermann ♒

Wasser:
Krebs ♋
Skorpion ♏
Fische ♓

Feuer:
♈ Widder
♌ Löwe
♐ Schütze

Erde:
♉ Stier
♍ Jungfrau
♑ Steinbock

Luft:
♊ Zwillinge
♎ Waage
♒ Wassermann

Wasser:
♋ Krebs
♏ Skorpion
♓ Fische

Wenn nun auch noch Ihr Gärtner Sie lobt, weil Sie auf ausgewogene Ernährung Ihrer Schnecken achten, sollten Sie auch Ihre Schneckenbekämpfung nach dem Mond ausrichten. Und das ist theoretisch ganz einfach.

Der richtige Zeitpunkt für die Schneckenbekämpfung ist der zunehmende Mond, denn Schnecken leben in der Erde, und aus dieser wollen wir sie gern nach oben locken. Aufgrund ihrer wäßrigen Konsistenz ist klar, daß sie an einem Wassertag zu bekämpfen sind. Ideal ist ein Tag, an dem der Mond im Skorpion steht.

Und nun können Sie einen der folgenden Tricks versuchen:

Die Bierfalle

Schnecken lieben Bier. Graben Sie zur Hälfte mit frischem, schäumendem, keineswegs alkoholfreiem Bier gefüllte Marmeladengläser halb in das Beet ein. Bereits nach kürzester Zeit streben Schnecken aus allen Himmelsrichtungen diesem verlockenden Abendtrunk entgegen (ein wirklich faszinierendes Bild, und Sie werden staunen, welche Geschwindigkeit sie dabei entwickeln!). Darin ertrinken sie dann.

Roggenkleiehäufchen

Schnecken mögen besonders gerne Roggenkleie. Am Morgen oder in der Dämmerung findet man ganze Scharen von Schnecken, die sich an den im Garten verteilten Kleiehäufchen laben. Sie müssen sie nur noch absammeln.

Was Sie mit den abgesammelten Schnecken dann tun, bleibt Ihrem Feingefühl überlassen, doch auch dazu folgen noch Vorschläge.

Blumentopffalle

Schnecken suchen Schutz vor der Tagestrockenheit. Blumentöpfe ohne Loch werden verkehrt herum im Garten aufgestellt, und zwar so auf ein kleines Hölzchen gestützt, daß für die Schnecke gerade genug Platz bleibt, hineinzukriechen. Aus den Töpfen können Sie die Schnecken leicht entfernen.

Rhabarberblätter

Legen Sie im Garten Rhabarberblätter aus. Die Schnecken lieben es, auf der Unterseite dieser großen Blätter zu sitzen, und lassen sich von dort leicht absammeln.

Zur Abschreckung: Schneckenjauche

Hier ist schon der erste Vorschlag, was Sie mit den abgesammelten Schnecken machen könnten – allerdings ist die Umsetzung nicht jedermanns Sache, sondern eher ein Mittel für Hartgesottene:

Sammeln Sie Schnecken aus Ihrem Garten, und kochen Sie sie vierundzwanzig Stunden lang in Wasser. Diese Brühe tragen Sie dann auf die befallenen Beete auf – und die Schnecken werden angesichts dieses Gusses auf der Stelle die Flucht ergreifen. Das Wasser enthält offenbar die Information: „Vorsicht, hier werden Schnecken gekocht!“

Feuer:
Widder ♈
Löwe ♌
Schütze ♐

Erde:
Stier ♉
Jungfrau ♍
Steinbock ♑

Luft:
Zwillinge ♊
Waage ♎
Wassermann ♒

Wasser:
Krebs ♋
Skorpion ♏
Fische ♓

Feuer:
♈ Widder
♌ Löwe
♐ Schütze

Erde:
♉ Stier
♍ Jungfrau
♑ Steinbock

Luft:
♊ Zwillinge
♎ Waage
♒ Wassermann

Wasser:
♋ Krebs
♏ Skorpion
♓ Fische

Die Mauer aus Eierschalen

Sammeln Sie Eierschalen. Heben Sie die Schalen von rohen Eiern auf, und zerkleinern Sie sie bei abnehmendem Mond. Wenn Sie genug haben, sammeln Sie an einem Skorpiontag im zunehmenden Mond alle Schnecken aus Ihrem Beet, derer sie habhaft werden können, und streuen die Eierschalensplitter ringsherum wie eine stachlige Barriere aus. Wenn die Schnecken zugleich anderes Futter finden, lassen Sie bis nach dem nächsten Regenguß das so geschützte Beet in Ruhe.

Natürliche Feinde: Laufenten und anderes

Ein sicherer Tip gegen Schnecken ist ein Paar indische Laufenten im Garten. Hören Sie sich ein wenig um – angeblich gibt es diese Tiere bereits zu mieten.

Auch einheimische natürliche Feinde haben die Schnecken zum Fressen gern. Sei es, daß Frösche und Kröten aus dem Gartenteich kommen und gute Arbeit leisten, sei es, daß ein Igel sich darauf besinnt, daß er eigentlich ein begeisterter Schneckenfresser ist. Ihm müssen Sie nur eine geeignete Behausung wie zum Beispiel einen Blätterhaufen anbieten, das hält ihn oft das ganze Jahr über im selben Garten. Die Blätter rechen Sie am besten bei abnehmendem Mond zusammen, möglichst nicht in einem Wasserzeichen.

Gehören Sie allerdings zu den Menschen mit den vier Katzen im Garten, so sollten Sie den Igel vielleicht doch dem Nachbarn ans Herz legen, sonst legt er Ihren Katzen viele Flöhe ans Herz.

Ausweichmöglichkeiten anbieten

Denken Sie bei allen erwähnten Methoden daran, immer auch ein kleines Fleckchen mit Pflanzen übrigzulassen, die den Schnecken schmecken und für sie frei zugänglich sind, sonst machen die hungrigen Tiere all Ihre Strategien zunichte.

Eine Schutzpflanzung aus Petersilie, deren starker Geruch die Schnecken davon abhalten soll, in Ihre Beete zu kriechen, ist beispielsweise nur dann sinnvoll, wenn die Schnecke eine Ausweichmöglichkeit hat – sonst ignoriert sie nicht nur Petersilie, sondern auch Wermut, Thymian und was es sonst noch alles an eigentlich für sie unbekömmlichen Dingen gibt.

Auch das Umstreuen von Beeten mit Sägemehl oder Holzasche hilft nur unter dieser Voraussetzung. Wichtig ist, daß Sie dieses Material bei zunehmendem Mond auf den Boden aufbringen, denn bei abnehmendem Mond wird es zu schnell hineingeschwemmt.

Faszinierend ist es auch zu sehen, mit wie wenig Salz man eine Nacktschnecke umbringen kann. Doch das Salz ist für die meisten Pflanzen Gift, und Sie sollten es nicht im Garten anwenden.

Aus einem ähnlichen Grund eher unpraktikabel ist der Vorschlag aus dem dritten Kapitel von Christoph Ransmayrs Roman „Die letzte Welt".

Blattläuse

Marienkäfer bringen nicht nur Glück, sondern sind auch der natürliche Feind der Blattläuse. Freuen Sie

Feuer:
Widder ♈
Löwe ♌
Schütze ♐

Erde:
Stier ♉
Jungfrau ♍
Steinbock ♑

Luft:
Zwillinge ♊
Waage ♎
Wassermann ♒

Wasser:
Krebs ♋
Skorpion ♏
Fische ♓

Feuer:
♈ Widder
♌ Löwe
♐ Schütze

Erde:
♉ Stier
♍ Jungfrau
♑ Steinbock

Luft:
♊ Zwillinge
♎ Waage
♒ Wassermann

Wasser:
♋ Krebs
♏ Skorpion
♓ Fische

sich daher über die netten Gesellen, wenn Sie sie sehen. Das gleiche gilt für Florfliegen. Das sind unglaublich zarte Geschöpfe mit langen, tropfenförmigen, grünlich schimmernden Flügeln, die sich abends an Ihrer Scheibe sammeln können.

Wenn Sie feststellen müssen, daß trotz richtiger Pflege und eifriger Marienkäfer die Blattläuse auch weiterhin die Spitzen Ihrer Pflanzen bevölkern, können Sie eingreifen, Seifenlauge in die Sprühflasche füllen und ihnen damit den Garaus machen. Der beste Zeitpunkt ist an einem Skorpiontag, möglichst bei zunehmendem Mond im Skorpion. – Bei abnehmendem Mond würde zuviel der Seifenlauge von der Erde aufgenommen werden. Netterweise nimmt der Mond ab Juni zu, wenn er durch den Skorpion geht.

Oder bereiten Sie bei zunehmendem Mond aus Ringelblumenblättern und -stengeln, aus Koriander, Anis, Rhabarber, Astern oder Chrysanthemen einen Kaltauszug zu, den Sie mindestens 24 Stunden ziehen lassen und dann unverdünnt rings um die befallene Pflanze auf den Boden gießen.

Spritzmittel, deren Rezepte mit „Man koche fünf Liter Mineralöl mit zwei Pfund Schmierseife“ beginnen, sollten wir ignorieren. Die fünf Liter Mineralöl landen irgendwann im Boden und verseuchen unser Grundwasser so gründlich, daß außer Blattläusen auch viele weitere Lebewesen nicht mehr in unserem Garten leben können.

Viel gescheiter ist es, für genügend dichtes Buschwerk und viel Abwechslung an Wildpflanzen zu sorgen, damit sich möglichst viele verschiedene Vogelarten in Ihrem Garten ansiedeln. Die leben nämlich von Insekten, die für unser Obst als Schädlinge gelten.

Ameisen

Bevor Sie gegen Ihre Ameisen in den Krieg ziehen, vergewissern Sie sich bitte, daß es sich nicht um Waldameisen handelt, denn diese stehen unter Naturschutz.

Natürlich können Sie mit Hefe oder Backpulver die ganze Kolonie umbringen. Besonders an Jungfrautagen werden Sie damit großen Erfolg haben. Doch das ist gar nicht nötig.

Wenn Ihre Ameisenkolonie immer dann auf Ihren Gartentisch loszieht, wenn Sie essen wollen, stellen Sie die Tischbeine in Joghurtbecher mit Wasser. Schwimmen ist nicht ihre Sache.

Ameisen haben einen empfindlichen Geruchssinn. Diesen Umstand können Sie sich zunutze machen, indem Sie an Luft- oder Jungfrautagen mit Gewürznelken oder Zimt Duftbarrieren im Garten legen, die keine Ameise freiwillig überwindet.

Oder spicken Sie die Gänge und Löcher des Ameisenhaufens an einem Jungfrautag mit den frischen Blättern von Lavendel, Thymian, Majoran oder Kerbel. Das mögen die Ameisen nicht und suchen sich einen anderen Platz für ihre Kolonie. Möglicherweise liegt diese wieder in Ihrem Garten, vielleicht aber auch ganz woanders.

Mit Rainfarn oder Feldsalat können Sie Ihre Ameisen von einem bestimmten Beet fernhalten. Bei Tomaten empfiehlt sich ein ganz anderer Trick:

Feuer:
Widder ♈
Löwe ♌
Schütze ♐

Erde:
Stier ♉
Jungfrau ♍
Steinbock ♑

Luft:
Zwillinge ♊
Waage ♎
Wassermann ♒

Wasser:
Krebs ♋
Skorpion ♏
Fische ♓

Feuer:
♈ Widder
♌ Löwe
♐ Schütze

Erde:
♉ Stier
♍ Jungfrau
♑ Steinbock

Luft:
♊ Zwillinge
♎ Waage
♒ Wassermann

Wasser:
♋ Krebs
♏ Skorpion
♓ Fische

Vergraben Sie an einem Feuertag im abnehmenden Mond einige tote Fische im Beet. Die Ameisen ergreifen die Flucht, und für die Tomaten sind die Fische zugleich ein optimaler Dünger.

Erdflöhe

Erdflöhe halten Sie ganz leicht von Ihrem Kohl und Ihren Radieschen fern, indem Sie ihnen als Alternative rund um das Beet Gartenkresse anpflanzen, denn die mögen sie noch lieber. Der richtige Zeitpunkt dafür ist bei zunehmendem Mond an einem Wassertag. Auch Wermut, Pfefferminze, Zwiebeln und Knoblauch als Pflanznachbarn bilden eine wirksame Barriere gegen Erdflöhe.

Und noch ein Mittel zur Vorbeugung: Wenn Sie die Samen der Pflanzen vor den Flöhen schützen wollen, lassen Sie sie in einem Gemisch aus zerkleinertem Lauch und Sägemehl keimen und setzen diesen vorgekeimten Samen dann in die Erde. Die Erdflöhe mögen anschließend diese Pflanzen nicht mehr.

Ohrwürmer und andere Insekten

Ohrwürmer sind bei Gärtnern ziemlich unbeliebt. Sie knabbern mit Vorliebe an Dahlien. Dagegen kann man aber etwas unternehmen: Hängen Sie Blumentöpfe an Stäben in das Blumenbeet, die mit feinstem Maschendraht überzogen und mit Holzwolle gefüllt sind – am besten wenn der Mond in den Krebs, ein anderes Wasserzeichen oder ein Erdzeichen geht. Die Ohrwürmer freuen sich, weil sie glauben, eine gemütliche Behausung gefunden zu haben, und ziehen in die Nester ein. Doch schon früh am nächsten Morgen kommen Sie und tragen die Nester weg von den Dahlien zu Ihrem Salat, wo sich die Ohrwürmer gegen Blattläuse nützlich machen können.

Brombeer- und Erdbeermilben ergreifen die Flucht, wenn Sie Ihnen mit Wermut kommen, den sie zwischen Ihren Brombeeren oder Erdbeeren anpflanzen. Auch Kohlweißlinge und Möhrenfliegen hassen den Geruch von Wermut, ebenso Ameisen, Schnecken und die Larven der Dickmaulrüßler. Wenn es nicht reichen sollte, Wermut neben Brombeeren und Erdbeeren zu pflanzen, versuchen Sie es mit einem Kaltauszug aus Wermut, den Sie an einem Lufttag im zunehmenden oder aufsteigenden Mond rings um die Pflanzen gießen. Himbeeren schützen ihre Beetnachbarn ebenfalls vor Milben.

Leimringe an Obstbäumen schützen vor Frostspannern. Das Problem ist allerdings, daß auch nützliche Insekten daran kleben bleiben. Daher die Alternative: Besorgen Sie sich einen festen Strang ungewaschener Schafwolle, und binden Sie diesen um den Stamm. Dieser Wollgürtel lädt die Frostspanner dazu ein, ihre Eier darin abzulegen. Jetzt müssen Sie ihn nur noch rechtzeitig abnehmen, bevor die Raupen schlüpfen, und Ihr Obstbaum bleibt geschützt.

Den gleichen Effekt erzielt man mit einem breiten Ring aus Wellpappe, rund um den Obstbaum

Feuer:
Widder ♈
Löwe ♌
Schütze ♐

Erde:
Stier ♉
Jungfrau ♍
Steinbock ♑

Luft:
Zwillinge ♊
Waage ♎
Wassermann ♒

Wasser:
Krebs ♋
Skorpion ♏
Fische ♓

Feuer:
♈ Widder
♌ Löwe
♐ Schütze

Erde:
♉ Stier
♍ Jungfrau
♑ Steinbock

Luft:
♊ Zwillinge
♎ Waage
♒ Wassermann

Wasser:
♋ Krebs
♏ Skorpion
♓ Fische

geschlungen. Spätestens Ende Januar muß er abgenommen werden – und untersuchen Sie bitte, ob sich nicht auch nützliche Insekten wie Marienkäfer zum Überwintern in Ihrem Ring eingefunden haben, denn die sollte man dann tunlichst retten und unter einer Laubdecke im Garten wieder aussetzen.

Gegen Himbeerblütenstecher helfen sogenannte Fangtrichter aus Papier, die beispielsweise in Gurkengläser gesteckt werden. Mit diesen Gläsern bewaffnet nähert man sich der Himbeerstaude und klopft sie kräftig ab – die Himbeerblütenstecher stürzen in das Gurkenglas und können vernichtet oder aber anderswo ausgesetzt werden.

Ebenso verfährt man mit Apfelblütenstechern: Breiten Sie unter den befallenen Bäumen alte Bettücher aus, dann schlagen Sie mit dem Besenstiel fest gegen den Apfelbaum. Die herabpurzelnden Käfer brauchen Sie dann nur noch zu entsorgen – allerdings nicht auf Ihren eigenen Komposthaufen.

Für diese Aktivitäten ist der abnehmende Mond der richtige Zeitrahmen. Ideal sind die Wendetage Zwillinge und Schütze sowie der Krebs.

Eine biologisch unbedenkliche Hilfe im Obstgarten sind Hühner. Sie kratzen Raupen, Puppen und Larven aus dem Boden und fressen sie mit Begeisterung. Wenn Sie sich keine eigenen Seidenhühner anschaffen wollen, leihen Sie sich vielleicht von einem nahegelegenen Bauernhof einige dieser freundlichen Gartenhelfer aus – eine Woche Hühner wirkt Wunder!

Stechende und beißende Gäste

Stechmücken, die es auf Ihr Blut abgesehen haben, und Fliegen, die genau auf Ihrem Grillkotelett landen möchten, vertreiben Sie recht erfolgreich mit einem oder zwei Töpfen Basilikum am Grillplatz – und damit warten Sie nicht, bis der Mond im Skorpion oder einem Luftzeichen steht. Auch am Küchenfensterbrett wirkt Basilikum gegen Insekten. Oder geben Sie etwas Nelkenöl auf die Markise oder auf den Sonnenschirm, schon werden die Mücken Sie in Ruhe lassen.

Wenn Sie gründlicheren Schutz brauchen, reiben Sie Arme und Beine mit Zitronenmelisse ein. Das geht ganz einfach: Zerreiben Sie ein paar Blätter auf Ihrer Haut. Wenn Sie zu Allergien neigen, probieren Sie das erst in der Armbeuge aus, ehe Sie sich großflächig einreiben, um zu prüfen, ob Sie die Wirkstoffe der Zitronenmelisse auf der Haut vertragen.

Gegen vorhandene Mückenstiche an Armen und Beinen gibt es ein wunderbares Mittel aus dem Garten, das den Juckreiz lindert und die Stiche schneller abschwellen läßt: Nehmen Sie Spitzwegerich (er wächst garantiert als „Unkraut" in Ihrem Rasen), und zerkauen Sie die Blätter ein wenig, damit der Saft auch gut an die Haut kann. Dann geben Sie den Brei aus Speichel und Spitzwegerichblättern auf die betroffenen Hautstellen. Auch bei Brennesselverbrennungen hat sich dieses Mittel bewährt.

Auch Wespen tauchen garantiert immer dann auf, wenn der Tisch gedeckt ist. Doch auch sie las-

Feuer:
Widder ♈
Löwe ♌
Schütze ♐

Erde:
Stier ♉
Jungfrau ♍
Steinbock ♑

Luft:
Zwillinge ♊
Waage ♎
Wassermann ♒

Wasser:
Krebs ♋
Skorpion ♏
Fische ♓

Feuer:
♈ Widder
♌ Löwe
♐ Schütze

Erde:
♉ Stier
♍ Jungfrau
♑ Steinbock

Luft:
♊ Zwillinge
♎ Waage
♒ Wassermann

Wasser:
♋ Krebs
♏ Skorpion
♓ Fische

sen sich umleiten. Geben Sie in eine Flasche mit engem Hals einige Löffel Marmelade mit Wasser. Die Flasche hängen Sie dann einige Meter vom Sitzplatz oder vom Gartentisch entfernt auf. Das Ganze beginnt nach einiger Zeit zu gären, die Wespen klettern in die Flasche und kommen nicht mehr heraus. Mit ein paar Tropfen Essig in der Flasche können Sie übrigens verhindern, daß auch Bienen in Ihre Falle gehen.

Erstaunlich, aber wirksam

Die Veraschung gehört zu jenen unzähligen Methoden, die nicht wirklich wissenschaftlich erklärbar sind, aber doch Wirkung zeigen. Bei Unkraut verfahren Sie wie folgt: Sie verbrennen Wurzeln und Samen des Unkrauts, dem Sie den Kampf ansagen, bei abnehmendem Mond in einem Eierkarton auf dem Grill. Wenn die Asche ausgeglüht und weiß ist, wird sie über die befallenen Flächen verstreut, was das noch im Beet vorhandene Unkraut zum Verschwinden animiert. Sie können sich das so erklären, daß die Asche dem lebenden Unkraut auf energetische Weise die Information übermittelt, daß an diesem Platz diese Pflanzen verbrannt werden, und das Unkraut verzieht sich, bevor es selbst ein ähnliches Schicksal erleiden muß.

Nach dem gleichen Prinzip funktioniert auch das Kochen oder Verbrennen abgesammelter Schnekken. Es ist allerdings nicht jedermanns Sache, fünfzig Schnecken zu sammeln, um sie dann auf dem Grill zu verbrennen …

Balkon, Terrasse und Zimmergarten

Auf dem Balkon, der Terrasse oder im Zimmer gehaltene Pflanzen leben genauso gemäß einem natürlichen Rhythmus, für den der Zyklus des Mondes ein sichtbares Bild sein kann, wie Pflanzen, die im Freien wachsen und gedeihen. Allerdings gibt es zwei wesentliche Unterschiede:

Balkon- und Zimmerpflanzen sind vollständig von unserer Pflege abhängig, da sie nicht die Möglichkeit haben, einfach tiefer im Erdreich nach Wasser und Nahrung zu suchen.

Und sie sind viel anfälliger für Krankheiten und Schädlingsbefall, da sie auf engstem Raum und sehr dicht beieinander wachsen, dichter, als das in der freien Natur der Fall wäre. Außerdem sind viele von ihnen bei uns nicht heimisch und bedürfen daher besonderer Aufmerksamkeit.

Dies sollten wir berücksichtigen, wenn wir uns jetzt die Regeln für das Gärtnern mit dem Mond auf kleinstem Raum ansehen.

Ableger

Für das Nehmen von Ablegern gilt das gleiche wie für Stecklinge. Nehmen Sie sie nur von kräftigen, gesunden Pflanzen, und stecken Sie sie zum Anwurzeln an einem Jungfrautag in Erde oder Wasser. Die Ableger von Zimmerpflanzen wurzeln besser bei hoher

Feuer:
♈ Widder
♌ Löwe
♐ Schütze

Erde:
♉ Stier
♍ Jungfrau
♑ Steinbock

Luft:
♊ Zwillinge
♎ Waage
♒ Wassermann

Wasser:
♋ Krebs
♏ Skorpion
♓ Fische

Luftfeuchtigkeit. Stülpen Sie daher ein Glas über die Anzuchtschalen. Denken Sie jedoch auch daran, die Ableger hin und wieder zu lüften.

Umtopfen

Zimmerpflanzen müssen jährlich umgetopft werden. Topfen Sie sie im Februar oder März um, wenn die Wachstumsperiode beginnt. Wenn Sie Pflanzen im Winter umtopfen, würden sie in der neuen Erde nicht einwurzeln. Zum Umtopfen ist der zunehmende Mond ideal. An Jungfrautagen umgetopfte Pflanzen wurzeln auch dann wieder ideal an, wenn sie bei abnehmendem Mond in ihr neues Quartier gesetzt werden.

Blumen, die im Winter blühen, die also im Herbst nicht vor ihrer Ruheperiode stehen, sollte man im Herbst umsetzen.

Wenn Sie die folgenden Tips beachten, kann beim Umtopfen nicht viel schiefgehen.

Düngen

Pflanzen in Balkonkästen und Töpfen müssen in der Wachstumsperiode mäßig, aber regelmäßig gedüngt werden. Während der Wintermonate dürfen Pflanzen nicht gedüngt werden.

Das Düngen ist bei Balkon- und Terrassenpflanzen besonders wichtig, da durch die geringe Menge an Erde die Pflanzen zu wenig Nahrung bekommen. Gegenüber den Mengenangaben auf den Packungen sollten Sie dennoch vorsichtig sein. Verwenden Sie

Worauf Sie beim Umtopfen achten sollten:

Legen Sie neue Tontöpfe vor Gebrauch ein paar Stunden ins Wasser. So können sich die Poren füllen, und der Erde wird nicht zuviel Wasser entzogen.

Ton enthält meist vom Brennen noch giftige Rückstände, die empfindlichen Pflanzen schaden können. Das Wasserbad schwemmt den größten Teil davon hinaus.

Da Blumentöpfe luftdurchlässig sein müssen, dürfen sie nie lackiert werden. Lackierte Blumentöpfe, die Sie geschenkt bekommen, können Sie jedoch als Übertöpfe benutzen.

Wenn Ihre alten Tontöpfe weiße Kalkränder haben, legen Sie sie einen Tag in Essigwasser, und lassen Sie sie gut trocknen. Am besten machen Sie dies bei abnehmendem Mond.

Neue Töpfe sollten immer nur eine Nummer größer sein als die alten. Andernfalls wachsen nach dem Umtopfen der Pflanze die Wurzeln besser als die Blüten.

Legen Sie statt einer Scherbe ein Knochenstück zum Abdecken des Bodenlochs in den Topf. Der Kalk ernährt die Pflanze. – Vorsicht: Dieser Trick funktioniert nur bei Pflanzen, die Kalk vertragen. Für Azaleen und Rhododendren ist er nicht gedacht.

Damit die Blumenerde nicht schimmelt, gibt man Sand als letzte Schicht in den Topf.

Übertöpfe dürfen den Blumentopf nicht zu eng umschließen, da die Pflanze sonst zu wenig Luft bekommt. Das gilt besonders bei Plastiktöpfen.

Außerdem kann man bei zu engen Übertöpfen nicht überprüfen, ob die Pflanze im Fußbad steht.

Feuer:
♈ Widder
♌ Löwe
♐ Schütze

Erde:
♉ Stier
♍ Jungfrau
♑ Steinbock

Luft:
♊ Zwillinge
♎ Waage
♒ Wassermann

Wasser:
♋ Krebs
♏ Skorpion
♓ Fische

eher weniger Dünger als angegeben, düngen Sie die Pflanzen aber regelmäßig.

Daß sie Dünger brauchen, zeigen Ihnen Ihre Pflanzen, indem sie gelbe Blätter bekommen – ein sicheres Anzeichen für einen Nährstoffmangel. Braune Blattränder hingegen, wenig Blüten und abfallende Knospen sind ein Zeichen für zu viel Dünger.

Der richtige Zeitpunkt zum Düngen ist der abnehmende Mond, ideal sind Wassertage – denn an Lufttagen, die ja für blühende Pflanzen ideal wären, sollten Sie Ihre Topfpflanzen eher nicht gießen. Tragen Sie sich sicherheitshalber in den Kalender ein, wann Sie Ihre Pflanzen gedüngt haben und wann sie wieder fällig sind. – Warum erstellen Sie nicht gleich jetzt einen Düngeplan für Ihre Topfpflanzen?

Im Kasten finden Sie ein paar Beispiele für natürlichen, organischen Dünger, der im Haushalt ständig anfällt und leider meist weggegossen wird.

Pflanzendünger, den Sie nicht kaufen können:

Wasser, in dem Fleisch gewaschen wurde.

Der Saft, der beim Auftauen von Fleisch auftritt, mit Wasser verdünnt.

Wasser vom Gemüseputzen, Salatwaschen, Kochwasser von Kartoffeln oder Eiern.

Wasser aus dem Süßwasser-Aquarium.

Holzasche.

Gießen

Und wenn es noch so verschmutzt ist – Regenwasser schmeckt Ihren Pflanzen besser als das köstlichste, feinste Leitungswasser. Versuchen Sie also irgendwie, das Regenwasser für Ihre Pflanzen zu sammeln – sie werden es Ihnen danken.

Schütten Sie aber auch abgestandenes Mineralwasser nicht weg, es ist wegen seiner Mineralstoffe wertvoll für die Pflanzen. Auf keinen Fall sollte man Blumen mit frischem Leitungswasser gießen. Wenn man sonst kein geeignetes Wasser zur Verfügung hat, gießt man entweder mit abgekochtem Wasser oder mit Wasser, das schon mindestes 24 Stunden abgestanden ist, damit ein Teil des Chlors entweichen kann. Stellen Sie es über Nacht so, daß das Mondlicht darauf fällt.

Manche Pflanzen, unter ihnen Azaleen, lieben von Zeit zu Zeit, wenn sie stark ausgetrocknet sind, ein erfrischendes Wasserbad. Man taucht die Pflanze dabei bis zum Topfrand ins Wasser, bis keine

Feuer:
Widder ♈
Löwe ♌
Schütze ♐

Erde:
Stier ♉
Jungfrau ♍
Steinbock ♑

Luft:
Zwillinge ♊
Waage ♎
Wassermann ♒

Wasser:
Krebs ♋
Skorpion ♏
Fische ♓

Teesatz vom schwarzen Tee.

Kaffeesatz.

Vergessene Anti-Baby-Pillen.

Etwas im Gießwasser aufgelöste Hefe.

Eierschalen. Man legt sie bei Neumond für zwei bis drei Wochen ins Wasser und gießt dann bei abnehmendem Mond die Pflanzen mit dem Wasser. Man kann aber auch zerdrückte oder gemahlene Eierschalen direkt in die Erde drücken.

Feuer:
♈ Widder
♌ Löwe
♐ Schütze

Erde:
♉ Stier
♍ Jungfrau
♑ Steinbock

Luft:
♊ Zwillinge
♎ Waage
♒ Wassermann

Wasser:
♋ Krebs
♏ Skorpion
♓ Fische

Bläschen mehr aufsteigen. Dann ist die Erde wieder gut durchfeuchtet. Trocknen Sie danach den Topf gut ab.

Trockene Luft schadet den meisten Pflanzen. Wenn Sie keinen Luftbefeuchter haben, übersprühen Sie die Pflanzen morgens und mittags aus einer Sprühflasche. Besonders während der Heizperiode sollten Sie Ihren Pflanzen diese Wohltat gönnen.

Haben Sie Sorge, daß Ihre Topfpflanzen ertrinken oder vertrocknen, gibt es einen ganz einfachen Test, um das festzustellen: Klopfen Sie an den Topf. Klingt der Ton hell und klingend, ist die Erde trocken, und Sie können beruhigt gießen. Ist der Ton dumpf, ist das ein Zeichen, daß die Erde feucht ist. Klingt es scheppernd, so hat Ihr Topf einen Sprung.

Der richtige Zeitpunkt zum Gießen von Zimmer- und Balkonpflanzen sind die Wassertage. Gleich, ob bei abnehmendem oder bei zunehmendem Mond, an Wassertagen können sie besonders viel Wasser aufnehmen und speichern. Meist sind es zwei oder drei Tage hintereinander, Sie haben also ausreichend Gelegenheit, Ihre Pflanzen auch großzügig zu gießen, ohne daß sie gleich in Staunässe ersticken.

Wenn Sie es nicht übers Herz bringen, Ihre Pflanzen nur an Wassertagen zu gießen, nehmen Sie halt noch die Tage dazu, an denen der Mond in einem Erdzeichen steht. An Lufttagen sollten Sie allerdings den Griff zur Gießkanne auf jeden Fall vermeiden. Wenn Sie Ihre Blumen an diesen Tagen gießen, ist das die offene Einladung an Blattläuse, sich auf ihnen niederzulassen. Und keine Angst, auch Ihre Balkonpflanzen halten es noch bis zum nächsten Wassertag aus!

Wie Sie bei Balkonpflanzen verhindern, daß sie bei Regen auch an Lufttagen gegossen werden, ist Ihrer Findigkeit überlassen. Im Allgäu sieht man oft über den eindrucksvollen Blumenkaskaden der Balkonkästen schräg montierte Plexiglasscheiben, die das Regenwasser ableiten sollen.

Gewöhnen Sie Ihre Pflanzen daran, daß sie nicht täglich gegossen werden. Nur bei Exoten, die keine Staunässe vertragen, aber viel Feuchtigkeit benötigen, werden Sie um häufigeres Gießen als an den Wassertagen nicht herumkommen. Der Vorteil längerer Gießintervalle: Sie können auch einmal eine Woche verreisen, ohne daß Ihre Blumen gleich verdursten. Eine Abdeckung der Erde mit feuchtem Moos hilft den Pflanzen, Phasen der Trockenheit besser zu überstehen.

Auch bei längerer Abwesenheit müssen Ihre Pflanzen jedoch nicht gleich verdursten. Machen Sie sie für diese Zeit zu „Selbstversorgern“: Stellen Sie dafür ein Gefäß voll Wasser auf den Tisch. Die Blumentöpfe stehen rings um den Tisch auf dem Fußboden. Spannen Sie nun dicke Wollfäden vom Wassergefäß zu den Blumentöpfen, dadurch holen sich Ihre Pflanzen so viel Wasser, wie sie brauchen.

Vielleicht schaffen Sie es aber auch, mit den Nachbarn einen gegenseitigen Blumengießdienst einzurichten? Sie können das Thema ja während des Austauschs von Stecklingen besprechen.

Jedes Jahr verenden mehr Kübelpflanzen an zu viel Wasser als an zu wenig. Sorgen Sie daher unbe-

Feuer:
Widder ♈
Löwe ♌
Schütze ♐

Erde:
Stier ♉
Jungfrau ♍
Steinbock ♑

Luft:
Zwillinge ♊
Waage ♎
Wassermann ♒

Wasser:
Krebs ♋
Skorpion ♏
Fische ♓

Feuer:
♈ Widder
♌ Löwe
♐ Schütze

Erde:
♉ Stier
♍ Jungfrau
♑ Steinbock

Luft:
♊ Zwillinge
♎ Waage
♒ Wassermann

Wasser:
♋ Krebs
♏ Skorpion
♓ Fische

dingt dafür, daß Ihre Gefäße einen Ablauf haben, damit das überschüssige Wasser abrinnen kann. Das gilt auch für Balkonkästen.

Nicht nur nach dem Gießen, sondern auch nach dem Regen kommt es zur Bildung von Staunässe, die die wenigsten Pflanzen vertragen. Auch wenn Sie selbst zu den sparsamen Gießern gehören: Denken Sie bei Pflanzen, die im Freien stehen, unbedingt an die Abflußlöcher.

Blattpflege

Abgeblühte Blätter und Blüten müssen entfernt werden. Dann erst kann Ihre Pflanze neue Triebe ansetzen. Welke Blätter nehmen Sie erst ab, wenn sie gelb geworden sind, da der Pflanze sonst wichtige Aufbaustoffe entzogen werden. Am besten ist hierfür ein Zeitpunkt bei abnehmendem Mond, zumindest aber bei absteigendem Mond.

Verwelkte Blüten sollten Sie nicht stehenlassen, da die Pflanze ansonsten viel Kraft in die Samenbildung steckt und keine neuen Blüten mehr ausbildet. Das ist zwar im Sinne der Pflanze biologisch sinnvoll, nicht aber auch immer in unserem Interesse.

Pflanzen, die nicht und nicht buschig werden wollen, kann man durch Zurückschneiden motivieren: Beschneiden Sie kurz vor oder bei Neumond vorsichtig die Triebe um einige Zentimeter, dann wird Ihre Pflanze bald neue Triebe bilden und bis weit in den Herbst hinein blühen.

Wenn die Blüten sehr lange schon auf sich warten lassen, gibt es einen einfachen Trick. Legen Sie an einem Lufttag im zunehmenden Mond einen reifen Apfel neben Ihren Patienten, und decken Sie beide mit Glas oder Folie ab. Bald schon wird der blütenfaule Freund in voller Pracht Farbe bekennen. Der Apfel gibt das Reifegas Ethylen ab. Das motiviert die Pflanze!

Die Blätter der Pflanzen, die auf dem Balkon oder der Dachterrasse dem Staub und den Schwebstoffen ausgesetzt sind, müssen immer wieder abgewaschen werden. Das geht am leichtesten an einem Wassertag im abnehmenden Mond. Achten Sie darauf, daß Sie den Staub nicht in die Blattporen hineinreiben, und verwenden Sie keinesfalls eiskaltes Leitungswasser in der Mittagshitze dafür.

Wegen der Staubbelastung sind Kübelpflanzen mit haarigen Blättern eher ungeeignet für eine überdurchschnittlich schadstoffreiche Umgebung. Wenn sich Ihr Balkon mitten in einem Industriegebiet oder an einer verkehrsreichen Straße befindet, beflanzen Sie ihn am besten mit Pflanzen wie Oleander, Bambus oder Buchsbaum. Diese sind gegen Umweltverschmutzung überraschend resistent.

Falls Sie keinen Balkon haben, stellen Sie Ihre Zimmerpflanzen zumindest zweimal jährlich bei abnehmendem Mond in einem Wasserzeichen in die Badewanne, und übergießen Sie die Blätter mit abgestandenem, zimmerwarmem Wasser. Wenn Sie beim Abwischen der Blätter Ihrer Zimmerpflanzen ein paar Tropfen Glyzerin auf das Tuch geben, erhalten die Blätter einen besonderen Glanz.

Auch eine Mischung aus Wasser und Milch, im Verhältnis 3:1, oder abgestandenes Bier geben den Blättern einen schönen Glanz.

Feuer:
Widder ♈
Löwe ♌
Schütze ♐

Erde:
Stier ♉
Jungfrau ♍
Steinbock ♑

Luft:
Zwillinge ♊
Waage ♎
Wassermann ♒

Wasser:
Krebs ♋
Skorpion ♏
Fische ♓

Feuer:
♈ Widder
♌ Löwe
♐ Schütze

Erde:
♉ Stier
♍ Jungfrau
♑ Steinbock

Luft:
♊ Zwillinge
♎ Waage
♒ Wassermann

Wasser:
♋ Krebs
♏ Skorpion
♓ Fische

Überwintern

Natürlich können Sie Glück haben, und Sie bringen gelegentlich einige Ihrer Kübelpflanzen im Freien durch den Winter, weil der Winter sehr mild ist oder weil die Pflanze einen besonderen Schutzengel hat.

Grundsätzlich gilt aber: Es gibt keine Winterharten im Kübel.

Gartenerde gefriert nie so sehr zu einem Eisblock wie die Erde im Topf oder Kübel. Der Frost wäre nicht das Problem. Doch es verdursten im Winter in der gefrorenen Erde viele Kübelpflanzen, die im Garten überhaupt kein Problem hätten. Ausnahmen sind Koniferen und Kletterpflanzen.

Winterhart ist ein relativer Begriff. Das sollten Sie berücksichtigen, wenn Sie ein Buch über Balkon- und Kübelpflanzen, das aus dem Englischen oder Niederländischen übersetzt ist, durchblättern und staunen, was darin alles als winterhart beschrieben wird. In milden britischen oder niederländischen Wintern (Golfstrom!) kommen Pflanzen durch, die im Voralpenland oder der Eifel nie eine Chance hätten.

Spätestens beim ersten Frost stellt sich also die Frage, wohin mit den Kübelpflanzen. Sofern sie keine Einjährigen sind, müssen sie irgendwohin, wo es kühl und frostfrei ist. Die Wohnung ist meist zu warm, Keller oder Garage sind nicht immer vorhanden. Im Notfall heißt es also: ins Treppenhaus. Wenn das eine allzu gestrenge Hausordnung verwehrt, bleibt nur mehr die – bitte ungeheizte! – Diele oder, wenn Sie kein Freund von stundenlangen Vollbädern sind, das kühle Badezimmer, sofern es ein Außenfenster hat. Hier ist zumindest für eine – für die Pflanzen – erfreuliche Luftfeuchtigkeit gesorgt.

Haben Sie all diese Möglichkeiten nicht, dann bleibt nur noch der Gärtner: In vielen Fällen übernimmt der Gärtner, bei dem Sie Ihre Pflanzen gekauft haben, Ihre Zöglinge während der Wintermonate. Besprechen Sie diese Alternative schon beim Kauf, damit Sie sich später mühevolle Suchereien nach einem geeigneten Winterquartier ersparen!

Das Wohnzimmer ist vermutlich die schlechteste Lösung – doch manche Pflanzen verzeihen selbst das.

Überlebenschancen im geheizten Wohnzimmer haben Lorbeer, Oleander, Olive und Yucca – allerdings müssen Sie dann Ihr Zimmer regelmäßig, häufig und gut durchlüften und für eine vernünftige Luftfeuchtigkeit sorgen.

Feuer:
Widder ♈
Löwe ♌
Schütze ♐

Erde:
Stier ♉
Jungfrau ♍
Steinbock ♑

Luft:
Zwillinge ♊
Waage ♎
Wassermann ♒

Wasser:
Krebs ♋
Skorpion ♏
Fische ♓

Umzug ins Winterquartier – leicht gemacht:

Die meisten Töpfe mit großen Pflanzen sind unglaublich schwer. Im Interesse Ihres Rückens sollten Sie Gurte verwenden, wie man sie von den Möbelpackern kennt, aus breiten Holzlatten Rampen improvisieren, oder aber eine Sackkarre einsetzen.

Ein wenig können Sie das Gewicht Ihrer Pflanzenkübel reduzieren, indem Sie sie vor dem Umzug ins Winterquartier ein paar Tage lang nicht gießen (jeder Liter Wasser wiegt ein Kilogramm!) und einen allfälligen Rückschnitt noch auf der Terrasse durchführen.

Feuer:
♈ Widder
♌ Löwe
♐ Schütze

Erde:
♉ Stier
♍ Jungfrau
♑ Steinbock

Luft:
♊ Zwillinge
♎ Waage
♒ Wassermann

Wasser:
♋ Krebs
♏ Skorpion
♓ Fische

Ist es im Winterquartier nicht frostfrei, erfrieren Ihre Pflanzen. Ist es zu warm, entwickeln sie nutzlose Triebe, die ihnen im Frühjahr alle Energie wegnehmen, oder aber sie werden von Milben und Krankheiten aller Art befallen. Die Temperatur im Winterquartier sollte irgendwo zwischen fünf und fünfzehn Grad liegen.

Grundregel für das Gießen im Winterquartier ist: Je dunkler der Ort, desto weniger darf gegossen werden.

Stellen Sie unter die Töpfe all Ihrer Wintergäste Untersetzer. Die trockene Wintererde kann das Gießwasser nicht so gut aufnehmen, und es läuft höchstwahrscheinlich Wasser auf den Boden. In der Garage oder dem Keller ist das nicht so dramatisch, aber beim Parkettboden in der Diele sind die Folgen ärgerlich.

Auch Ihre Balkonkästen sollten etwa Ende Oktober ins Haus übersiedeln, die optimale Winterumgebung wäre ein Keller zwischen fünf und zehn Grad. Schneiden Sie die Triebe noch einmal sorgfältig zurück, holen Sie Wurzelballen aus den Kästen, wickeln Sie sie in Zeitungspapier ein, und hängen Sie sie kopfüber auf.

Für den Umzug der Kübel- und Balkonpflanzen ins Winterquartier ist ein Tag bald nach Vollmond ideal.

Schädlinge im Blumentopf

Marienkäfer und Schwebefliegen sind herzlich willkommen im kleinen Paradies auf dem Balkon, denn sie ernähren sich von Schädlingen, die auf Balkonen ideale Lebensbedingungen vorfinden, da hier die Bepflanzung dichter ist als in jedem Garten.

Wenn die Marienkäfer nicht mehr mit der Jagd nach den Schädlingen nachkommen, hilft leider nur mehr, die befallenen Pflanzenteile zu entfernen.

Wem das zuwenig ist, der kann es mit Schmierseifenlösung probieren: 20 Gramm Schmierseife in einem Liter Wasser aufgelöst auf die befallenen Blätter gestrichen oder gesprüht, geben den ärgerlichen Schädlingen den Rest. Vorsicht aber in der prallen Sonne: Warten Sie lieber einen trüben Tag ab, und waschen Sie die Blätter anschließend gleich ab, sonst kann Ihre Pflanze verbrennen.

Der richtige Zeitpunkt ist natürlich bei abnehmendem Mond, denn die Pflanze soll sich ja von etwas Unnötigem trennen. Ideal sind die Wendetage, wenn der Mond im Schützen oder in den Zwillingen steht (und Sie wollen doch eine Wende herbeiführen, oder?), oder Krebstage, weil dann alles rückwärts geht (so einfach ist das bisweilen mit den Analogien).

Um Ungeziefer vorzubeugen, pflanzen Sie eine Knoblauchzehe in jeden Blumentopf. Stutzen Sie den Knoblauch zurück, wenn er zu wachsen beginnt, damit er die Pflanze nicht überwuchert.

Und nun zu den Schädlingen im einzelnen.

Blattläuse

Blattläuse lassen sich sehr gut vertreiben, indem man die Pflanze von allen Seiten mit lauwarmem Wasser abwäscht und mit kaltem Schwarztee gießt.

Feuer:
Widder ♈
Löwe ♌
Schütze ♐

Erde:
Stier ♉
Jungfrau ♍
Steinbock ♑

Luft:
Zwillinge ♊
Waage ♎
Wassermann ♒

Wasser:
Krebs ♋
Skorpion ♏
Fische ♓

Feuer:
♈ Widder
♌ Löwe
♐ Schütze

Erde:
♉ Stier
♍ Jungfrau
♑ Steinbock

Luft:
♊ Zwillinge
♎ Waage
♒ Wassermann

Wasser:
♋ Krebs
♏ Skorpion
♓ Fische

Auf Bäumchen und Pflanzen befindliche Läuse sprüht man mehrmals mit einer Schmierseifenlösung ein. So können sich die Blattläuse nicht mehr halten und verschwinden. Notfalls muß man die befallenen Spitzen abschneiden.

Blattläuse auf Rosen und Topfpflanzen kann man auch mit dem Schaum von Geschirrspülmitteln umbringen. Den Schaum auf die Pflanze tupfen. Wenn der Schaum zerfallen ist, sind die Blattläuse tot. Danach müssen Sie die Pflanze mit klarem Wasser abwaschen, wobei Sie darauf achten, daß möglichst wenig Seife in die Blumenerde gerät.

Auch Tabakasche, auf die Pflanze gestreut, vertreibt Blattläuse. Oder kochen Sie aus Tabakresten einen Sud, lassen ihn abkühlen, filtern ihn durch und sprühen diese Flüssigkeit auf Ihre Pflanzen.

Oder versuchen Sie es mit einem Kopfüberbad: Über einen Eimer legen Sie zwei Holzstäbe, darauf stellen Sie verkehrt herum den Topf mit der befallenen Pflanze, so daß die Pflanze selbst völlig im Wasser hängt. Nach etwa einer Stunde sollte Ihre Topfpflanze lausfrei sein. Falls nicht, wiederholen Sie die Prozedur mit Schmierseife im Wasser.

Eine andere und wesentlich lausfreundlichere Methode ist es, Ihre Topfpflanzen oder Balkonkästen einige Nächte lang einfach ins Gras zu legen. Die Läuse verlassen dann – angeblich – ihre Behausung und wenden sich dem geräumigeren Rasen zu.

Diese Methode ist allerdings nur dann zu empfehlen, wenn Sie einen eigenen Rasen für diese Übersiedlung zur Verfügung haben – vielleicht sieht es der Nachbar doch nicht so gern, wenn sein Garten über Nacht fremde Blattläuse erbt.

Lavendel, Majoran, Thymian und Salbei schrecken Blattläuse ab. Pflanzen Sie sie auf Ihrem Balkon also nicht in einen Kräuterkasten, sondern verteilen Sie sie gleichmäßig auf alle Kästen, die genug Sonne für diese Kräuter bekommen.

Schwefelhaltige Streichhölzer, mit dem Köpfchen nach unten in die Erde gesteckt, töten die Blattläuse innerhalb von zwei Wochen. Da Schwefel aber nicht nur für Läuse giftig ist, sollte diese Methode nur bei Zier- und Zimmerpflanzen angewendet werden, nicht aber bei Gemüse oder Obst.

Auch kalter Kaffee oder schwarzer Tee bringt Blattläuse zur Verzweiflung. Angeblich erliegen die Blattläuse, wenn man die befallenen Blätter mit Resten von Kaffee oder schwarzem Tee übergießt, augenblicklich einem Herzschlag. Vorsicht übrigens – nicht alle Pflanzen vertragen diese Methode gleich gut. Sensible Bubiköpfe oder Usambaraveilchen sollen danach schon gemeinsam mit den Läusen in den Tod gegangen sein.

Eine ähnliche Wirkung hat Tee aus Efeublättern. Doch hier müssen Sie achtgeben: Nur die Blätter des Efeus sind zu verwenden, die Früchte sind sehr giftig, auch für Menschen!

Nochmals: Der beste Zeitpunkt für all diese Maßnahmen ist der abnehmende Mond, und hier besonders die Wendezeichen Schütze und Zwillinge, sowie der Krebs.

Erdflöhe

Gegen Erdflöhe steckt man bei abnehmendem Mond, während der Mond in einem Erdzeichen

Feuer:
Widder ♈
Löwe ♌
Schütze ♐

Erde:
Stier ♉
Jungfrau ♍
Steinbock ♑

Luft:
Zwillinge ♊
Waage ♎
Wassermann ♒

Wasser:
Krebs ♋
Skorpion ♏
Fische ♓

Feuer:
♈ Widder
♌ Löwe
♐ Schütze

Erde:
♉ Stier
♍ Jungfrau
♑ Steinbock

Luft:
♊ Zwillinge
♎ Waage
♒ Wassermann

Wasser:
♋ Krebs
♏ Skorpion
♓ Fische

steht, Streichhölzer mit Schwefelköpfen in die Erde.

Mehltau

Wenn sich Mehltau auf einer Pflanze befindet, begießt man die erkrankte Pflanze bei abnehmendem Mond, ideal wäre ein Skorpiontag, mit einer leichten Salzwasserlösung.

Spinnmilben

Spinnmilben auf Pflanzen verschwinden, wenn man sie bei abnehmendem Mond an einem Wassertag mit einer leichten Spülmittellösung abwäscht.

Würmer

Würmer in Blumentöpfen überlisten Sie mit einem überreifen Apfel. Legen Sie ihn an einem Erdetag bei zunehmendem Mond in den Blumentopf. Bald sind alle Würmer im Apfel, den man dann mit den Übeltätern wegwerfen kann. Oder begießen Sie sie bei abnehmendem Mond mit dem Wasser von gekochten Kastanien oder Nußblättern.

Man kann auch Ruß und Wasser vermischen und in die Blumentöpfe gießen oder die Blumentöpfe bis an den Rand in Kalkwasser stellen – jedoch nicht bei Azaleen.

Wurzelschmarotzer

Ist in der Blumenerde ein Wurzelschmarotzer, geben Sie zwei Eßlöffel getrocknete Brennesseln und zwei

Eßlöffel Kaffeesatz ins Gießwasser. Lassen Sie es über Nacht stehen und gießen dann am nächsten Tag die Blume damit. Dieser sollte ein Erdetag bei abnehmendem Mond sein. Oder locken Sie bei zunehmendem Mond die Schädlinge mit einer Kartoffelscheibe an die Oberfläche, mitsamt der sie leicht zu entfernen sind.

Mondkalender für die Jahre 1999 bis 2002

In den folgenden Mondkalendern ist für jeden Tag dasjenige Tierkreiszeichen angegeben, in dem der Mond den größten Teil des Tages steht. Dieses prägt den Charakter des Tages überwiegend. Es muß dies nicht immer dasjenige Tierkreiszeichen sein, in dem der Mond um 0.01 Uhr steht.

Verwendet werden folgende Symbole für die Tierkreiszeichen und Mondphasen (Sie finden die gleichen Symbole im Pflanzenteil jeweils neben dem Namen des Tierkreiszeichens am Rand der Seite):

♈ Widder
♉ Stier
♊ Zwillinge
♋ Krebs
♌ Löwe
♍ Jungfrau
♎ Waage
♏ Skorpion
♐ Schütze
♑ Steinbock
♒ Wassermann
♓ Fische

☽ Zunehmender Mond
○ Vollmond
☾ Abnehmender Mond
● Neumond

Tag	Januar	Februar	März	April	Mai	Juni
1	♋	♌	♍	♎ ○	♏	♑
2	♋ ○	♍	♍ ○	♎	♏	♑
3	♌	♍	♍	♏	♐	♑
4	♌	♎	♎	♏	♐	♒
5	♌	♎	♎	♐	♑	♒
6	♍	♎	♏	♐	♑	♓
7	♍	♏	♏	♐	♒	♓ ☾
8	♎	♏ ☾	♏	♑	♒ ☾	♈
9	♎ ☾	♐	♐	♑ ☾	♒	♈
10	♎	♐	♐ ☾	♒	♓	♉
11	♏	♐	♑	♒	♓	♉
12	♏	♑	♑	♓	♈	♊
13	♐	♑	♑	♓	♈	♊ ●
14	♐	♒	♒	♓	♉	♋
15	♐	♒	♒	♈	♉ ●	♋
16	♑	♒ ●	♓	♈ ●	♊	♌
17	♑ ●	♓	♓ ●	♉	♊	♌
18	♒	♓	♈	♉	♋	♌
19	♒	♈	♈	♊	♋	♍
20	♓	♈	♉	♊	♌	♍ ☽
21	♓	♉	♉	♋	♌	♎
22	♈	♉	♊	♋ ☽	♍ ☽	♎
23	♈	♊ ☽	♊	♌	♍	♏
24	♈ ☽	♊	♋ ☽	♌	♍	♏
25	♉	♋	♋	♍	♎	♏
26	♉	♋	♌	♍	♎	♐
27	♊	♌	♌	♎	♏	♐
28	♊	♌	♌	♎	♏	♑ ○
29	♋		♍	♎	♏	♑
30	♋		♍	♏ ○	♐ ○	♑
31	♌ ○		♎		♐	

Tag	Juli	August	September	Oktober	November	Dezember
1	♒	♓	♉	♊	♌	♍
2	♒	♈	♊ ☾	♋ ☾	♍	♎
3	♓	♈	♊	♋	♍	♎
4	♓	♉ ☾	♋	♌	♍	♏
5	♓	♉	♋	♌	♎	♏
6	♈ ☾	♊	♋	♍	♎	♏
7	♈	♊	♌	♍	♏	♐ ●
8	♉	♋	♌	♎	♏ ●	♐
9	♉	♋	♍	♎ ●	♐	♑
10	♊	♌	♍ ●	♎	♐	♑
11	♊	♌ ●	♎	♏	♐	♑
12	♋	♍	♎	♏	♑	♒
13	♋ ●	♍	♏	♐	♑	♒
14	♌	♍	♏	♐	♒	♓
15	♌	♎	♏	♐	♒	♓
16	♍	♎	♐	♑	♒ ☽	♓ ☽
17	♍	♏	♐ ☽	♑ ☽	♓	♈
18	♎	♏	♑	♒	♓	♈
19	♎	♏ ☽	♑	♒	♈	♉
20	♎ ☽	♐	♑	♒	♈	♉
21	♏	♐	♒	♓	♉	♊
22	♏	♑	♒	♓	♉	♊ ○
23	♐	♑	♓	♈	♊ ○	♋
24	♐	♒	♓	♈ ○	♊	♋
25	♐	♒	♈ ○	♉	♋	♌
26	♑	♒	♈	♉	♋	♌
27	♑	♓ ○	♉	♊	♌	♍
28	♒ ○	♓	♉	♊	♌	♍
29	♒	♈	♉	♋	♍	♎ ☾
30	♒	♈	♊	♋	♍ ☾	♎
31	♓	♉		♌ ☾		♏

Tag	Januar	Februar	März	April	Mai	Juni
1	♏	♐	♑	♓	♈	♉
2	♏	♑	♑	♓	♈	♊ ●
3	♐	♑	♒	♓	♉	♊
4	♐	♒	♒	♈ ●	♉ ●	♋
5	♐	♒ ●	♓	♈	♊	♋
6	♑ ●	♒	♓ ●	♉	♊	♌
7	♑	♓	♈	♉	♋	♌
8	♒	♓	♈	♊	♋	♍
9	♒	♈	♈	♊	♌	♍ ☽
10	♓	♈	♉	♋	♌ ☽	♎
11	♓	♉	♉	♋ ☽	♌	♎
12	♓	♉	♊	♌	♍	♏
13	♈	♉ ☽	♊ ☽	♌	♍	♏
14	♈ ☽	♊	♋	♍	♎	♏
15	♉	♊	♋	♍	♎	♐
16	♉	♋	♌	♍	♏	♐ ○
17	♊	♋	♌	♎	♏	♑
18	♊	♌	♍	♎ ○	♏ ○	♑
19	♋	♌ ○	♍	♏	♐	♑
20	♋	♍	♎ ○	♏	♐	♒
21	♌ ○	♍	♎	♐	♑	♒
22	♌	♎	♎	♐	♑	♓
23	♍	♎	♏	♐	♑	♓
24	♍	♏	♏	♑	♒	♓
25	♎	♏	♐	♑	♒	♈ ☾
26	♎	♏	♐	♒ ☾	♓ ☾	♈
27	♎	♐ ☾	♑	♒	♓	♉
28	♏ ☾	♐	♑ ☾	♒	♈	♉
29	♏	♑	♑	♓	♈	♊
30	♐		♒	♓	♈	♊
31	♐		♒		♉	

Tag	Juli	August	September	Oktober	November	Dezember
1	♋ ●	♌	♎	♏	♑	♒
2	♋	♍	♏	♐	♑	♒
3	♌	♍	♏	♐	♒	♓
4	♌	♎	♏	♑	♒ ☽	♓ ☽
5	♍	♎	♐ ☽	♑ ☽	♒	♓
6	♍	♏	♐	♑	♓	♈
7	♎	♏ ☽	♑	♒	♓	♈
8	♎ ☽	♐	♑	♒	♈	♉
9	♎	♐	♑	♓	♈	♉
10	♏	♐	♒	♓	♉	♊
11	♏	♑	♒	♓	♉ ○	♊ ○
12	♐	♑	♓	♈	♉	♋
13	♐	♒	♓ ○	♈ ○	♊	♋
14	♐	♒	♓	♉	♊	♌
15	♑	♒ ○	♈	♉	♋	♌
16	♑ ○	♓	♈	♊	♋	♍
17	♒	♓	♉	♊	♌	♍
18	♒	♈	♉	♋	♌ ☾	♎ ☾
19	♒	♈	♊	♋	♍	♎
20	♓	♈	♊	♋ ☾	♍	♎
21	♓	♉	♋ ☾	♌	♎	♏
22	♈	♉ ☾	♋	♌	♎	♏
23	♈	♊	♌	♍	♏	♐
24	♉ ☾	♊	♌	♍	♏	♐
25	♉	♋	♍	♎	♏	♐ ●
26	♊	♋	♍	♎	♐ ●	♑
27	♊	♌	♎ ●	♏ ●	♐	♑
28	♊	♌	♎	♏	♑	♒
29	♋	♍ ●	♏	♐	♑	♒
30	♋	♍	♏	♐	♑	♓
31	♌ ●	♎		♐		♓

Tag	Januar	Februar	März	April	Mai	Juni
1	♓	♉ ☽	♉	♋ ☽	♌	♎
2	♈ ☽	♉	♊	♋	♍	♎
3	♈	♊	♊ ☽	♌	♍	♏
4	♉	♊	♋	♌	♎	♏
5	♉	♋	♋	♍	♎	♐
6	♊	♋	♌	♍	♏	♐ ○
7	♊	♌	♌	♎	♏ ○	♑
8	♊	♌ ○	♍	♎ ○	♏	♑
9	♋ ○	♍	♍ ○	♏	♐	♑
10	♋	♍	♎	♏	♐	♒
11	♌	♎	♎	♐	♑	♒
12	♌	♎	♎	♐	♑	♓
13	♍	♏	♏	♐	♒	♓
14	♍	♏	♏	♑	♒	♓ ☾
15	♎	♐ ☾	♐	♑ ☾	♒ ☾	♈
16	♎ ☾	♐	♐ ☾	♒	♓	♈
17	♏	♐	♑	♒	♓	♉
18	♏	♑	♑	♒	♈	♉
19	♐	♑	♑	♓	♈	♊
20	♐	♒	♒	♓	♈	♊
21	♐	♒	♒	♈	♉	♋ ●
22	♑	♒	♓	♈	♉	♋
23	♑	♓ ●	♓	♉ ●	♊ ●	♋
24	♒ ●	♓	♓	♉	♊	♌
25	♒	♈	♈ ●	♉	♋	♌
26	♒	♈	♈	♊	♋	♍
27	♓	♈	♉	♊	♌	♍
28	♓	♉	♉	♋	♌	♎ ☽
29	♈		♊	♋	♍ ☽	♎
30	♈		♊	♌ ☽	♍	♏
31	♈		♊		♎	

Tag	Juli	August	September	Oktober	November	Dezember
1	♏	♑	♒	♓	♉ ○	♊
2	♐	♑	♓ ○	♈ ○	♉	♋
3	♐	♒	♓	♈	♊	♋
4	♐	♒ ○	♓	♉	♊	♋
5	♑ ○	♒	♈	♉	♋	♌
6	♑	♓	♈	♉	♋	♌
7	♒	♓	♉	♊	♌	♍ ☾
8	♒	♈	♉	♊	♌ ☾	♍
9	♒	♈	♊	♋	♍	♎
10	♓	♈	♊ ☾	♋ ☾	♍	♎
11	♓	♉	♊	♌	♍	♏
12	♈	♉ ☾	♋	♌	♎	♏
13	♈ ☾	♊	♋	♍	♎	♐
14	♉	♊	♌	♍	♏	♐ ●
15	♉	♋	♌	♎	♏ ●	♑
16	♉	♋	♍	♎ ●	♐	♑
17	♊	♌	♍ ●	♏	♐	♑
18	♊	♌	♎	♏	♑	♒
19	♋	♍ ●	♎	♐	♑	♒
20	♋ ●	♍	♏	♐	♒	♓
21	♌	♎	♏	♐	♒	♓
22	♌	♎	♐	♑	♒	♓ ☽
23	♍	♏	♐	♑	♓ ☽	♈
24	♍	♏	♑ ☽	♒ ☽	♓	♈
25	♎	♏ ☽	♑	♒	♈	♉
26	♎	♐	♑	♒	♈	♉
27	♏ ☽	♐	♒	♓	♈	♉
28	♏	♑	♒	♓	♉	♊
29	♐	♑	♓	♈	♉	♊
30	♐	♒	♓	♈	♊ ○	♋ ○
31	♐	♒		♈		♋

Tag	Januar	Februar	März	April	Mai	Juni
1	♌	♎	♎	♐	♑	♒
2	♌	♎	♎	♐	♑	♓
3	♍	♏	♏	♑	♒	♓ ☾
4	♍	♏ ☾	♏	♑ ☾	♒ ☾	♈
5	♎	♏	♐	♑	♒	♈
6	♎ ☾	♐	♐ ☾	♒	♓	♈
7	♏	♐	♑	♒	♓	♉
8	♏	♑	♑	♓	♈	♉
9	♐	♑	♑	♓	♈	♊
10	♐	♒	♒	♓	♈	♊
11	♐	♒	♒	♈	♉	♊ ●
12	♑	♒ ●	♓	♈ ●	♉ ●	♋
13	♑ ●	♓	♓	♉	♊	♋
14	♒	♓	♓ ●	♉	♊	♌
15	♒	♈	♈	♉	♊	♌
16	♒	♈	♈	♊	♋	♍
17	♓	♈	♉	♊	♋	♍
18	♓	♉	♉	♋	♌	♎ ☽
19	♈	♉	♉	♋	♌ ☽	♎
20	♈	♊ ☽	♊	♋ ☽	♍	♏
21	♈ ☽	♊	♊	♌	♍	♏
22	♉	♊	♋ ☽	♌	♎	♐
23	♉	♋	♋	♍	♎	♐
24	♊	♋	♌	♍	♏	♐ ○
25	♊	♌	♌	♎	♏	♑
26	♋	♌	♍	♎	♐ ○	♑
27	♋ ○	♍ ○	♍	♏ ○	♐	♒
28	♌	♍	♎ ○	♏	♑	♒
29	♌		♎	♐	♑	♓
30	♍		♏	♐	♑	♓
31	♍		♏		♒	

Tag	Juli	August	September	Oktober	November	Dezember
1	♓	♉ ☾	♊	♌	♍	♏
2	♈ ☾	♉	♋	♌	♎	♏
3	♈	♊	♋	♌	♎	♐
4	♉	♊	♌	♍	♏ ●	♐ ●
5	♉	♊	♌	♍	♏	♐
6	♉	♋	♍	♎ ●	♐	♑
7	♊	♋	♍ ●	♎	♐	♑
8	♊	♌ ●	♎	♏	♑	♒
9	♋	♌	♎	♏	♑	♒
10	♋ ●	♍	♏	♐	♒	♓
11	♌	♍	♏	♐	♒ ☽	♓ ☽
12	♌	♎	♐	♑	♒	♓
13	♍	♎	♐ ☽	♑ ☽	♓	♈
14	♍	♏	♑	♒	♓	♈
15	♎	♏ ☽	♑	♒	♈	♉
16	♎	♐	♑	♓	♈	♉
17	♎ ☽	♐	♒	♓	♈	♉
18	♏	♑	♒	♓	♉	♊
19	♏	♑	♓	♈	♉	♊ ○
20	♐	♑	♓	♈	♊	♋
21	♐	♒	♓ ○	♉ ○	♊ ○	♋
22	♑	♒ ○	♈	♉	♊	♌
23	♑	♓	♈	♉	♋	♌
24	♒ ○	♓	♉	♊	♋	♌
25	♒	♈	♉	♊	♌	♍
26	♒	♈	♉	♋	♌	♍
27	♓	♈	♊	♋	♍ ☾	♎ ☾
28	♓	♉	♊	♋	♍	♎
29	♈	♉	♋ ☾	♌ ☾	♎	♏
30	♈	♊	♋	♌	♎	♏
31	♈	♊ ☾		♍		♐

Literaturhinweise

Die Literatur über die „Kraft" des Mondes und ihre Auswirkungen auf das Leben auf dem Lande und in der Stadt wird immer unübersehbarer. Daher hier nur ein knapper, kommentierter Überblick.

Der Klassiker zum Thema Mond schlechthin, mit dem alles begann, ist:

Johanna Paungger, Thomas Poppe, *Vom richtigen Zeitpunkt,* München 1991

Anregende Mondtips findet der Leser auch in:

Sabine Heideweg, *Der immerwährende Kalender der Mondkraft,* Niederhausen/Ts. 1997

Helga Föger, *Mond und Natur. Der praktische Ratgeber mit den günstigsten Terminen für Aussaat, Pflege und Ernte,* München 1996

Nicolaus Klein und Rüdiger Dahlke, *Das senkrechte Weltbild,* München 1986

Schließlich sei auf die Mondkalender von Adrienne von Taxis verwiesen, die seit einigen Jahren im TOSA-Verlag unter dem Titel *Mit dem Mond durch das Jahr* erscheinen.

Ulla Weigerstorfers Schönheitstips mit viel Kosmetik zum Selbstmachen finden Sie als:

Ulla Weigerstorfer, *Tips & Tricks für Ihre Schönheit,* Ueberreuter, Wien 1995